**FRONTEIRAS DO
DIREITO EMPRESARIAL**

Conselho Editorial
André Luís Callegari
Carlos Alberto Molinaro
Daniel Francisco Mitidiero
Darci Guimarães Ribeiro
Draiton Gonzaga de Souza
Elaine Harzheim Macedo
Eugênio Facchini Neto
Giovani Agostini Saavedra
Ingo Wolfgang Sarlet
Jose Luis Bolzan de Morais
José Maria Rosa Tesheiner
Leandro Paulsen
Lenio Luiz Streck
Paulo Antônio Caliendo Velloso da Silveira

Dados Internacionais de Catalogação na Publicação (CIP)

F935　Fronteiras do direito empresarial / Ricardo Lupion, André Fernandes Estevez (organizadores) ; Ana Cláudia Redecker ... [et al.]. – Porto Alegre : Livraria do Advogado Editora, 2015.
179 p.; 23 cm.

Inclui bibliografia.
ISBN 978-85-7348-996-5

1. Direito empresarial. 2. Sociedades comerciais. 3. Direito comercial. 4. Contrato comercial. 5. Empresas - Recuperação. I. Lupion, Ricardo. II. Estevez, André Fernandes. III. Redecker, Ana Cláudia.

CDU 347.7
CDD 346.065

Índice para catálogo sistemático:
1. Direito empresarial　　　　347.7

(Bibliotecária responsável: Sabrina Leal Araujo – CRB 10/1507)

Ricardo Lupion
André Fernandes Estevez
(organizadores)

FRONTEIRAS DO DIREITO EMPRESARIAL

Ana Cláudia Redecker
André Fernandes Estevez
Enaide Maria Hilgert
Gabriela Wallau Rodrigues
João Pedro Scalzilli
Laís Machado Lucas
Luís Felipe Spinelli
Luís Fernando Roesler Barufaldi
Ricardo Lupion
Rodrigo Tellechea

livraria
DO ADVOGADO
editora

Porto Alegre, 2015

©
Ana Cláudia Redecker
André Fernandes Estevez
Enaide Maria Hilgert
Gabriela Wallau Rodrigues
João Pedro Scalzilli
Laís Machado Lucas
Luís Felipe Spinelli
Luís Fernando Roesler Barufaldi
Ricardo Lupion
Rodrigo Tellechea
2015

Capa, projeto gráfico e diagramação
Livraria do Advogado Editora

Revisão
Rosane Marques Borba

Direitos desta edição reservados por
Livraria do Advogado Editora Ltda.
Rua Riachuelo, 1300
90010-273 Porto Alegre RS
Fone: 0800-51-7522
editora@livrariadoadvogado.com.br
www.doadvogado.com.br

Impresso no Brasil / Printed in Brazil

Sumário

Apresentação..7

Capítulo I – SOCIEDADES EMPRESARIAIS......................................13

1. Disposições do Código Civil (in)aplicáveis às Sociedades Anônimas
   Enaide Maria Hilgert..15
2. Hipóteses de inexequibilidade do fim social legitimadoras da dissolução judicial das sociedades anônimas
   Luís Fernando Roesler Barufaldi...27
3. Arbitragem nas Sociedades Anônimas
   Ana Claudia Redecker..65
4. Sociedade em conta de participação: raízes, desenvolvimento e desafios
   João Pedro Scalzilli – Luis Felipe Spinelli – Rodrigo Tellechea..................81

Capítulo II – CONTRATOS EMPRESARIAIS.....................................99

5. *Equity crowdfunding*: contornos jurídicos, registro da distribuição e proteção ao investidor
   Gabriela Wallau Rodrigues...101
6. Contratos empresariais: a utopia da tutela jurisdicional perfeita. Análise crítica de decisões do Superior Tribunal de Justiça
   Ricardo Lupion...115

Capítulo III – RECUPERAÇÃO DE EMPRESAS..............................141

7. Inovações e controvérsias da Lei Complementar nº 147/2014 em matéria falimentar
   André Fernandes Estevez..143
8. 10 anos de Recuperação Judicial no Brasil: pode-se falar em (in)eficácia do instituto?
   Laís Machado Lucas...161

Apresentação

Parafraseando Gabriela Wallau Rodrigues, colaboradora nesta obra, "abordar temas de fronteira significa transcender o que está posto e, consequentemente, expor-se ao risco de insucesso da 'futurologia'".

A presente obra aborda institutos relacionados à criação, funcionamento e extinção da Empresa, no recorte Sociedades Empresariais, Contratos Empresariais, Recuperação Judicial e Falência e pretende oferecer ao leitor uma visão crítica desses importantes institutos.

O Direito Comercial teve sua origem[1] na Idade Média fruto de criação de direito pelos *mercadores* para eles próprios.[2] O novo modelo, então incipiente, modificou intensamente as relações sociais e econômicas então existentes com base na boa-fé e na confiança,[3] o que justificou um recrudescimento do sistema para se apresentar, por vezes, mais punitivo e vingativo.[4] Desde a evidente separação do Direito Privado, sempre houve a necessidade de explicitar o marco divisor entre os titulares de direitos para definir qual conjunto de regras aplicava-se a cada pessoa. Saber quem eram os "comerciantes" e os "não comerciantes" alcançou relevância jurídica.

A precária distinção originalmente feita na Idade Média que definia como comerciantes aqueles inscritos nas Corporações de ofício[5] alcançou período de vácuo na França com a Revolução Francesa. Os ideais de igualdade, liberdade e fraternidade não permitiram o convívio com

---

[1] Como ramo autônomo do Direito Privado.

[2] GALGANO, Francesco. *Lex mercatoria*. Bolonha: Mulino, 2001. p. 09.

[3] VIGIL NETO, Luiz Inácio. *Teoria falimentar e regimes recuperatórios*. Porto Alegre: Livraria do Advogado, 2008. p. 51; RIPERT, Georges. *Traité Élémentaire de Droit Commercial*. 7. ed. Paris: Librairie Générale de Droit et de Jurisprudence, 1972. p. 10.

[4] É o caso da quebra física de bancos e balcões do devedor insolvente para demonstrar a sua expulsão do meio dos comerciante, que ocorria no norte da Itália ao fim da Idade Média, como consta em AFONSO NETO, Augusto. *Princípios de Direito Falimentar*. São Paulo: Max Limonad, 1962. p. 18; Outra demonstração ocorre com as Ordenações Filipinas que permitiam a prisão do devedor até o pagamento de suas dívidas, como consta em REQUIÃO, Rubens. *Curso de Direito Falimentar*. 17. ed. São Paulo: Saraiva, 1998. p. 15-16; No mesmo sentido, consta o endurecimento do Código Comercial francês em que Napoleão interveio especificamente para afirmar que era necessário um tratamento rígido ao falido porque sempre há "um corpo de delito" e que é raro o devedor que não tem "má intenção", como consta em SUPINO, David. *Derecho Mercantil*. Trad. Lorenzo Benito. Madri: La España Moderna, 1910. p. 27.

[5] VIVANTE, Cesare. *Instituições do Direito Comercial*. 2. ed. Sorocaba: Minelli, 2007. p. 19.

os considerados "privilégios indevidos" de atribuir-se direitos a quem simplesmente está inscrito em determinada Corporação, sem definição objetiva e impessoal. A lei Le Chapelier, de 1791, pôs fim às Corporações e encerrou com o critério confortável de atribuição da condição de comerciante que vigeu por séculos.

A forçada ausência de critérios distintivos entre comerciantes e não comerciantes teve fim com o Código Comercial francês, de 1807, que inovou com a criação da *Teoria dos atos de comércio*. Quem viesse a praticar "atos de comércio" seria comerciante e, portanto, protegido pelas regras do Direito Comercial.[6]

Em 1942, foi publicado o Código Civil italiano, que inovou com a *Teoria da Empresa*, em contraposição à Teoria dos atos de Comércio. Pela nova definição, "È imprenditore chi esercita professionalmente un'attività economica organizzata al fine della produzione o dello scambio di beni o di servizi".[7]

O Ordenamento brasileiro incorporou em 1850 a Teoria francesa e em 2002 a Teoria italiana, sendo ambas passíveis de sensível nível de controvérsias doutrinárias. Apenas como exemplo, Haroldo Verçosa critica a doutrina tradicional, que considera essencial à "empresa" que explore mão de obra, elemento extraído do termo "organizada" presente no art. 966 do Código Civil.[8] Outras tantas controvérsias persistem na doutrina ao longo dos anos.

Apesar de recentes modificações de algumas matérias atinentes aos empresários,[9] o Direito Empresarial passa por movimento de reinvenção. Em 2011, foi apresentado o Projeto de Lei nº 1.572, na Câmara dos Deputados, que busca instituir um novo Código Comercial e que fomentou drasticamente à rediscussão das premissas mais básicas deste ramo, inclusive sobre sua real autonomia. O nível de debates foi intenso a ponto de convencer o Congresso a elaborar um segundo Projeto de Código Comercial, que tramita no Senado, simultaneamente ao PL nº 1572/2011.

Hodiernamente, o Direito Empresarial passa por momento de efervescência, com a necessidade de combater duas frentes: redefinir as suas bases ao tempo em que precisa dirimir os problemas de fronteira. Assuntos limítrofes são comuns em qualquer matéria, visto que é normal que

---

[6] O Brasil adotou a Teoria dos Atos de Comércio através do Código Comercial de 1850 e do Regulamento nº 737.

[7] O Brasil adotou a Teoria da Empresa com o Código Civil de 2002: "Art. 966. Considera-se empresário quem exerce profissionalmente atividade econômica organizada para a produção ou a circulação de bens ou de serviços".

[8] VERÇOSA, Haroldo Malheiros Duclerc. *Curso de Direito Comercial*. 3. ed. São Paulo: Malheiros, 2011, vol. 1. p. 144.

[9] Como exemplos, a unificação do Direito Obrigacional e alteração de parte substancial do Direito Societário com o recente Código Civil de 2002, além da nova Lei Falimentar datada de 2005.

novos problemas surjam com o avançar dos tempos. O que gera maior complexidade é definir os acabamentos de uma obra quando se verifica que a fundação talvez não seja a mais adequada, missão que foi enfrentada, com êxito, pelos autores que participam desta obra.

Com a finalidade de fomentar os debates acadêmicos, os textos estão organizados por afinidade dos institutos abordados.

No Capítulo I – SOCIEDADES EMPRESARIAIS, os textos abordam (i) disposições do Código Civil aplicáveis (ou não) às Sociedades Anônimas, (ii) hipóteses de inexequibilidade do fim social legitimadoras da dissolução judicial das sociedades anônimas e o relevante tema da (ii) Arbitragem nas Sociedades Anônimas. Esse Capítulo, apresenta, ainda, estudo relacionado à Sociedade em Conta de Participação.

No Capítulo II – CONTRATOS EMPRESARIAIS, os textos tratam (i) da crescente utilização do "Equity Crowfunding" como espécie de contrato de investimento coletivo e que vêm tomando especial relevância no que diz respeito ao financiamento das chamadas *startups* e (ii) da tormentosa questão do término dos contratos empresariais de longa duração, cujo tema transcende aos interesses particulares das partes envolvidas, porque pode causar impactos nas atividades da empresa que recebeu a denúncia contratual provocando a redução das suas atividades.

No Capítulo III – RECUPERAÇÃO DE EMPRESAS, os textos desenvolveram os temas (i) da (in)eficácia do instituto que, neste ano de 2015, completa dez anos de vigência e (ii) das inovações e controvérsias trazidas pela Lei Complementar nº 147/2014 em matéria falimentar.

Na abertura do Capítulo I, Enaide Maria Hilgert discorreu sobre as "Disposições do Código Civil (in)aplicáveis às Sociedades Anônimas", abordando a regência subsidiária da sociedade anônima pelo Código Civil, conforme expressamente determinado em seu artigo 1.089, com ênfase às seguintes questões: (a) o conflito existente entre os dispositivos legais que disciplinam a formação do nome empresarial das companhias e (b) a possibilidade de exclusão de acionista por justa causa, com fundamento nas normas próprias das sociedades contratuais disciplinadas no Código Civil, conforme recentemente decidido pelo Superior Tribunal de Justiça (STJ).

Em seguida, Luís Fernando Roesler Barufaldi escreveu sobre as "Hipóteses de inexequibilidade do fim social legitimadoras da dissolução judicial das Sociedades Anônimas", elaborando análise do disposto no artigo 206, II, "b", da Lei 6.404/76, que trata da hipótese de dissolução judicial da sociedade anônima quando esta não puder mais preencher o seu fim, por ação de acionistas que representem pelo menos cinco por cento do capital social.

Ana Claudia Redecker escreveu sobre "Arbitragem nas Sociedades Anônimas", tratando desse importante tema nas sociedades anônimas como forma alternativa de solução de litígios ou controvérsias entre os acionistas, sem a intervenção do Poder Judiciário, suas características e as razões pelas quais este mecanismo permite soluções rápidas para os conflitos internos da Sociedade que se refiram aos seus sócios, sem o risco de afetar as suas atividades e com isto prejudicar a sua atuação no mercado.

Encerrando esse Capítulo, João Pedro Scalzilli, Luis Felipe Spinelli e Rodrigo Tellechea desenvolveram o tema "Sociedade em Conta de Participação: Raízes, Desenvolvimento e Desafios" e comentaram a facilidade para a constituição e dissolução da sociedade, seu baixo custo, informalidade, dinamicidade e flexibilidade, como aspectos atrativos para empreendedores que necessitam receber aportes de capital de forma rápida e mais desburocratizada possível, o que ainda faz desse tipo societário um instrumento assaz útil e eficiente para o tráfico negocial.

No capítulo II, Gabriela Wallau Rodrigues abordou o tema do *"Equity crowdfunding*: contornos jurídicos, registro da distribuição e proteção ao investidor", identificando as principais características das operações de crowdfunding, crescentemente difundidas e utilizadas para a viabilização de projetos de toda ordem (não somente empresariais), e que vêm tomando especial relevância no que diz respeito ao financiamento das chamadas startups (empresas geralmente em início de atividades, que visam a desenvolver novas tecnologias e explorar novos segmentos do mercado), apontando, ainda, os sérios problemas decorrentes não apenas da lacuna de regulamentação especial, mas da consequente interpretação sistemática das normas comumente aplicáveis à distribuição de valores mobiliários.

Neste Capítulo, Ricardo Lupion, em "Contratos Empresariais: a utopia da tutela jurisdicional perfeita. Análise crítica de decisões do Superior Tribunal de Justiça", examinou casos submetidos a essa Corte de Justiça Superior envolvendo o término dos contratos empresariais de longa duração, apontando que o tema transcende aos interesses particulares das partes envolvidas, porque pode causar impactos nas atividades da empresa que recebeu a denúncia contratual provocando a redução das suas atividades, elaborando breve análise dos argumentos da empresa-denunciante e da empresa-denunciada.

Finalmente, no Capítulo III, André Fernandes Estevez apresentou as "Inovações e controvérsias da Lei Complementar n.º 147/2014 em matéria falimentar", apontando que o referido Diploma Legal tem por objetivo tratar de diversos aspectos atinentes às microempresas e empresas de pequeno porte e, que, entre as variadas modificações legislativas, houve alteração nos artigos 24, 26, 41, 45, 48, 68, 71, 72 e 83 da Lei nº 11.101/2005. Comentou que essas mudanças provocaram resultados heterodoxos, configurando, em alguns aspectos, evidentes retrocessos.

Laís Machado Lucas, em "10 Anos de Recuperação Judicial no Brasil: pode-se falar em (in)eficácia do instituto?" elaborou análise dos objetivos da lei e da forma de tramitação dos processos judiciais de recuperação de empresas para verificar se existe ou não ineficácia do instituto (do ponto de vista da previsão legislativa) e quais são as possíveis causas de um dado que considerou alarmante: apenas 1% das empresas que pediram recuperação no Brasil desde 2005 conseguiram voltar a operar normalmente.

Pela apresentação dos textos verifica-se, desde já, que a leitura será desafiadora, porque reúne, a um só tempo, excelência acadêmica dos seus autores e efetiva experiência profissional nos temas abordados.

Enfim, a obra pretende oferecer aos profissionais do direito e estudantes, uma efetiva contribuição nos temas abordados.

Ricardo Lupion
André Fernandes Estevez
(organizadores)

Capítulo I

SOCIEDADES EMPRESARIAIS

—1—

Disposições do Código Civil (in)aplicáveis às Sociedades Anônimas

ENAIDE MARIA HILGERT[1]

Sumário: 1. Introdução; 2. Nome empresarial: o artigo 3º da Lei das S.A. *versus* artigo 1.160 do Código Civil; 3. Exclusão de acionista por justa causa: é possível?; 4. Considerações finais; 5. Referências bibliográficas.

1. Introdução

Discussões envolvendo a temática da regência subsidiária e regência supletiva não são novidade no âmbito do Direito Societário.

O Decreto nº 3.708, de 10 de janeiro de 1919, que disciplinou as então denominadas *"sociedades por quotas de responsabilidade limitada"* até o advento do Código Civil de 2002, protagonizou expressiva controvérsia doutrinária a tal respeito, tendo em vista o teor do seu artigo 18, de acordo com o qual deveriam ser *"observadas quanto às sociedades por quotas, de responsabilidade limitada, no que não for regulado no estatuto social, e na parte applicavel, as disposições da lei das sociedades anonymas"*.

Discutia-se, naquele contexto normativo, se a lei das sociedades anônimas era subsidiária da lei das sociedades por quotas ou do contrato social. Tal controvérsia chegou ao Supremo Tribunal Federal que, no julgamento do Recurso Extraordinário nº 16.234/SP, em 1950, acatando posição sustentada por Waldemar Ferreira,[2] decidiu no sentido de que a

---

[1] Mestre em Direito pela PUCRS, especialista em Direito Empresarial pela UFRGS, especialista em Direito Tributário pelo IBET e Especialista em Direito Comercial pela UNISINOS. Professora de cursos de extensão em Direito Societário e de pós-graduação *lato sensu*. Advogada.

[2] Nas palavras do comercialista: "Tem-se entendido esse texto em sentido diverso de seu enunciado. Nele se manda aplicar os dispositivos da lei de sociedade anônima 'no que não for regulado no estatuto social'. Trata-se, portanto, de lacuna deste, isto é, do estatuto social. Cuida-se de suprir a deficiência estatutária. Procura-se, portanto, elemento supletivo da vontade dos contratantes. É o que está escrito, claramente. Muitos, entretanto, têm ali visto, em vez da cláusula 'no que não for regulado no estatuto social esta outra: 'no que não for regulado nesta lei'. A diferença é sensível e

"lei da sociedade anônima absolutamente não é a subsidiária da sociedade por quotas. Conforme o mencionado artigo 18, ela é 'apenas subsidiária do contrato de sociedade por quotas, aplicando-se a esta 'no que não for regulado no estatuto social'". Em seu voto, o Ministro Orosimbo Nonato esclareceu que a sociedade por quotas era regulada pela lei própria e pelos artigos 300 a 302 do Código Comercial, sendo que a lei das sociedades anônimas somente seria supletiva da vontade dos sócios, quando fosse possível a sua aplicação, e não da vontade do legislador.

Atualmente, discussões gravitam em torno do artigo 1.053 do Código Civil.[3] O *caput* do citado artigo prescreve que a sociedade limitada é regida, nas omissões do capítulo que lhe é próprio, pelas normas da sociedade simples, ao passo que o seu parágrafo único faculta aos sócios prever no contrato social a regência supletiva pela lei das sociedades anônimas.

Embora incontroverso que regência subsidiária e supletiva não se confundem e que o artigo 1.053 do Código Civil contempla ambas as hipóteses,[4] é indiscutível a dificuldade, ou até mesmo a inviabilidade, de uma sociedade limitada estar sujeita, concomitantemente, a normas que regem uma sociedade simples e a normas próprias da sociedade anônima.

Seguindo o mesmo raciocínio, incongruências podem decorrer do artigo 1.089 do Código Civil[5], que confere ao diploma o papel de legislação subsidiária da sociedade anônima, nos seguintes termos: "Art. 1.089. A sociedade anônima rege-se por lei especial, aplicando-se-lhe, nos casos omissos, as disposições deste Código.".

---

profunda. Leem o que não está escrito e concluem que a lei de sociedades anônimas é supletória da lei de sociedades por quotas" (FERREIRA, Waldemar Martins. *Tratado de Direito Comercial*, vol. 3, nº 554, Saraiva: São Paulo, 1961 p. 461).

[3] "Art. 1.053. A sociedade limitada rege-se, nas omissões deste Capítulo, pelas normas da sociedade simples. Parágrafo único. O contrato social poderá prever a regência supletiva da sociedade limitada pelas normas da sociedade anônima."

[4] Ao comentar o parágrafo único do artigo 1.053, José Edwaldo Tavares Borba pondera o seguinte: "Atente-se, porém, para as limitações dessa regência supletiva. Aplicação supletiva não se confunde com aplicação subsidiária. Sendo supletiva, destina-se a suprir as omissões do contrato, incidindo naquelas hipóteses a respeito das quais poderia dispor o contrato. Ademais, cabe acentuar que a aplicação subsidiária significa a integração da legislação subsidiária na legislação principal, de modo a preencher os claros desse complexo normativo, com preceitos imperativos e dispositivos. A aplicação supletiva, por preencher os claros do contrato, apenas incide no espaço reservado às normas dispositivas, como tal suprindo a vontade não manifestada pelos sócios, ao ordenar as cláusulas contratuais. Adotada a regência supletiva das normas sobre sociedades anônimas, afastadas estarão as normas dispositivas da limitada e da sociedade simples, que se farão substituir pelas da sociedade anônima. As normas imperativas, não apenas da limitada, mas igualmente as da sociedade simples, continuarão a incidir, a despeito da aplicação supletiva da legislação das sociedades anônimas". (BORBA, José Edwaldo Tavares. *Direito societário*. 12. ed. rev., aum. e atual. Rio de Janeiro: Renovar, 2010, p. 122-3).

[5] Art. 1.089. A sociedade anônima rege-se por lei especial, aplicando-se-lhe, nos casos omissos, as disposições deste Código.

Obviamente que o fato do Código Civil ser lei subsidiária não significa que todas as suas disposições sejam aplicáveis à sociedade anônima. Conforme exemplos tratados a seguir, para que uma norma do Código Civil seja aplicável à sociedade anônima impõe-se, além da omissão da Lei especial, a sua compatibilidade com o tipo societário.

2. Nome empresarial: o artigo 3º da Lei das S.A. *versus* artigo 1.160 do Código Civil

No Capítulo II do Título IV do Livro II – Direito de Empresa –, o Código Civil propõe-se a disciplinar o "nome empresarial" de todas as sociedades empresárias, inclusive da sociedade anônima.

De acordo com o *caput* do artigo 1.160 do Código Civil, a sociedade anônima deve operar "sob denominação designativa do objeto social, integrada pelas expressões 'sociedade anônima' ou 'companhia', por extenso ou abreviadamente.".

Ocorre que a Lei nº 6.404, de 15 de dezembro de 1976, atual Lei das S.A., não é omissa a respeito, disciplinando a matéria em seu artigo 3º, nos seguintes termos:

Art. 3º A sociedade será designada por denominação acompanhada das expressões "companhia" ou "sociedade anônima", expressas por extenso ou abreviadamente mas vedada a utilização da primeira ao final.

§ 1º O nome do fundador, acionista, ou pessoa que por qualquer outro modo tenha concorrido para o êxito da empresa, poderá figurar na denominação.

§ 2º Se a denominação for idêntica ou semelhante a de companhia já existente, assistirá à prejudicada o direito de requerer a modificação, por via administrativa (artigo 97) ou em juízo, e demandar as perdas e danos resultantes.

Embora ambas as leis prescrevam que a sociedade anônima opera sob denominação acrescida da expressão que identifique o tipo societário, a Lei das S.A., diferentemente do Código Civil, não exige a indicação do objeto social.

Presente, pois, uma antinomia jurídica. Como resolvê-la?

Considerando que o Código Civil e a Lei das S.A. são normas da mesma hierarquia, o conflito não pode ser solucionado pelo clássico critério hierárquico, cujo postulado é "norma superior revoga norma inferior" (*lex superior derogat legi inferior*).

Restam, pois, dentre os critérios clássicos de resolução conflitos normativos, o critério cronológico (*lex posterior derogat legi priori*) e o critério da especialidade (*lex specialis derogat legi generali*), ambos previstos no artigo 2º da Lei de Introdução às normas do Direito Brasileiro, respectivamente nos §§ 1º e 2º, *in verbis*:

Art. 2º Não se destinando à vigência temporária, a lei terá vigor até que outra a modifique ou revogue.

§ 1º A lei posterior revoga a anterior quando expressamente o declare, quando seja com ela incompatível ou quando regule inteiramente a matéria de que tratava a lei anterior.

§ 2º A lei nova, que estabeleça disposições gerais ou especiais a par das já existentes, não revoga nem modifica a lei anterior.

§ 3º Salvo disposição em contrário, a lei revogada não se restaura por ter a lei revogadora perdido a vigência.

Pelo critério cronológico, o artigo 1.160 do Código Civil prevalece sobre o artigo 3º da Lei das S.A. Em sentido oposto, pelo critério da especialidade, o predomínio é do artigo 3º da Lei nº 6.404/1976. Ou seja, a antinomia jurídica em questão é uma antinomia de segundo grau, que envolve, simultaneamente, dois critérios clássicos de solução de conflitos.

Conforme ensinamentos de Norberto Bobbio,[6] na ocorrência de antinomia de segundo grau envolvendo os critérios cronológico e da especialidade, *em regra* a questão deve ser resolvida pelo critério da especialidade:

> Esse conflito tem lugar quando uma norma anterior-especial é incompatível com uma norma posterior-geral. Tem-se conflito porque, aplicando o critério da especialidade, dá-se preponderância à primeira norma, aplicando o critério cronológico, dá-se prevalência à segunda. Também aqui foi transmitida regra geral, que o assim: *Lex posterior generalis non derogat priori speciali*. Com base nessa regra, o conflito entre critério de especialidade e critério cronológico deve ser resolvido em favor do primeiro: a lei geral sucessiva não tira do caminho a lei especial precedente. O que leva a uma posterior exceção ao princípio *lex posterior derogat priori*: esse princípio falha, não só quando a *lex posterior* é inferior, mas também quando é *generalis* (e a *lex prior é especialis*).

A nosso ver, na hipótese em comento, essa é a solução acertada. A uma, porque o próprio Código Civil, em seu artigo 1.089, expressamente reconhece que a sociedade anônima rege-se por lei especial. A duas, porque a existência do artigo 1.160 do Código Civil certamente decorre de cochilo do legislador,[7] e não da intenção de reintroduzir no ordena-

---

[6] *Teoria do ordenamento jurídico*. Tradução de Maria Celeste C. J. Santos. Brasília: Editora UnB, 10. ed., 1997, p. 108.

[7] Observe-se que a redação final do artigo 1.160 é idêntica à proposta do Projeto de Lei original, de 1975 (PL 634/1975), artigo 1.198: "A sociedade anônima opera sob denominação designativa do objeto social, integrada pelas expressões 'sociedade anônima' ou 'companhia', por extenso ou abreviadamente". Ou seja, *é anterior à entrada em vigor da Lei nº 6.404, de 15 de dezembro de 1976*. A propósito, o então Deputado Tancredo Neves, com a colaboração de Egbertto Lacerda Teixeira, propôs, através da Emenda nº 595, a supressão desse artigo 1198, porque, segundo justificou, essa "matéria deverá ser regulada na lei especial das sociedades por ações". Referida emenda foi rejeitada, sob o argumento de que o dispositivo estava no Projeto para ressalva da integração da sociedade anônima no sistema do Código Civil, embora fosse disciplinada em lei especial. (PASSOS, Edilenice; LIMA, João Alberto de Oliveira. *Memória Legislativa do Código Civil*. Brasília: Senado Federal, 2012. Vol. 2, p. 425).

mento jurídico a obrigatoriedade que existia no revogado Decreto-Lei nº 2.627/1940, que regeu as sociedades anônimas até a edição da Lei nº 6.404/1976.[8]

Pelo comparativo do texto do artigo 3º do Decreto-Lei nº 2.627/1940 e do artigo 1.160 do Código Civil[9] não restam dúvidas de que não se trata de novidade legislativa.

Muito pelo contrário; o artigo 1.160 do Código Civil é um verdadeiro retrocesso legislativo,[10] uma vez que a opção de eliminar a exigência de indicação do objeto social na denominação das companhias foi expressamente destacada na Exposição Justificativa do Projeto da Lei das S.A., nos seguintes termos:

> O Projeto mantém as normas do Decreto-lei nº 2.627, com as seguintes alterações: (...) d) dispensa a indicação dos fins da companhia na denominação (art. 3º), porque referências genéricas como, por exemplo, "indústria e comércio" pouco informam; nas sociedades com produção diversificada de bens e serviços a indicação do fim é impraticável; e nas grandes companhias com marcas amplamente conhecidas no mercado, é dispensável;

Exposta a nossa opinião, cabe mencionar que diferente é o entendimento adotado pela doutrina majoritária. Em realidade, poucos são os autores que destacam o conflito existente entre as normas ora comentadas. A maioria apenas refere a obrigatoriedade da denominação indicar

---

[8] Há outros artigos do Código Civil, a exemplo do artigo 1.134, que reproduzem dispositivos do Decreto-lei nº 2.627/1940, vigente à época da redação do primeiro projeto do Código Civil.

[9]

Decreto-lei nº 2.627	Código Civil
Art. 3º A sociedade anônima será designada por denominação que indique os seus fins, acrescida das palavras "sociedade anônima" ou "companhia", por extenso ou abreviadamente. § 1º O nome de fundador, acionista, ou pessoa que por qualquer outro modo tenha concorrido para o êxito da empresa, poderá figurar na denominação. 2º Se a denominação for idêntica ou semelhante à de companhia já existente, assistirá à prejudicada o direito de requerer, por via administrativa (art. 53) ou em juízo, a modificação e demandar as perdas e danos resultantes.	Art. 1.160. A sociedade anônima opera sob denominação designativa do objeto social, integrada pelas expressões "sociedade anônima" ou "companhia", por extenso ou abreviadamente. Parágrafo único. Pode constar da denominação o nome do fundador, acionista, ou pessoa que haja concorrido para o bom êxito da formação da empresa.

[10] Embora sejam atinentes à disciplina da sociedade limitada, os comentários de Paula A. Forgioni descrevem perfeitamente o quão obsoletos são alguns dispositivos do Código Civil, em especial na parte do Direito de Empresa: "Por vezes, analisando seus dispositivos, *tem-se a impressão de olhar uma fotografia dos anos 1960, amarelada pelo tempo, que em muito pouco corresponderia à realidade das sociedades efetivamente existentes às vésperas da promulgação do atual diploma*. Congelou-se um tipo societário que não mais existia, para trazê-lo à luz no século XXI. Não bastasse, o Código procura solucionar problemas inerentes a um tipo societário artificialmente mumificado, não à sociedade limitada efetivamente existente neste início de século." (FORGIONI, Paula A.. A unicidade do regramento jurídico das sociedades limitadas e o art. 1.053 do novo Código Civil. Usos e costumes e regências supletivas. *Revista de Direito Mercantil Industrial, Econômico e Financeiro*, v. 147, p. 145, 2009, p. 10-1)

o objeto social ou, mais que isso, sustenta a revogação do artigo 3º da Lei nº 6.404/1976 pelo Código Civil. Nesse sentido, por exemplo, Modesto Carvalhosa:[11]

> O Código Civil de 2002, que nesse particular revoga tacitamente o art. 3º da Lei n. 6.404, de 1976, por ser lei posterior que dispõe sobre o mesmo assunto, em seus arts. 1.155 a 1.168 retorna ao sistema do Decreto-Lei n. 2.627, de 1940, exigindo que se indique na denominação o objeto social, consoante o art. 1.160.
> *Com essa exigência restaurada no Código Civil de 2002*, visa-se dar conhecimento aos que contratam com a sociedade de quais sejam as suas atividades, sem a necessidade do terceiro conhecer o teor do contrato social ou do estatuto social, bem como fazer presumir que o contratante conhecia, ainda que genericamente, os limites da atividade empresarial. Estando o objeto indicado na denominação, dificulta-se ao terceiro que contrata com a sociedade a alegação de boa-fé quando esta tenha se desviado de seu objeto. (grifou-se)

Na obra *Comentários à Lei das Sociedades Anônimas*, de Fran Martins,[12] o atualizador Roberto Papini igualmente refere, em nota, que "volta a ser exigida a indicação do objeto social na denominação da companhia, sem prejuízo, a nosso ver, de obrigação de defini-lo de modo preciso e completo no estatuto social como previsto no § 2º da Lei das Sociedades por Ações".

Na mesma linha, José Edwaldo Tavares Borba:[13]

> A Lei nº 6.404/76 não exigia que a denominação indicasse os fins da empresa. Essa indicação, que é de difícil atendimento, tem ainda o inconveniente de limitar a criatividade dos fundadores da sociedade. *Agora, porém, com o novo Código Civil (art. 1.160), a denominação terá que ser "designativa do objeto social"*.
> A denominação social destina-se a identificar a sociedade pelo seu nome jurídico, pelo que não seria necessário que declarasse o objeto da empresa, mas, com o atual Código Civil, ainda que se inclua na denominação um nome fantasia, *vai ser preciso adicionar, para atender ao art. 1.160, algum referência ao objeto social.* (grifou-se).

No âmbito do Registro Público de Empresas Mercantis, em parecer jurídico emitido em 1º de setembro de 2010,[14] a Procuradoria Regional da Junta Comercial do Estado do Rio de Janeiro opinou a respeito do conflito em questão, posicionando-se pela inaplicabilidade do artigo 1.160 do Código Civil às sociedades anônimas. Referido parecer está assim ementado: "Denominação social. Sociedade Anônima. Designação do objeto da sociedade na denominação social. Art. 1.160 do Código Civil de 2002. Inaplicabilidade.". A Procuradoria sugeriu, inclusive, que fosse solicita-

---

[11] CARVALHOSA, Modesto. *Comentários à Lei de sociedades anônimas*. 1º volume: artigos 1º a 74, 7. ed. rev. e atual., São Paulo: Saraiva, 2013, p. 85.

[12] MARTINS, Fran. *Comentários à lei das sociedades anônimas*. 4. ed. rev. e atual. Rio de Janeiro: Forense, 2010, p. 18.

[13] BORBA, José Edwaldo Tavares. *Direito societário*. 12. ed. rev., aum. e atual. Rio de Janeiro: Renovar, 2010, p. 163.

[14] Disponível em <http://www.jucerja.rj.gov.br/JucerjaPortalWeb/Paginas/DownloadArquivo.aspx?id=1763>. Consulta em 30 jan. 2015.

do o pronunciamento do agora extinto Departamento Nacional do Registro do Comércio – DNRC –, tendo em vista que a sua regulamentação categoricamente exigia a indicação do objeto na denominação das companhias.[15]

O Departamento de Registro Empresarial e Integração – DREI –, ao reeditar a regulamentação que havia sido expedida pelo DNRC, manteve a exigência do artigo 1.160 do Código Civil, conforme item 1.2.15.1 do Manual de Registro de Sociedade Anônima, aprovado pela Instrução Normativa DREI n° 10, de 05 de dezembro de 2013,[16] a seguir copiado:

> *1.2.15.1 – Denominação.* A sociedade anônima é designada por denominação acompanhada das expressões companhia ou sociedade anônima, expressas por extenso ou abreviadamente, mas vedada a utilização da primeira ao final (art. 3º da Lei nº 6.404/76 e art. 1.160 do CC). A denominação pode conter o nome do fundador, acionista ou pessoa que, por qualquer outro modo, tenha concorrido para o êxito da empresa, *sendo necessário constar indicação do objeto da sociedade* (art. 3º da Lei nº 6.404/76 e art. 1.160 do CC).

Diante de tal regulamentação do Órgão que, dentre outras competências, tem por finalidade "estabelecer e consolidar, com exclusividade, as normas e diretrizes gerais do Registro Público de Empresas Mercantis e Atividades Afins",[17] e às quais as Juntas Comerciais estão tecnicamente subordinadas, a probabilidade é que na esfera administrativa mantenha-se a improcedente exigência de indicação do objeto na denominação das sociedades anônimas.

3. Exclusão de acionista por justa causa: é possível?

Como não poderia ser diferente, a Lei das S.A., concebida para regular a "grande empresa",[18] sociedade genuinamente de capital, não prevê a possibilidade de exclusão de acionista por justa causa. Inclusive quando traz as alternativas a serem adotadas em relação a acionista remisso, em seu artigo 107, a ênfase não é para a sua exclusão (em que pese ela

---

[15] Item 1.2.15 do Manual de Atos de Registro de Sociedade Anônima, aprovado pela Instrução Normativa n° 100/DNRC, de 23 de dezembro de 2003.

[16] A mesma exigência consta na Instrução Normativa DREI n° 15, de 5 de dezembro de 2013, que "Dispõe sobre a formação do nome empresarial, sua proteção e dá outras providências": "Art. 5°. (...) III – a denominação é formada com palavras de uso comum ou vulgar na língua nacional ou estrangeira e ou com expressões de fantasia, com a indicação do objeto da sociedade, sendo que: (...) b) na sociedade anônima, deverá ser acompanhada da expressão 'companhia' ou 'sociedade anônima', por extenso ou abreviada, vedada a utilização da primeira ao final;"

[17] Conforme inciso II do artigo 4° do Decreto n° 1.800, de 30 de janeiro de 1996, que "Regulamenta a Lei n° 8.934, de 18 de novembro de 1994, que dispõe sobre o Registro Público de Empresas Mercantis e Atividades Afins e dá outras providências".

[18] LAMY FILHO, Alfredo; PEDREIRA, José Luiz Bulhões. *A Lei das S.A. – Pressupostos, Elaboração e Modificações*. Vol. I, 3ª ed., Rio de Janeiro: Renovar, 1997, p. 133.

possa vir a ser uma consequência das medidas cabíveis), mas à realização do crédito da companhia originário da subscrição de ações.

Já o Código Civil prevê a exclusão de sócio tanto na disciplina da *sociedade simples*, a mais exponencial sociedade de pessoas do ordenamento jurídico brasileiro, quanto da *sociedade limitada*. Quanto à sociedade simples, a exclusão de sócio por *falta grave no cumprimento de suas obrigações*, por deliberação da maioria dos demais sócios, depende da interferência do Poder Judiciário (artigo 1.030).[19] Na sociedade limitada, se o contrato social assim permitir, sócios representando a maioria do capital social poderão excluir extrajudicialmente sócio que esteja *"pondo em risco a continuidade da empresa, em virtude de atos de inegável gravidade"* (artigo 1.085)[20][21]

Pergunta-se, então, se é possível expulsar acionista de sociedade anônima com fulcro nos citados dispositivos do Código Civil, tendo em vista omissão da Lei das S.A. a respeito?

Conforme noticia Marcelo Vieira von Adamek,[22] alguns autores têm sustentado a possibilidade da exclusão de acionista por justa causa:

> Na doutrina pátria, alguns estudiosos têm defendido, em trabalhos de maior fôlego, a viabilidade da exclusão de acionistas por falta grave, embora com cautelas e em caráter excepcional. A argumentação utilizada é a de que a estrutura formal pode não corresponder à estrutura real da sociedade: sociedades anônimas fechadas, em que os atributos pessoais dos sócios sobressaem e nas quais é deles exigida e esperada colaboração ativa, poderiam ser qualificadas como "sociedades anônimas de pessoas", para, com isso, autorizar a excepcional aplicação de instrumentos previstos para as sociedades de pessoas (no caso, a exclusão) também às sociedades teoricamente de capitais, mas que, no caso concreto, são, acima de tudo, *intuitu personae*.

Recentemente, citando o artigo 1.089 do Código Civil e valendo-se da mesma motivação que vem sendo utilizada pelos Tribunais para permitir a dissolução parcial de sociedade anônima, a Quarta Turma do

---

[19] "Art. 1.030. Ressalvado o disposto no art. 1.004 e seu parágrafo único, pode o sócio ser excluído judicialmente, mediante iniciativa da maioria dos demais sócios, por falta grave no cumprimento de suas obrigações, ou, ainda, por incapacidade superveniente. Parágrafo único. Será de pleno direito excluído da sociedade o sócio declarado falido, ou aquele cuja quota tenha sido liquidada nos termos do parágrafo único do art. 1.026.".

[20] "Art. 1.085. Ressalvado o disposto no art. 1.030, quando a maioria dos sócios, representativa de mais da metade do capital social, entender que um ou mais sócios estão pondo em risco a continuidade da empresa, em virtude de atos de inegável gravidade, poderá excluí-los da sociedade, mediante alteração do contrato social, desde que prevista neste a exclusão por justa causa. Parágrafo único. A exclusão somente poderá ser determinada em reunião ou assembleia especialmente convocada para esse fim, ciente o acusado em tempo hábil para permitir seu comparecimento e o exercício do direito de defesa.".

[21] Por ser irrelevante para o presente estudo, não adentraremos na diferença apontada pela doutrina entre as expressões "falta grave no cumprimento de suas obrigações" e prática "de atos de inegável gravidade".

[22] ADAMEK, Marcelo Vieira von. *Abuso de minoria em direito societário*. São Paulo: Malheiros, 2014, p. 384-5.

Superior Tribunal de Justiça, por unanimidade, no julgamento do REsp 917.531/RS,[23] reformou decisão do Tribunal de Justiça do Estado do Rio Grande do Sul e admitiu a possibilidade de exclusão de acionistas de companhia caracterizada como "familiar" e "personalista". A decisão está assim ementada:

> DIREITO SOCIETÁRIO E EMPRESARIAL. SOCIEDADE ANÔNIMA DE CAPITAL FECHADO EM QUE PREPONDERA A AFFECTIO SOCIETATIS. DISSOLUÇÃO PARCIAL. EXCLUSÃO DE ACIONISTAS. CONFIGURAÇÃO DE JUSTA CAUSA. POSSIBILIDADE. APLICAÇÃO DO DIREITO À ESPÉCIE. ART. 257 DO RISTJ E SÚMULA 456 DO STF.
>
> 1. O instituto da dissolução parcial erigiu-se baseado nas sociedades contratuais e personalistas, como alternativa à dissolução total e, portanto, como medida mais consentânea ao princípio da preservação da sociedade e sua função social, contudo a complexa realidade das relações negociais hodiernas potencializa a extensão do referido instituto às sociedades "circunstancialmente" anônimas, ou seja, àquelas que, em virtude de cláusulas estatutárias restritivas à livre circulação das ações, ostentam caráter familiar ou fechado, onde as qualidades pessoais dos sócios adquirem relevância para o desenvolvimento das atividades sociais ("*affectio societatis*"). (Precedente: EREsp 111.294/PR, Segunda Seção, Rel. Ministro Castro Filho, DJ 10/09/2007)
>
> 2. É bem de ver que a dissolução parcial e a exclusão de sócio são fenômenos diversos, cabendo destacar, no caso vertente, o seguinte aspecto: na primeira, pretende o sócio dissidente a sua retirada da sociedade, bastando-lhe a comprovação da quebra da "*affectio societatis*"; na segunda, a pretensão é de excluir outros sócios, em decorrência de grave inadimplemento dos deveres essenciais, colocando em risco a continuidade da própria atividade social.
>
> 3. Em outras palavras, a exclusão é medida extrema que visa à eficiência da atividade empresarial, para o que se torna necessário expurgar o sócio que gera prejuízo ou a possibilidade de prejuízo grave ao exercício da empresa, sendo imprescindível a comprovação do justo motivo.
>
> 4. No caso em julgamento, a sentença, com ampla cognição fático-probatória, consignando a quebra da "bona fides societatis", salientou uma série de fatos tendentes a ensejar a exclusão dos ora recorridos da companhia, porquanto configuradores da justa causa, tais como: (i) o recorrente Leon, conquanto reeleito pela Assembleia Geral para o cargo de diretor, não pôde até agora nem exercê-lo nem conferir os livros e documentos sociais, em virtude de óbice imposto pelos recorridos; (ii) os recorridos, exercendo a diretoria de forma ilegítima, são os únicos a perceber rendimentos mensais, não distribuindo dividendos aos recorrentes.
>
> 5. Caracterizada a sociedade anônima como fechada e personalista, o que tem o condão de propiciar a sua dissolução parcial – fenômeno até recentemente vinculado às sociedades de pessoas –, é de se entender também pela possibilidade de aplicação das regras atinentes à exclusão de sócios das sociedades regidas pelo Código Civil, máxime diante da previsão contida no art. 1.089 do CC: "A sociedade anônima rege-se por lei especial, aplicando-se-lhe, nos casos omissos, as disposições deste Código." 6. Superado o juízo de admissibilidade, o recurso especial comporta efeito devolutivo amplo, porquanto cum-

---

[23] (REsp 917.531/RS, Rel. Ministro LUIS FELIPE SALOMÃO, QUARTA TURMA, julgado em 17/11/2011, DJe 01/02/2012)

pre ao Tribunal julgar a causa, aplicando o direito à espécie (art. 257 do RISTJ; Súmula 456 do STF). Precedentes.

7. Recurso especial provido, restaurando-se integralmente a sentença, inclusive quanto aos ônus sucumbenciais. (REsp 917.531/RS, Rel. Ministro LUIS FELIPE SALOMÃO, QUARTA TURMA, julgado em 17/11/2011, DJe 01/02/2012).

Em seu voto, o Ministro Luís Felipe Salomão reconhece a ausência de permissivo na Lei das S.A. quanto à expulsão de acionista, mas embasado em entendimento doutrinário contemporâneo reconhece a pertinência da medida excepcional ao caso concreto, *in verbis*:

> 4.1. No que tange às sociedades anônimas, verifica-se a falta de mandamento legal específico quanto à exclusão forçada do acionista decorrente do entendimento secular de que a obrigação fundamental e irretratável do acionista, imposta por lei, é a de pagar integralmente o preço de emissão das ações que subscreveu ou adquiriu, uma vez que o capital social é sobretudo a garantia dos demais acionistas e de terceiros que venham a se relacionar com a companhia.

Sem embargo desse tradicional entendimento, a elaboração doutrinária contemporânea vem-se posicionando no sentido de que a exclusão de acionista deve ser possível também nas hipóteses em que vislumbrados deveres outros além do mero dever de conferimento, bem como a importância dos caracteres pessoais do acionista no atual direito societário.

Noutro trecho, o Ministro sustenta a possibilidade de utilização das normas do Código Civil sobre exclusão de sócio ao caso em julgamento ante a permissão veiculada no artigo 1.089:

Nessa esteira de intelecção, caracterizada a sociedade em tela como fechada e personalista, o que tem o condão de propiciar a sua dissolução parcial – fenômeno até recentemente vinculado às sociedades de pessoas –, é de se entender pela possibilidade de aplicação das regras atinentes à exclusão de sócios das sociedades regidas pelo Código Civil, máxime diante da previsão contida no art. 1.089 do CC: "A sociedade anônima rege-se por lei especial, aplicando-se-lhe, nos casos omissos, as disposições deste Código.".

Com efeito, quanto à exclusão de acionista a Lei das S.A. é omissa, o que se explica perfeitamente pela incompatibilidade da medida com o tipo societário. Portanto, apesar do artigo 1.089 do Código Civil prescrever que nos casos omissos da lei especial aplicam-se à sociedade anônima as disposições do Código, as normas do Código Civil a respeito de exclusão de sócio não são aplicáveis *de plano* à companhia.

Tal assertiva não significa, contudo, que *excepcionalmente* a medida não possa ser válida. Uma vez comprovado que o acionista está colocando em risco a continuidade da empresa por atos de inegável gravidade (o que, via de regra, somente é possível em "sociedades anônimas de pessoas", já que nas de capital é irrelevante a pessoa do acionista), há de se admitir a sua expulsão da sociedade, por força de decisão judicial ou arbitral, conforme o caso, em prol de interesse maior, que é a *preservação da empresa*.

Reconhecer a possibilidade de expulsão de acionista, à vista de fatos concretos que caracterizam justa causa, é diferente do que afirmar que as disposições do Código Civil acerca de exclusão de sócio são aplicáveis à sociedade anônima em razão da omissão da Lei das S.A.[24] A diferença é sutil, mas deve ser levada em consideração sob pena de banalização do uso do instituto.

4. Considerações finais

O artigo 1.089 não avaliza a aplicação irrestrita do Código Civil à sociedade anônima sempre que houver omissão da lei especial, pois há diferenças significativas entre as sociedades contratuais regidas pelo *Codex* e a companhia.

Além do mais, dificilmente as lacunas hoje existentes na Lei nº 6.404/1976, fruto dos quase quarenta anos da sua edição, seriam colmatadas pelo vigente Código Civil, que em especial no Livro do Direto da Empresa já *nasceu velho*.

Aliás, disciplinar a sociedade anônima sequer foi a pretensão da Comissão que elaborou o Código Civil de 2002, conforme expôs o seu supervisor, o jusfilósofo Miguel Reale:[25]

> É esse o motivo pelo qual, desde o início, fixei como uma das normas orientadoras da codificação que me fora confiada a de destinar à legislação especial aditiva todos os assuntos que ultrapassassem os lindes da área civil ou implicassem problemas de alta especificidade técnica.
>
> (...)
>
> O Código só abrange aquilo que já está, de certa maneira, consolidado à luz da experiência. É o motivo pelo qual concordamos com aqueles que, em determinado momento, entenderam que não deveria fazer parte do Código a Lei da Sociedade por Ações. Não apenas em razão das mutações a que ela está continuamente sujeita – como ainda agora o demonstra a recente lei que está dando campo para tantas discussões –, mas também

---

[24] Sérgio Botrel entende de modo diverso: "Contudo, cumpre registrar o preceito normativo contido no art. 1.089 do CC, no sentido de que, em casos de omissão da LSA, as disposições do Código Civil aplicam-se às companhias. De fato, a aplicação das disposições do Código Civil às companhias consiste em medida de grande valia quando se busca fundamento, no direito infraconstitucional, para a *expulsão* do acionista prejudicial." (BOTREL, Sérgio. *Direito societário constitucional*: uma proposta de leitura constitucional do direito societário. São Paulo: Atlas, 2009, p. 115).

[25] REALE, Miguel. As diretrizes fundamentais do projeto do Código Civil. In: *Comentários sobre o projeto do Código civil brasileiro*. Imprenta: Brasília, Conselho da Justiça Federal, Centro de Estudos Judiciários, 2002. Disponível em <http://daleth.cjf.jus.br/revista/seriecadernos/vol20.pdf>.

porque a lei que rege as sociedades anônimas está diretamente vinculada ao mercado de capitais, o que transcende os lindes da lei civil.

Com a citação acima conclui-se este artigo que, evidentemente, não tem a pretensão de encerrar o assunto, mas apenas de fomentar a discussão acerca do tema da (in)aplicabilidade de normas do Código Civil à sociedade anônima.

5. Referências bibliográficas

ADAMEK, Marcelo Vieira von. *Abuso de minoria em direito societário*. São Paulo: Malheiros, 2014.

BOBBIO, Norberto. *Teoria do ordenamento jurídico*. Tradução de Maria Celeste C. J. Santos. Brasília: Editora UnB, 10. ed., 1997.

BORBA, José Edwaldo Tavares. *Direito societário*. 12. ed. rev., aum. e atual. Rio de Janeiro: Renovar, 2010.

BOTREL, Sérgio. *Direito societário constitucional*: uma proposta de leitura constitucional do direito societário. São Paulo: Atlas, 2009.

CARVALHOSA, Modesto. *Comentários à Lei de sociedades anônimas*. 1º volume: artigos 1º a 74, 7. ed. rev. e atual., São Paulo: Saraiva, 2013.

FERREIRA, Waldemar Martins. *Tratado de Direito Comercial*, vol. 3, nº 554, Saraiva: São Paulo, 1961.

FORGIONI, Paula A. A unicidade do regramento jurídico das sociedades limitadas e o art. 1.053 do novo Código Civil. Usos e costumes e regências supletivas. *Revista de Direito Mercantil Industrial, Econômico e Financeiro*, v. 147, p. 145, 2009.

LAMY FILHO, Alfredo; PEDREIRA, José Luiz Bulhões. *A Lei das S.A. – Pressupostos, Elaboração e Modificações*. Vol. I, 3ª ed., Rio de Janeiro: Renovar, 1997.

MARTINS, Fran. *Comentários à lei das sociedades anônimas*. 4. ed. rev. e atual. Rio de Janeiro: Forense, 2010.

PASSOS, Edilenice; LIMA, João Alberto de Oliveira. *Memória Legislativa do Código Civil*. Brasília: Senado Federal, 2012. 4 vol. Disponível em http://www.senado.gov.br/publicacoes/MLCC/pdf/mlcc_v1_ed1.pdf.

REALE, Miguel. As diretrizes fundamentais do projeto do Código Civil. In: *Comentários sobre o projeto do Código civil brasileiro*. Imprenta: Brasília, Conselho da Justiça Federal, Centro de Estudos Judiciários, 2002.

— 2 —

Hipóteses de inexequibilidade do fim social legitimadoras da dissolução judicial das sociedades anônimas

LUÍS FERNANDO ROESLER BARUFALDI[1]

Sumário: 1. Introdução; 2. Hipóteses de dissolução judicial das sociedades anônimas; 3. Hipóteses de não consecução do fim social; 3.1. Impossibilidade de realização do objeto; 3.1.1. Paralisação dos órgãos sociais; 3.1.2. Opressão dos sócios minoritários; 3.2. Ausência de geração e distribuição de lucros; 3.3. Subcapitalização da companhia; 3.4. Divergência entre os sócios como causa dissolutória; 4. Conclusão; Referências.

1. Introdução

A Lei 6.404/76 prescreve, em seu artigo 206, II, "b", a hipótese de dissolução judicial da sociedade anônima quando esta não puder mais preencher o seu fim, por ação de acionistas que representem pelo menos cinco por cento do capital social.

No âmbito das sociedades anônimas, a noção de fim aproxima-se dos conceitos de objeto e interesse social, e o seu preenchimento passa pela realização de seu objeto social, exploração de atividade lícita e geração de lucros.[2]

Contudo, a ausência de uma definição clara das hipóteses dissolutórias subsumíveis à inexequibilidade do fim social, prescrita pela norma, é propícia a imprecisões e confusões trazidas pelos aplicadores do Direito que, a pretexto de solucionar a questão, acabam por provocar maiores indagações a respeito dos pressupostos e limites à aplicação do instituto da dissolução.

---
[1] Mestre e Especialista em Direito Empresarial pela Universidade Federal do Rio Grande do Sul. Presidente do Instituto de Estudos Jurídico-Empresariais – IEJERS. Advogado.
[2] MIRANDA, Francisco Cavalcanti Pontes de. *Tratado de direito privado*. 2. ed. Rio de Janeiro: Borsói, 1966, v. 51, p. 11.

Sem a pretensão de solucionar a questão, traremos as nossas contribuições ao estudo do conteúdo atinente à noção de fim social para, então, delinear as causas que o tornam inexequível e conformam a hipótese dissolutória da Lei das Sociedades Anônimas.

2. Hipóteses de dissolução judicial das sociedades anônimas

A aplicação do instituto da dissolução esbarra, muitas vezes, na interpretação, pois apesar das recorrentes menções no texto da Lei n. 6.404/76, não há nele a conceituação do que vem a ser o fim da sociedade anônima, ou seja, o seu escopo, tornando impreciso o conteúdo da norma.

Identificar o *fim da sociedade anônima* é averiguar qual a razão de ser, sua função, o *interesse* de uma companhia,[3] sendo este um dos temas mais tormentosos em Direito Societário e que deve ser estudado a partir das teorias contratualista e institucionalista que tentaram defini-la.

Enquanto a teoria contratualista nega que o interesse social seja hierarquicamente superior ao interesse dos sócios, a teoria institucionalista sustenta que o interesse social transcende o interesse dos sócios e da própria sociedade, identificando-se com o interesse da comunidade na qual a empresa está inserida.

As relações da sociedade com os órgãos que a compõem constituem os interesses internos, que surgem da característica própria do contrato plurilateral, cuja finalidade consiste na organização das várias partes (sócios) em relação ao desenvolvimento de uma atividade ulterior: o fim comum ou escopo.[4]

A interação entre a empresa e a sociedade, por sua vez, forma os chamados interesses externos, relativos à comunidade, ao Estado, aos consumidores etc.

Todos esses interesses estão presentes na realidade das sociedades empresárias e, em maior intensidade, nas sociedades anônimas, dada a sua relevância social. Por isso, é fundamental estudarmos os interesses internos e externos à empresa, a fim de harmonizar o direito dos sócios com os interesses da comunidade na qual ela está inserida e, naturalmente, vinculada.

---

[3] SALOMÃO FILHO, Calixto. *O novo direito societário*. 3. ed. São Paulo: Malheiros, 2006, p. 25.

[4] ASCARELLI, Tullio. O contrato plurilateral. In: PROBLEMAS das Sociedades Anônimas e Direito Comparado. São Paulo: Saraiva, 1945, p. 321.

As teorias contratualistas identificam o interesse social com o interesse dos sócios, partindo da concepção de sociedade como uma comunhão voluntária de interesses e escopo, a qual se coordena com um interesse comum a todos os participantes e com estes se identifica.[5] Já no tocante à definição do que vem a ser o "interesse comum dos sócios", há duas grandes vertentes: o contratualismo clássico, ou de interesse comum, e o moderno.

A teoria contratualista clássica foi largamente desenvolvida na Itália e define-se por contraposição ao institucionalismo, pois nega haver supremacia do interesse social sobre o interesse dos sócios[6] e desconsidera, *a priori*, qualquer fator alheio ao âmbito da própria companhia.

Essa doutrina atribui a titularidade do interesse social ao grupo de sócios, isto é, dos sócios *enquanto sócios*, já que seus interesses enquanto indivíduos podem não corresponder ao interesse deles enquanto sócios. Da mesma forma, o interesse da companhia não corresponde ao interesse da maioria dos sócios, mas sim do que é consenso entre todos eles, pois do contrário cairiam por terra todas as regras sobre conflito de interesses e exercício abusivo do direito de voto.[7]

Ascarelli, grande expoente do contratualismo, defendeu que a sociedade constitui uma comunhão voluntária de interesses e escopo, a qual se coordena com um interesse comum a todos os participantes, identificando-se com estes.[8]

Assim, o contratualismo clássico ou *de interesse comum* proclama, como afirma Carvalhosa, "a prevalência da comunidade de interesses dos sócios".[9] Essa comunidade de interesses surge com a coincidência de interesses dos sócios acerca de determinadas matérias, alinhada à busca da realização do objeto social.[10]

Diante da possibilidade do interesse comum dos sócios ser extrassocial, isto é, de todos estarem em conflito de interesses com a sociedade,[11] a formação do interesse social provém da manifestação dos sócios norteada pelo objetivo social.

---

[5] ASCARELLI, op. cit., p. 258 *et seq.*
[6] COMPARATO, Fábio Konder; SALOMÃO FILHO, Calixto. *O poder de controle na sociedade anônima.* Rio de Janeiro: Forense, 2005, p. 330.
[7] ZANINI, Carlos Klein. *A dissolução judicial da sociedade anônima.* Rio de Janeiro: Forense, 2005, p. 99.
[8] ASCARELLI, op. cit., p. 258 et seq.
[9] CARVALHOSA, Modesto. *Comentários à Lei de Sociedades Anônimas.* 4. ed. São Paulo: Saraiva, 2008, v. 2, p. 455.
[10] VERÇOSA, Haroldo Malheiros Duclerc. *Curso de direito comercial.* São Paulo: Malheiros, 2008. v. 3, p. 257.
[11] RIBEIRO, Renato Ventura. *Direito de Voto nas Sociedades Anônimas.* São Paulo: Quartier Latin, 2009, p. 114.

A concepção do interesse social, para os contratualistas, pode ser resumida na posição defendida por Galgano, para quem existe uma tríplice ordem de interesses. O interesse preliminar consiste em transformar a riqueza aportada pelos sócios em uma atividade exercida de forma eficiente. Este interesse será tanto mais alcançado quanto maior a eficiência produtiva e distributiva da empresa. Já o interesse intermediário revela-se na maximização do lucro. Por sua vez, o interesse final é a distribuição mais frequente e dos maiores dividendos possíveis.[12]

Limitar o interesse social ao interesse dos sócios atuais, desconsiderando quaisquer fatores externos,[13] implicaria reconhecer que a maioria ou a unanimidade dos sócios poderia modificá-lo. Se assim fosse, o interesse social seria concreto, incerto e mutável.[14]

A concepção do interesse social como referente apenas ao grupo dos sócios atuais foi também defendida por Jaeger, que conceituou a sociedade por ações como um instrumento dos sujeitos particulares para a realização dos seus interesses, e não para alcançar fins coletivos.[15] No entanto, quarenta anos depois, Jaeger reviu sua teoria e passou a identificar o interesse social com a obtenção de *shareholder value*, que busca a maximização do valor de venda das ações do sócio.[16]

Essa visão constitui a teoria do contratualismo moderno, para a qual o interesse social diverge da soma dos interesses dos sócios, incluindo o interesse a longo termo dos sócios atuais e, ainda, dos sócios futuros, deixando de considerar apenas o lucro e passando a considerar também o valor das ações.[17]

A teoria do *shareholder value* esbarra, como alertou Ribeiro, na inconsistência de suas premissas, já que o valor das ações não está adstrito ao cumprimento ou não do interesse social; a valorização das ações é virtual e o interesse nela calcado satisfaz-se apenas na venda da posição acionária, quando o acionista deixa de ser sócio; e a busca da valorização das ações pode levar a manobras tanto arriscadas quanto fraudulentas.[18]

---

[12] Conclui, então, Francesco Galgano: "C'è, dunque, un interesse sociale preliminare: l'interesse a che il patrimonio sociale, formato con i conferimenti dei soci, sia utilizzato per l'esercizio di una attività economica, della specifica attività economica che forma oggetto della società; c'è poi un interesse sociale intermédio: l'interesse a che l'attività economica sia volta alla realizzazione degli utili; c'è, quindi, un interesse sociale finale: l'interesse a che gli utili realizzati siano divisi fra i soci." (GALGANO, Francesco. *Diritto commerciale:* la società. 17. ed. Bologna: Zanichelli, 2009, p. 19-20).

[13] SALOMÃO FILHO, op. cit., 2006, p. 27.

[14] RIBEIRO, op. cit., 2009, p. 115.

[15] SALOMÃO FILHO, op. cit., 2006, p. 27-28.

[16] Ibid., p. 30.

[17] GALGANO, op. cit., p. 163.

[18] RIBEIRO, op. cit., p. 120.

Em contraposição ao contratualismo está a teoria institucionalista, baseada no interesse social transcendente ao dos sócios e da própria sociedade.

Na perspectiva institucional denota-se, através do princípio da preservação da empresa, uma correlação entre a finalidade da atividade empresarial e os interesses mediatamente a ela inerentes, como o dos trabalhadores, do Estado, dos consumidores e da comunidade em que ela está inserida.

Walter Rathenau,[19] empresário e político alemão, propagou na Alemanha do primeiro pós-guerra a teoria da "empresa em si" (*Unternehmen an sich*), segundo a qual os empresários detêm o controle não para servir aos capitalistas – sócios ou acionistas –, e sim no interesse público representado pela empresa como organização que transcende a sociedade comercial.[20] Para Rathenau, a empresa é um fenômeno complexo, um fator de economia nacional que está a serviço e pertence à coletividade, e não mais uma organização de interesse particular:

> [...] in general la grande impresa non è più oggi soltanto una organizzazione di interessi di diritto privato, ma è piuttosto, sia come fenomeno singolo che come fenomeno complessivo, un fattore dell'economia nazionale, appartenente ala collettività, il quale conserva bensì, a torto o a ragione, ancora i tratti originari di diritto privato dela pura impresa lucrativa, ma da gran tempo e in misura crescente si è posto al servizio di publici interessi e perciò si è creato una nuova ragion d'essere.[21]

Destaca-se como função da empresa, na visão de Rathenau, a *lotta per la conservazione del livello di rendimento* e *dela supremazia tecnica*,[22] de eficiência produtiva, vista como um instrumento de desenvolvimento econômico geral, onde o interesse do sócio é subordinado e marginal.[23]

Nessa teoria, o objeto prevaleceria sobre o fim social, com o consequente predomínio dos órgãos administrativos sobre as prerrogativas da assembleia geral, reforçando o poder do controlador e tornando-o depositário e intérprete do interesse social.[24] Surge, então, uma empresa de nítidos contornos públicos, em que a atividade empresarial visa, em primeiro lugar, ao interesse nacional, depois ao da empresa e, por fim, ao dos acionistas,[25] deixando, assim, de centrar-se no lucro, e os adminis-

---

[19] RATHENAU, Walter. La realtà dela società per azioni: riflessioni suggerite dall'esperienza degli affari. *Rivista delle Società*, v. 11, p. 912-947, jul./out, 1960.
[20] CARVALHOSA, op. cit., 2008, v. 2, p. 451.
[21] RATHENAU, op. cit., 1960, p. 935.
[22] Ibid., p. 943.
[23] GALGANO, op. cit., 2009, p. 161.
[24] Ibid., p. 161.
[25] RIBEIRO, op. cit., 2009, p. 108.

tradores, por sua vez, submetem-se apenas ao controlador, e não mais ao julgamento da minoria.[26]

As críticas que se apresentam à tese de Rathenau dirigem-se à imputação de um interesse próprio da empresa, mesmo não sendo ela sujeito de direito e, ainda, à supremacia do interesse estatal sobre o fim lucrativo,[27] além de outorgar um poder excessivo ao controlador, que poderia justificar as decisões tomadas em nome de um mal definido interesse público.[28]

De forma mais branda do que a teoria de Rathenau, a teoria institucionalista da "sociedade como pessoa em si" (*Person an Sich*), que se funda na teoria de Gierke sobre a pessoa jurídica como entidade real, atribui à sociedade um interesse próprio não coincidente e superior ao interesse particular dos sócios.[29]

Segundo a escola da *Person an Sich*, o sócio passa a ser um órgão da sociedade, devendo perseguir o interesse da companhia no exercício do direito de voto,[30] mas não o seu próprio,[31] o externo ou público,[32] ou seja, a vontade da maioria ficaria condicionada ao atendimento do interesse social.[33] A teoria da "pessoa em si" admite o exame judicial do mérito das deliberações da assembleia geral, facultando ao juiz declarar inválidas as deliberações que resultem inoportunas para a companhia. Esta peculiaridade diferencia-a da teoria da "empresa em si", que outorga amplos poderes à maioria nas deliberações, fortalecendo, assim, o controlador.[34]

Já na teoria do direito da empresa acionária (*Recht der Aktienunternehmung*), o interesse social é a soma dos interesses individuais dos

---

[26] VERÇOSA, 2008, op. cit., p. 255.

[27] RIBEIRO, op. cit., p. 108-109.

[28] PROENÇA, José Marcelo Martins. Função social da sociedade. In: FINKELSTEIN, Maria Eugênia Reis; PROENÇA, José Marcelo Martins (Coord.). *Direito societário:* gestão e controle. São Paulo: Saraiva, 2008, p. 3-19, p. 9.

[29] VERÇOSA, op. cit., p. 255.

[30] A formação da vontade social através da assembleia geral foi magistralmente exposta por Carvalhosa: "A teoria que prevalece na Itália é a de que o direito de voto é um poder concedido ao sócio no interesse social, entendido este como alheio ao seu próprio interesse. Fundamenta-se essa escola na incapacidade da pessoa jurídica de manifestar sua vontade, o que se dá pela atuação das pessoas jurídicas que a compõem. Por um expediente de técnica jurídica, decorrente da personalidade a um ente incorpóreo, presume-se que a vontade declarada das pessoas físicas componentes do seu órgão deliberativo – a assembleia geral – seja a própria vontade social. A assembleia geral, portanto, é formada por várias pessoas que, por preceito legal, encontram-se autorizadas a manifestar a vontade da companhia e a desenvolver a atividade jurídica necessária para que ela, sociedade, alcance seu fim." (CARVALHOSA, op. cit., 2008, v. 2, p. 454).

[31] Ibid., p. 451.

[32] RIBEIRO, op. cit., 2009, p. 110.

[33] VERÇOSA, op. cit., 2008, p. 256.

[34] Por desconsiderar os interesses externos que gravitam em torno da empresa, Ribeiro obtempera que a teoria da "pessoa em si" não encontra ressonância no direito societário contemporâneo. (RIBEIRO, op. cit., 2009, p. 110).

sócios, e, apesar de reconhecer a necessidade de tutelar também o interesse dos credores e trabalhadores, não o faz em relação ao interesse público, sendo contrária à interferência estatal.[35]

Posteriormente, a teoria da instituição, com forte influência de Hauriou, defendeu o ânimo de lucro dos acionistas e o interesse econômico dos trabalhadores na percepção de salário, convergindo esses interesses na permanência da empresa.[36] Essa moderna feição institucional das sociedades anônimas reforçou o valor jurídico da preservação da empresa, e que se reflete nos princípios que norteiam a nossa atual lei acionária, como o da função social, que procura integrar na sociedade feixes de interesses nela presentes, tais como: geração de riqueza, criação de empregos, pesquisa, desenvolvimento de novas técnicas, pagamento de tributos etc.

Ascarelli, ao expor a teoria do contrato plurilateral, revela a sociedade como uma comunhão voluntária de interesses e escopo, destacando o fim comum enquanto "elemento de convergência das manifestações de vontade dos sócios",[37] isto é, um interesse comum a todos os integrantes da sociedade e àqueles que com ela se relacionam.[38]

O fim comum norteia o nascimento e a vida de todas as organizações associativas e, em função desse fim comum, será determinado se elas serão constituídas sob a forma de associação ou sociedade e se a natureza desta será empresária ou não.

Diferenciam-se as sociedades das associações em sentido estrito pelo seu objetivo ou escopo-fim, pois "constituem-se as associações pela união de pessoas que se organizam para *fins não econômicos*" e "celebram contrato de sociedade as pessoas que reciprocamente se obrigam a contribuir, com bens ou serviços, para o exercício de *atividade econômica* e a partilha, entre si, dos *resultados*".[39] Na lei de sociedades anônimas, da mesma forma, estabelece-se que "pode ser objeto da companhia qualquer empresa de *fim lucrativo*".[40] Extrai-se da definição legal que a busca do lucro é inerente

---

[35] RIBEIRO, op. cit., 2009, p. 110.

[36] Ibid., p. 111.

[37] "À pluralidade corresponde a circunstância de que os interesses contrastantes das várias partes devem ser unificados por meio de uma finalidade comum; os contratos plurilaterais aparecem como contratos com comunhão de fim. Cada uma das partes obriga-se, de fato, para com todas as outras, e para com todas as outras adquire direitos; é natural, portanto, coordená-los, todos, em torno de um fim, de um escopo comum. O conceito de 'fim ou escopo' adquire assim, nos contratos plurilaterais, a sua autonomia. [...] Nos contratos plurilaterais, ao contrário, o escopo, em sua precisa configuração em cada caso concreto (por exemplo, constituição de uma sociedade para a compra e venda de livros), é juridicamente relevante. Constitui o elemento 'comum', 'unificador' das várias adesões, e concorre para determinar o alcance dos direitos e dos deveres das partes. Ele se prende, justamente, àquela atividade ulterior, a que o contrato plurilateral é destinado". (ASCARELLI, 1945, p. 291).

[38] RIBEIRO, *Direito de Voto*, p. 105.

[39] Arts. 981 e 44, § 2º, do CC.

[40] Art. 2, LSA.

às sociedades e revela-se, enquanto fim comum, a todos na impossibilidade de qualquer dos sócios ser privado de sua distribuição.[41] [42] Diz-se, portanto, que é esta a eficácia constitutiva do fim social.[43]

Já o objeto ou escopo-meio,[44] além de ser determinante para a tomada de decisão daqueles que pretendem a ela se associar,[45] define a forma jurídica das sociedades, e esta determinará as contribuições dos sócios e as disposições normativas aplicáveis. Assim, quando se tratar de serviços financeiros ou securitários, por exemplo, somente poderão ser exploradas através de uma sociedade anônima[46] e de acordo com as normas dos órgãos regulatórios, enquanto a sociedade de advogados será sempre constituída sob a forma de sociedade simples, obedecendo às regras do Estatuto da Advocacia.[47] A rígida disciplina de alteração do objeto social[48] que, além de exigir maioria qualificada para a sua aprovação,[49] faculta ao acionista dissidente o direito de recesso,[50] denota a relevância do fim comum enquanto elemento aglutinador dos sócios.

Além do fim comum, enquanto escopo-meio e escopo-fim, compreender a atividade exercida pela empresa e pelo ânimo de lucro, respectivamente, Weidmann[51] atribui-lhe uma eficácia funcional: a de balizar a

---

[41] Art. 1.008, CC/02: "É nula a estipulação contratual que exclua qualquer sócio de participar dos lucros e das perdas.".

[42] WEIDEMANN, Herbert. *Gesellschaftsrecht*. Munique: C. H. Beck, 1980, v. 2, p. 122. apud FRANÇA; ADAMEK, 2009, p. 45.

[43] Ibid., p. 44, em linha com a doutrina de WEIDEMANN, Herbert. *Gesellschaftsrecht*. Munique: C. H. Beck, 1980, v. 1, p. 9-11.

[44] O objeto social, sob o ângulo formal, é o preceituado pelo artigo 2º da Lei de Sociedades Anônimas, segundo o qual o estatuto deve definir, de modo preciso e completo, a atividade negocial ou empresarial, conforme o perfil funcional da empresa definido por Asquini: "a empresa aparece como aquela força em movimento que é a atividade empresarial dirigida para um determinado escopo produtivo." (ASQUINI, Alberto. Perfis da Empresa. Tradução Fábio Konder Comparato. *Revista de Direito Mercantil Industrial Econômico e Financeiro*, São Paulo, n. 104, p. 108-126, out./dez. 1996, p. 116).
Em sua face substancial, Carvalhosa o definiu como "a espécie de empresa que será desenvolvida pela companhia, ou seja, a atividade econômica em razão da qual se constitui a sociedade e em torno da qual a vida societária se realiza e se desenvolve. Nesse sentido, o objeto social é a exploração a que se dedica a sociedade" (CARVALHOSA, 2008, v. 2, p. 866).

[45] MARTINS, Fran. *Comentários à Lei das Sociedades Anônimas*. Rio de Janeiro: Forense, 1984, v. 2, t. 1, p. 248.

[46] Art. 25 da Lei nº 4.595, de 31 de dezembro de 1964. Ressalva seja feita às cooperativas de crédito, que devem ser constituídas sob a forma de sociedades simples (art. 982, parágrafo único, do CC).

[47] Art. 16 do Estatuto da Advocacia (Lei nº 8.906, de 04 de julho de 1994).

[48] E isso porque, como bem ilustrado por André Tunc, não poderia o acionista ir dormir sócio de uma mina de ouro e acordar sócio de uma banca de peixe frito. (TUNC, André. *Le droit anglais des sociétés anonymes*. Paris: Dalloz, 1971, p. 35. apud ZANINI, 2005, p. 88).

[49] Art. 136, VI, da LSA.

[50] Art. 137 da LSA.

[51] "Representa o fim social um metro normativo para a conduta da administração e dos sócios restantes. Para a administração, ele serve como itinerário (ou guia) e como limite; quem dele abusa age contrariamente ao dever e se torna responsável pelos danos causados. Além disso, o fim social

conduta dos sócios e administradores e fixar as diretrizes da política social, concretizando os deveres decorrentes da boa-fé objetiva, da lealdade[52] e da cooperação,[53] instrumentais à consecução do fim social.[54] Outra não é a percepção de Bulhões Pedreira e Lamy Filho:

> [...] a obrigação [de o sócio] contribuir com atos para lograr o fim comum é indeterminada – é obrigação genérica de cooperar: a realização do fim comum requer, durante a existência da sociedade, escolha de objetivos concretos e de meios para alcançá-los, que não são predeterminados mas dependem das circunstâncias.[55]

Maior ainda é a vinculação do acionista controlador ao fim social ao prescrever que este deve "usar o poder com o *fim* de fazer a companhia realizar o seu objeto e cumprir sua função social"[56] e ao considerar exercício abusivo de poder "orientar a companhia para *fim* estranho ao objeto social"; "promover alteração estatutária, emissão de valores mobiliários ou adoção de políticas ou decisões que não tenham por *fim o interesse da companhia*" e "induzir, ou tentar induzir, administrador ou fiscal a pra-

---

concretiza o desenvolvimento e o dever de lealdade dos sócios individualmente: uma [sua] violação torna ilícita as deliberações sociais." (WIEDMANN, Herbert.. apud FRANÇA, p. 45-46, n.r. 36).

[52] O dever de lealdade compreende "a orientação das relações jurídicas societárias para uma correta colaboração de todos os participantes a fim de atingir o fim social" (WIEDMANN, Herbert., *apud* FRANÇA, p. 45/46, n.r. 36).

[53] Através da cláusula geral da boa-fé objetiva, o princípio da cooperação assume, nas relações societárias, um caráter estrutural da empresa em torno de um mesmo valor constitutivo e, ainda, um caráter normativo ao gerar o dever de lealdade entre os sócios. Acerca do seu caráter estrutural, complementa Martins-Costa: "o princípio da cooperação é *estrutural*, é elemento substancial à transformação da estrutura societária em verdadeira *Gestalt* – unidade dinâmica e polarizada no sentido de um mesmo valor constitutivo. Opera, assim, concomitantemente como elemento unificador da empresa como chave de leitura da análise que distingue, funcionalmente, entre os diferentes *papéis assumidos pelos acionistas* em relação à estrutura societária. Há, pois, intensidades de dever de colaboração, cabendo, sem sombra de dúvidas, a maior intensidade aos acionistas controladores e aos administradores, em sentido amplo." (MARTINS-COSTA. Os campos normativos da boa-fé objetiva: as três perspectivas do direito privado brasileiro. In. AZEVEDO, Antonio Junqueira de (Org.). *Princípios do novo Código Civil brasileiro e outros temas*. Homenagem a Tullio Ascarelli. São Paulo: Quartier Latin, 2008, p. 404, em nota de rodapé). Apesar de a nossa lei acionária exigir dos acionistas, enquanto colaboração ativa, apenas o dever de integralização do capital, Ribeiro inclui entre os deveres dos acionistas – expressão da tutela do fim comum –, "a abstenção de atos danosos à sociedade, como o voto injustificado prejudicial ao desenvolvimento da atividade social, ou a não aprovação imotivada de balanço social, impedindo distribuição de dividendos". Da mesma forma, o dever de fidelidade veda comportamentos contrários aos interesses sociais, tais como prejudicar a sociedade no exercício de seus direitos, denegrir a imagem, faltar com o dever de sigilo ou de não concorrência ou utilizar bens sociais em proveito próprio. (RIBEIRO, Renato Ventura. *Exclusão de sócios nas sociedades anônimas*. São Paulo: Quartier Latin, 2005, p. 228).

[54] Ao preterir a consagrada expressão "deveres anexos" pelos "deveres instrumentais", Martins-Costa procura acentuar a função instrumental em vista do escopo econômico-social a que se destina o contrato (MARTINS-COSTA, 2008, p. 391).

[55] PEDREIRA, José Luiz Bulhões; LAMY FILHO, Alfredo (Coord.). *Direito das Companhias*. Rio de Janeiro: Forense, 2009, v. 2, p. 39.

[56] Art. 116, par. único, da LSA: "O acionista controlador deve usar o poder com o fim de fazer a companhia realizar o seu objeto e cumprir sua função social, e tem deveres e responsabilidades para com os demais acionistas da empresa, os que nela trabalham e para com a comunidade em que atua, cujos direitos e interesses deve lealmente respeitar e atender.".

ticar ato ilegal, ou, descumprindo seus deveres definidos nesta Lei e no estatuto, promover, contra o *interesse da companhia*, sua ratificação pela assembleia-geral".[57]

No que tange à fixação das diretrizes da política social, o fim social *deve* ser perseguido pelos administradores da companhia[58] e, não o fazendo, estes respondem por perdas e danos.[59] O dever de informar, por sua vez, leva o administrador a revelar informações sensíveis, ou deixar de fazê-lo, de acordo com o interesse da companhia.[60]

Os órgãos deliberativos, da mesma forma, estão obrigados a decidir no interesse da companhia,[61] [62] sob pena de ser anulada a deliberação discrepante.[63] Existindo empate e cabendo ao Poder Judiciário decidi-lo, deverá fazê-lo "no interesse da companhia".[64] A assembleia pode, inclusive, modificar o fim social,[65] decidindo pela sua dissolução[66] ou, quando já em liquidação, retomar as atividades,[67] como explica Friedrich Kübler:

> La disolución de la sociedad implica su transición a la fase de liquidación. Se trata de un procedimiento de modificación del fin social o transformación: no afecta a la identidad de la sociedad [...]; pero en lugar del fin social original entra en juego el de la liquidación; la sociedad activa se convierte en una sociedad en liquidación [...]. Tras la disolución, pero antes de la extinción, la sociedad en liquidación puede volver a convertirse en una sociedad activa, por medio de la (nueva) modificación contractual del fin social, retomándose el inicialmente pactado o acordándose uno nuevo.[68]

Em todos os estágios da vida da sociedade – constituição, atividade e liquidação –, é o fim social que norteará as atividades tendentes à satisfação dos objetivos que lhe são próprios.[69] Exemplo claro é que "a companhia dissolvida conserva a personalidade jurídica, até a extinção, com o *fim* de proceder à liquidação".[70]

---

[57] Art. 117, § 1º, *a*, LSA.
[58] Art. 154, LSA.
[59] Art. 158, LSA.
[60] Art. 157, § 3º e 4º, LSA.
[61] Art. 121, LSA.
[62] CARVALHOSA, t. 2, p. 612.
[63] Arts. 115, § 4º, e 286 da LSA.
[64] Art. 129, § 2º, LSA.
[65] Para França, esta é uma demonstração de que os sócios estão vinculados ao fim social (FRANÇA; ADAMEK, 2009, p. 47.
[66] Art. 206, I, *c*, LSA.
[67] Art. 136, VII, LSA.
[68] KÜBLER, Friedrich. *Derecho de Sociedades*. 5. ed., trad. de Michèle Klein. Madri: Fundación Culturas del Notoriado, 2001, p. 117, *apud* FRANÇA; ADAMEK, op. cit., p. 47.
[69] FRANÇA; ADAMEK, 2009, p. 47.
[70] Art. 207, LSA.

Inquestionável, portanto, que o fim ou interesse social, em sua eficácia constitutiva, seja a razão de ser das sociedades comerciais,[71] pois o que as caracteriza é a "cooperação entre dois ou mais sujeitos para a consecução de certos fins comuns".[72] Serve, também, o fim social como "metro normativo"[73] da conduta de sócios e administradores e da política social.

E é justamente a inexequibilidade do fim social – impossibilidade da companhia preencher o seu fim, na exata dicção do art. 206, II, *b*, da LSA – o suporte fático da dissolução judicial da sociedade anônima, motivo pelo qual as suas causas serão a seguir destrinchadas.

3. Hipóteses de não consecução do fim social

Prescrevendo o art. 206, II, *b*, da LSA, que é a impossibilidade da companhia preencher o seu fim a única hipótese de dissolução judicial das companhias, é imperioso identificarmos quais causas levam à inexequibilidade do fim social para que possamos dissolver a companhia.

Vimos alhures que a noção de fim social, em sua acepção constitutiva (escopo), compreende o objeto ou a atividade (escopo-meio) e o seu objetivo de lucro (escopo-fim), sendo este o elemento aglutinador da vontade dos sócios. E, ainda, no que tange à sua eficácia funcional, o fim comum orienta a conduta dos sócios e administradores e fixa a política social.

Assim, para que estejamos diante de uma causa dissolutória de sociedade anônima, é imprescindível existir a violação ou ausência permanente de algum dos elementos compreendidos pela noção de *fim social*, quais sejam (i) a realização do objeto da companhia; (ii) a geração de lucros e a sua distribuição aos sócios; (iii) a capitalização inadequada da companhia ou (iv) o atendimento dos deveres da boa-fé, da lealdade e da cooperação dos sócios entre si.

3.1. Impossibilidade de realização do objeto

O objeto social, sob o ângulo formal,[74] é a definição estatutária, precisa e completa da atividade negocial ou empresarial,[75] conforme o perfil

---

[71] SALOMÃO FILHO, 2006, p. 26-27.

[72] FRANÇA; ADAMEK, op. cit., p. 43.

[73] WIEDMANN, Herbert., *apud* FRANÇA, p. 45/46, nr. 36.

[74] Segundo Guerreiro, o objeto social comporta as perspectivas formal e substancial. (GUERREIRO, José Alexandre Tavares. Sobre a interpretação do objeto social. *Revista de Direito Mercantil Industrial Econômico e Financeiro*, São Paulo, v. 54, p. 67-72, abr./jun. 1984, p. 67).

[75] Como exige artigo o 2º da Lei de Sociedades Anônimas: "Pode ser objeto da companhia qualquer empresa de fim lucrativo, não contrário à lei, à ordem pública e aos bons costumes. [...] § 2º O estatuto social definirá o objeto de modo preciso e completo.".

funcional da empresa definido por Asquini.[76] Quanto ao objeto social em sua face substancial, Carvalhosa[77] o definiu como "a espécie de empresa que será desenvolvida pela companhia, ou seja, a atividade econômica em razão da qual se constitui a sociedade e em torno da qual a vida societária se realiza e se desenvolve. Nesse sentido, o objeto social é a exploração a que se dedica a sociedade".

Constitui o objeto social, assim, o ramo de atividade em que a sociedade atua, fator este determinante para a tomada de decisão daqueles que pretendem a ela se associar,[78] [79] bem como limita a atuação dos administradores e controladores na condução dos negócios da sociedade.[80]

A realização do objeto social integra o conceito mais amplo da realização do fim da sociedade,[81] de sorte que a impossibilidade, definitiva e insuperável, de realização das atividades descritas no objeto social inviabilizaria à companhia preencher o seu fim.[82]

Bastaria para elidir a caracterização da impossibilidade de a companhia preencher o seu fim a alteração do estatuto para modificar o objeto social e adequá-lo à nova atividade. Contudo, evitam os controladores promover a modificação formal do objeto social, pois oportunizaria aos sócios dissidentes o direito de recesso,[83] que, como a ação dissolutória, é a contrapartida ao poder discricionário da maioria.[84]

---

[76] Segundo o autor, "a empresa aparece como aquela força em movimento que é a atividade empresarial dirigida para um determinado escopo produtivo." (ASQUINI, 1996, p. 116).

[77] CARVALHOSA, 2008, v. 2, p. 866.

[78] MARTINS, 1984, v. 2, t. 1, p. 248.

[79] Diante da relevância do objeto social para o ingresso do sócio no empreendimento, a deliberação assemblear que o alterar enseja ao acionista descontente retirar-se da companhia através do exercício do direito de recesso (Art. 136, VI, c/c 137 da LSA). A tutela da modificação do objeto justifica-se porque, como bem ilustrado por André Tunc, não poderia o acionista ir dormir sócio de uma mina de ouro e acordar sócio de uma banca de peixe frito (TUNC, André. Le droit anglais des sociétés anonymes. Paris: Dalloz, 1971, p. 35, apud ZANINI, 2005, p. 88).

[80] Art. 117. O acionista controlador responde pelos danos causados por atos praticados com abuso de poder. § 1º São modalidades de exercício abusivo de poder: a) orientar a companhia para fim estranho ao objeto social [...].".

[81] ZANINI, op. cit., p. 166.

[82] Segundo Zanini, não é a inexequibilidade de apenas uma das diversas atividades previstas no objeto social, nem aquela transitória, que ensejará a sua dissolução. Existindo diversas atividades, a dissolução somente se justificará se atingir, de forma duradoura, o objeto essencial, i.e., a atividade fundamental e que justifica a sua existência (ZANINI, 2005, p. 172).

[83] A CVM, inclusive, já se posicionou que "não há direito de recesso sem alteração estatutária, formalmente considerada (vide proc. CVM RJ 2003/7612)", bem como o Tribunal de Justiça do Rio Grande do Sul ao afirmar que a alteração que dá ao acionista o direito de recesso "deve ser jurídica e não de fato" (vide AC nº 598425262, TJRS, Quinta Câmara Cível, Rel. Sérgio Pilla da Silva, julgado em 24/06/1999). Em sentido contrário, Carvalhosa faz referência à previsão do artigo 137, III, da Lei de Sociedades Anônimas, que dá o direito de recesso ao acionista de sociedade cindida mesmo quando houver alteração apenas fática do objeto social (CARVALHOSA, 2008, v. 1, p. 14-15).

[84] WALD, Arnoldo. Término da concessão e direito de recesso. Revista de Direito Mercantil Industrial, Econômico e Financeiro, São Paulo, v. 40, p. 29-35, out./dez. 1980, p. 30.

Sendo a barreira à realização do objeto social intransponível, é perfeitamente possível identificar a impossibilidade da companhia preencher o seu fim, como, *a contrario sensu*, concluiu Zanini:

> Assim como a impossibilidade de realização parcial do objeto (não essencial) não a autoriza, também a impossibilidade temporária de realizá-lo (ainda que atingindo a totalidade das atividades descritas no objeto) não justifica a aplicação de uma solução tão extremada quanto a dissolução da companhia.[85]

Note-se que a causa dissolutória, na lei brasileira, é a impossibilidade da companhia preencher o seu fim decorrente da inexequibilidade do objeto e não o conflito entre os sócios ou o descumprimento de uma obrigação acessória e dos deveres da boa-fé por um deles ou pelos administradores.[86] A animosidade entre os sócios poderia motivar a conduta geradora da inexequibilidade do objeto ou, ainda, seria a consequência desta, mas não o suporte fático capaz de dissolver a sociedade.[87]

Conclui-se que a não realização do objeto social conduz à impossibilidade da companhia em preencher o seu fim e, portanto, legítima é a ação dissolutória prescrita no art. 206, II, *b*, da LSA. Se, no entanto, o estatuto é modificado para se alinhar à atividade efetivamente exercida pela sociedade, elidida estará a impossibilidade de atingir seus fins e, consequentemente, o suporte fático da ação dissolutória, mas abre-se, incontinenti, a possibilidade dos sócios descontentes retirarem-se da companhia através do exercício do direito de recesso.

3.1.1. Paralisação dos órgãos sociais

A despeito da ausência de previsão legal, a doutrina[88] e jurisprudência[89] brasileiras há muito reconhecem que a paralisação dos órgãos

---

[85] ZANINI, 2005, p. 179.

[86] Como a lei acionária não prevê a prestação de obrigações acessórias pelos sócios, estas podem ser objeto de acordo de acionistas, e o seu inadimplemento pode ensejar a execução específica, nos termos do art. 118, § 3º, LSA.

[87] É o que se extrai da lição ZANINI ao concluir que "para efeitos de decretar-se a dissolução, mais importante do que a quebra da *affectio societatis* em si seria a análise das causas que a produzem e dos efeitos dela decorrentes. A opressão da minoria (causa) e a paralisação dos órgãos sociais (efeito) podem, estes sim, tornar impossível o preenchimento do fim da sociedade. Em ambos os casos, estaria presente a quebra da *affectio*. Esta, contudo, no que tange à causa da dissolução, desempenharia um papel coadjuvante." (ZANINI, 2005, p. 227).

[88] Em acórdão da 5ª Câmara Cível do TJDF, proferido em 27 de novembro de 1951, o Relator, Des. Sadi Cardoso de Gusmão, decidiu: "Só nestes casos, tomados em sentido objetivo, se poderá entrever a impossibilidade da consecução dos fins sociais, conforme bem expõe Di Gregorio, notando-se que Soprano admite como motivo de impossibilidade absoluta a discordância ou dissídio entre os sócios somente nas hipóteses de divergência insanável e que paralisa a atividade social." (AC 8.571, TJDF, 5ª Câmara Cível, Rel. Sadi Cardoso de Gusmão, julg. 27.11.1951 *in* Revista Forense, 146, p. 256 apud GUIMARÃES, 1960, v. 3., p. 231).

[89] É o que se extrai da lição de Ruy Carneiro Guimarães: "a quebra da harmonia entre os grupos só deve justificar a liquidação quando acarretar, como consequência, a paralisação das atividades sociais." (Ibid., p. 233).

sociais pode inviabilizar as atividades da companhia e, por isso, enquadram-na como causa dissolutória subsumível à impossibilidade da companhia preencher o seu fim.[90]

Legitimam essa interpretação os exemplos da Itália, pois lá a impossibilidade de funcionamento da assembleia foi alçada à condição de hipótese específica de dissolução, prevista no art. 2.448, n° 3, do Código Civil italiano, e até então era compreendida entre os casos de impossibilidade de consecução do objeto social,[91] e da Espanha, onde a dissolução pela impossibilidade de realização do objeto albergava, segundo o entendimento doutrinário e jurisprudencial, os casos de paralisação dos órgãos sociais, até que a lei a contemplou como uma causa dissolutória autônoma.[92]

Assim também é na Argentina, pois, mesmo ressentindo a lei de previsão expressa, é amplamente aceita a impossibilidade de funcionamento dos órgãos sociais por conflitos insolúveis como suporte fático da dissolução judicial pela impossibilidade superveniente de realização do objeto social.[93]

No Brasil, diante dos poderes atribuídos à assembleia pela LSA, somente ela pode de fato sofrer uma paralisação capaz de dar ensejo à dissolução judicial.[94] Como a Diretoria e o Conselho de Administração estão a ela subordinados,[95] bastaria uma deliberação desta para remover os obstáculos ao funcionamento desses órgãos de administração.

A assembleia somente pode ser paralisada, a ponto de impedir a companhia de cumprir os seus desígnios, quando não for possível al-

---

[90] "Diante da experiência recolhida do direito italiano e espanhol, fica fácil afirmar o enquadramento, em nosso direito, da paralisação dos órgãos sociais na impossibilidade de a companhia preencher o seu fim. A paralisação dos órgãos sociais não se constituiria numa causa bastante em si para acarretar a dissolução, mas sim num fator capaz de configurar a hipótese da impossibilidade do preenchimento do fim da companhia." (ZANINI, op. cit., p. 197).

[91] Cita Brunetti a Resolução Ministerial 903 que, ao justificar a inclusão da hipótese dissolutória, expôs que a nova norma *tende a evitar precisamente o esforço que, sob o império da lei anterior, era necessário para enquadrar na hipótese da impossibilidade de conseguir o objeto social os casos em que a sociedade não está em situação de atuar diante da inatividade de seus órgãos, qualquer que seja a causa da qual deriva essa inércia, compreendendo inclusive a situação de oposição que se cria no seio desses mesmos órgãos e que torna impossível a formação da maioria.* (BRUNETTI, Antonio. *Tratado del Derecho de las Sociedades*. Buenos Aires: Libreria El Foro, 2003, v. 1, p.682).

[92] FRADEJAS RUEDA, O. M. "Los supuestos de hecho de la disolución de la sociedad anónima por paralización de los órganos sociales", en IGLESIAS, Prada (dir.) *Estudios en Homenaje Menéndez*, Madrid, 1996, pp. 1769-1784. apud LIÉBANA, María José Carazo. *El arbitraje societario*. Madrid: Marcial Pons, 2005, p. 211.

[93] HALPERIN, Isaac; OTAEGUI, Julio C. Sociedades anónimas. Buenos Aires: Depalma, 1975, p. 828.

[94] ZANINI, 2005, p. 199.

[95] "Art. 122. Compete privativamente à assembleia-geral: [...] II – eleger ou destituir, a qualquer tempo, os administradores e fiscais da companhia, ressalvado o disposto no inciso II do art. 142".

cançar deliberação válida na assembleia geral ordinária,[96] seja diante da ausência de quórum suficiente para a deliberação seja diante de um empate.[97]

Muito embora as deliberações em assembleia-geral ordinária sejam aprovadas pelos votos da maioria dos presentes, o estatuto das companhias fechadas pode exigir maior *quorum* para certas deliberações,[98] de sorte que a impossibilidade de alcançá-lo paralisaria a assembleia, como explica Zanini: "Quanto maior o *quorum* exigido para a deliberação, tanto maior a dificuldade de alcançá-lo. Por conseguinte, maior seria, igualmente, a probabilidade de que a companhia viesse a experimentar uma paralisação que a impedisse de realizar seu fim".[99]

Não raro os estatutos das companhias fechadas exigirem quórum de unanimidade, e, mesmo quando é necessária apenas maioria qualificada, a detenção da metade dos votos por cada acionista ou facção destes conduz ao mesmo resultado: o voto contrário de um único acionista inviabiliza a deliberação,[100] outorgando-lhe verdadeiro poder de veto. Apesar de controversa a admissibilidade de estipulação de quórum de unanimidade,[101] Zanini entende ser válida, e justificável, essa estipulação em sociedades personalistas:

> Nesse caso, nada mais natural – como sói ocorrer nas sociedades de pessoas – que os sócios emprestem elevada valoração ao voto de cada um, exigindo, para tanto, a manifestação concordante de todos para que determinada deliberação possa ser validamente

---

[96] Compete à assembleia ordinária deliberar sobre as questões vitais da sociedade, como tomar as contas, nomear e destituir os seus administradores, decidir sobre a destinação dos lucros e aprovar as demonstrações financeiras. Nas assembleias extraordinárias não estaria presente a relevância capaz de inviabilizar as atividades e, consequentemente, autorizar a dissolução da companhia (ZANINI, 2005, p. 209-212).

[97] No sistema da nossa LSA, não é possível falar em paralisação, ou inatividade, fundada na impossibilidade de convocação, pois os sócios que detêm o percentual mínimo necessário à propositura da demanda dissolutória – cinco por cento ou mais do capital social – têm também condições de cessar a sua inatividade convocando a assembleia quando os órgãos de administração não o fizerem, nos termos do art. 123 da LSA. Também não é possível que a assembleia fique inativa por ausência de quórum para a sua instalação, pois em segunda convocação a assembleia é instalada com qualquer número de acionistas presentes (Arts. 125 e 135 da LSA).

[98] Art. 129. As deliberações da assembleia-geral, ressalvadas as exceções previstas em lei, serão tomadas por maioria absoluta de votos, não se computando os votos em branco. § 1º O estatuto da companhia fechada pode aumentar o quórum exigido para certas deliberações, desde que especifique as matérias.

[99] ZANINI, 2005, p. 203.

[100] Ibid., p. 199.

[101] Ricardo Tepedino refere que o legislador não vedou a exigência de unanimidade pelos estatutos, tanto que suprimiu do anteprojeto da LSA a seguinte ressalva ao § 1º do artigo 129: "...desde que especifique as matérias e não exija a unanimidade'" (TEPEDINO, Ricardo. Assembleia Geral. In: PEDREIRA, José Luiz Bulhões; LAMY FILHO, Alfredo (Coords.). *Direito das companhias*. Rio de Janeiro: Forense, 2009, p. 955). No mesmo sentido, COMPARATO, 1978. Em sentido contrário, CARVALHOSA defende que a deliberação unânime restringe-se aos assuntos previstos no art. 221 da LSA, não podendo o estatuto instituir essa exigência para outros assuntos (CARVALHOSA, 2008, v. 2, p. 755).

tomada. A admissibilidade do *quorum* de unanimidade corresponde, dessarte, a uma necessidade concreta de organização sentida pelas partes, a qual, a nosso ver, não esbarra em nenhum dispositivo de ordem pública capaz de subtrair uma tal estipulação da autonomia de vontade dos acionistas.[102]

No direito norte-americano, inicialmente, admitia-se a dissolução quando, não sendo possível obter o quórum de supermaioria nas deliberações da diretoria ou da assembleia, a paralisação fosse irremediável e atingisse algum dos aspectos vitais da sociedade, impedindo-a de funcionar e sujeitando-a a iminente dano irreparável.[103] A tendência atual, no entanto, é relativizar a necessidade de prova da ocorrência ou risco de prejuízos, admitindo a dissolução quando a impossibilidade de resolver a paralisação impeça que os negócios continuem sendo conduzidos em benefício de todos os sócios,[104] ainda que a atividade seja lucrativa.[105]

O pequeno número de sócios e a polarização dos grupos de controle, peculiares às companhias fechadas, também favorecem a ocorrência de empate nas deliberações, que pode levar ao bloqueio das atividades sociais e impossibilitá-la de preencher o seu fim, especialmente quando existe conflito entre os sócios.[106]

Estabelece o § 2º do art. 129, da LSA, então, que: "No caso de empate, se o estatuto não estabelecer procedimento de arbitragem e não contiver norma diversa, a assembleia será convocada, com intervalo mínimo

---

[102] ZANINI, 2005, p. 204.

[103] O'CONNELL, Daniel H. Dissolution as a Remedy for Dissension and Deadlock in The New York Closely-Held Corporation. *Buffalo Law Review*, v. 19, p. 585-598, 1969-1970, p. 589). Extrai-se dos precedentes trazidos pelo autor que a regra contempla "nada menos do que a inviabilidade de a sociedade funcionar em virtude da paralisação da administração" (*In re* Landau, 183 Misc. 876, 878, 51 N.Y.S.2d 651, 653. No original: "nothing less than the inability of the corporation to function because of a paralizing feilure of management"), não bastando a incapacidade de nomear um terceiro diretor, ou, ainda, que a convivência entre os sócios seja desagradável. Ao tempo da publicação deste estudo, em 1970, O'Connell já advertia que, mesmo sem paralisação da administração e ainda que a companhia apresente lucros, a discórdia entre os sócios normalmente resultará em uma perda de lucratividade e eficiência da sociedade, vislumbrando a ampliação das causas dissolutórias para que fosse admita quando demonstrado, apenas, que seria benéfica aos sócios (Ibid., p. 591).

[104] O MBCA prescreve que cabe a dissolução quand "(i) the directors are deadlocked in the management of the corporate affairs, the shareholders are unable to break the deadlock, and irreparable injury to the corporation is threatened or being suffered, or the business and affairs of the corporation can no longer be conducted to the advantage of the shareholders generally, because of the deadlock" (MODEL Business Corporation Act. Official Text with Official Comment and Statutory Cross-References Revised through December 2007. American Bar Association – Committee on Corporate Laws. 2008, p. 14-24).

[105] As Cortes norte-americanas têm relutado em conceder a dissolução quando a sociedade continua apresentando lucros a despeito do bloqueio (BAINBRIDGE, Stephen M. *Corporate law*. 2 ed. New York: Foundation Press, 2009, p. 470).

[106] Em conflito amplamente divulgado pela imprensa, o empate nas deliberações da Rohr S/A Estruturas Tubulares, causado pela rivalidade entre os sócios, fez com que nenhuma deliberação fosse aprovada por mais de dois anos, e resultou, entre outras ações judiciais, na de desempate das deliberações assembleares (GOULART, Josette. Justiça paulista analisa caso raro de desempate por rivalidade de sócios. *Valor Econômico*, 25 maio 2008).

de 2 (dois) meses, para votar a deliberação; se permanecer o empate e os acionistas não concordarem em cometer a decisão a um terceiro, caberá ao Poder Judiciário decidir, no interesse da companhia.".

A legalidade e efetividade dessas alternativas é questionada pela doutrina, especialmente porque submeter a solução da controvérsia a nova assembleia, a arbitragem[107] ou a terceiro[108] dependeria, justamente, do que lhes falta: consenso entre as partes em litígio.

Persistindo o impasse, determina a lei que caberá ao Poder Judiciário decidir no interesse da sociedade.[109] Zanini e Carvalhosa defendem que, mesmo existindo regra cogente sobre a solução do empate, não estaria elidida a impossibilidade da companhia preencher o seu fim, pois além da demora inerente às contendas judiciais, a decisão caberia a alguém totalmente alheio aos negócios da sociedade.[110]

Ademais, prolongando-se o clima beligerante entre os sócios, as posições dos grupos tendem a ser mantidas nas deliberações seguintes,[111] acarretando novas paralisações da assembleia, de sorte que eventual desenlace do empate pelo Poder Judiciário não teria o condão de remover definitivamente a paralisação da assembleia.

Extrai-se das lições do direito norte-americano que a dissolução somente se justifica quando provado que as divergências entre os acionistas é tamanha que não se pode esperar que sejam capazes de resolvê-la.[112] Nessa linha, a nossa jurisprudência orientou-se no sentido de que somente o conflito insuperável entre os sócios enseja a paralisação da companhia capaz de justificar a sua dissolução:

> Entre os comercialistas se distinguem os casos de impossibilidade superveniente, na especial hipótese da discórdia entre os sócios, admitindo-se esta, com razão de relevância, quando se torna impossível, pela disciplina das deliberações dos sócios, fazer prevalecer

---

[107] Lembre-se que, mesmo existindo cláusula compromissória estatutária cometendo os litígios à arbitragem, esta somente é oponível aos acionistas que com ela concordaram expressamente, já que representa renúncia ao direito de ação, assegurado pelo art. 5º, XXXV, da Constituição Federal.

[108] Pairam dúvidas, também, sobre a validade da regra estatutária que outorgue o voto de Minerva a um acionista, diante da vedação ao voto plural (art. 110, § 3º, LSA). Ricardo Tepedino, contudo, aduz que não se trata de um direito político inerente à ação, mas de um voto de qualidade, transitório e eventual, justificável enquanto "forma de solução de um impasse quase sempre danoso à marcha dos negócios sociais" (TEPEDINO, Gustavo. (Org.) *Código Civil Interpretado*. Rio de Janeiro: Renovar, 2011, p. 957).

[109] Entre os defensores da solução prescrita pela lei, Ricardo Tepedino diz que preferir a dissolução da companhia à solução do empate pela via judicial, é voltar as costas "para o princípio da preservação da empresa viável (e de toda a gama de interesses que em torno dela gravitam), um dos primados do direito empresarial moderno." (Ibid., p. 955).

[110] CARVALHOSA, 2008, p. 760. ZANINI, 2005, p. 208-209.

[111] BRUNETTI, 2003, p. 682.

[112] No original: "poof that the diferences between the shareholders are such that is no longer reasonable to expect that they will be able to resolve their diferences" (COX & HAZEN, p. 14-44. apud MODEL..., 2008).

a vontade social (*v.g.* quando se exige unanimidade, ou certa maioria, e não seja possível obtê-las, e de forma a tornar impossível atingir o objetivo social, ou a consecução des (*sic*) fins da sociedade).

Só nestes casos, tomados em sentido objetivo, se poderá entrever a impossibilidade da consecução dos fins sociais, conforme bem expõe Di Gregorio, notando-se que Soprano admite como motivo de impossibilidade absoluta a discordância ou dissídio entre os sócios somente nas hipóteses de divergência insanável e que paralisa a atividade social.[113]

Dessa forma, a dissolução judicial da companhia somente terá cabimento quando a ausência de *quorum* ou empate nas deliberações acarretar a paralisação definitiva, permanente e insuperável da assembleia,[114] impedindo-a de alcançar deliberação vital para a consecução dos fins da companhia,[115] cabendo, como propõe Zanini, perguntar: "A sociedade se encontra impossibilitada de exercer as atividades que lhe são próprias? A paralisação beneficia um determinado grupo em detrimento dos demais? A paralisação poderia ser solucionada mediante a intervenção de outro(s) acionista(s)?"[116]

3.1.2. Opressão dos sócios minoritários

A separação entre propriedade e controle e o princípio majoritário oportunizam aos administradores, e controladores, gerir a companhia no seu próprio interesse e em prejuízo dos demais acionistas, prática esta que é tanto mais comum quanto nefasta em companhias fechadas, em que os acionistas minoritários não dispõem de um mecanismo que os permita sair da sociedade e, portanto, ficam à mercê da vontade do controlador.[117]

Diante do exercício disfuncional do poder de controle, a dissolução judicial justificar-se-ia pela violação dos fins da companhia, que com-

---

[113] Câmara Cível do TJDF, proferida em 27 de novembro de 1951; e AC 8.571, Rel. Sadi Cardoso de Gusmão, Revista Forense, 146, p. 256. apud GUIMARÃES, Ruy Carneiro. *Sociedade por ações*. Rio de Janeiro: Forense, 1960, v. 3, p. 231.

[114] SENEN DE LA FUENTE, *La disolución de la sociedad...*, p. 202. apud ZANINI, 2005, p. 214.

[115] Zanini adverte que "Diante da paralisia, caberão as seguintes perguntas: a sociedade se encontra impossibilitada de exercer as atividadades que lhe são próprias? A paralisação beneficia um determinado grupo em detriment dos demais? A paralisação poderia ser solucionada mediante a intervenção de outro(s) acionista(s)?" (Ibid., p. 212).

[116] Ibid., p. 212.

[117] Os deveres fiduciários aplicam-se tanto aos administradores quanto ao acionista controlador, pois a ambos é confiado o patrimônio dos acionistas, como registrado pelo julgamento de *Pepper v. Litton*, 308 U.S. 295, 306 (1939): "A director is a fiduciary [...] So is a dominant or controlling stockholder or group of stockholders [...] Their powers are powers in trust [...] Their dealings with the corporation are subjected to rigorous scrutiny and where any of their contracts or engagements with the corporation is challenged the burden is on the director or stockholder not only to prove the good faith of the transaction but also to show its inherent fairness from the viewpoint of the corporation and those interested therein." (SNEIRSON, Judd F. Soft Paternalism for Close Corporations: Helping Shareholders Help Themselves. *Wisconsin Law Review*, p. 899-940, 2008, p. 910).

preendem, além da persecução de lucro através da realização do seu objeto, a administração e o exercício do poder de controle em prol do interesse comum dos acionistas enquanto acionistas.[118]

A fim de que possamos melhor compreender a extensão dessa hipótese dissolutória, é salutar – quiçá fundamental – buscarmos em sua origem, na disciplina das *close corporations* do direito norte-americano, o delineamento do que sejam as condutas opressivas ensejadoras da dissolução societária, sempre buscando projetá-los no nosso regime dissolutório.

A fragilidade dos acionistas minoritários frente ao controlador levou a doutrina norte-americana a impor um dever mais elevado de boa-fé e lealdade (conjuntamente referidos como *fiduciary duties*[119]) dos controladores para com a sociedade e os dos demais sócios das *close corporations*, pois a íntima relação entre os seus integrantes pressupõe a mais estrita confiança,[120] ainda maior do que aquela geralmente requerida aos sócios de uma *corporation*.[121]

Ao violar esses deveres fiduciários em prejuízo da sociedade ou dos sócios minoritários – enquanto sócios, administradores ou empregados[122] –,

---

[118] Zanini defendeu que "se se admite que o fim social reside na realização de um bem, não há como deixar de reconhecer na prática societária orientada com o fito de prejudicar os sócios de minoria (ou mesmo apenas não atender a seus interesses legítimos) uma deturpação da finalidade própria da empresa (ZANINI, 2005, p. 215). Também aplicando o conceito aristotélico de bem comum para pautar a conduta dos administradores, defendendo ser este o meio termo entre o contratualismo (*shareholder ownership model*) e o institucionalismo (*stakeholder Model*): COLOMBO, Ronald J. Ownership, Limited: Reconciling Traditional and Progressive Corporate Law via an Aristotelian Understanding of Ownership. *The Journal of Corporation Law*, v. 34, p. 247-292, 2008-2009.

[119] A relação e os deveres fiduciários (*"fiduciary duties"*) exsurgem do poder do administrador ou controlador sobre os interesses patrimoniais dos acionistas e da confiança que estes depositaram na sua conduta (SPINELLI, Luis Felipe. *Os deveres fiduciários dos Administradores de Sociedade Anônima e a Regra Geral sobre conflito de Interesses*: Art. 156 da Lei N. 6.404/76. Dissertação (Mestrado em Direito) Faculdade de Direito, Universidade Federal do Rio Grande do Sul, 2009, p. 32).

[120] A natureza personalista das *close corporations* levou à aplicação dos princípios próprios das *partnerships*. Dessa forma, os deveres dos sócios entre si deveriam ser pautados pela conduta exigida dos integrantes das sociedades personalistas, consagrados no caso Meinhard v. Salmon, em que o célebre magistrado Benjamin Cardozo registrou: "Copartners owe to one another [...] the duty of the finest loyalty [...]. Not honesty alone, but the punctilio of an honor the most sensitive, is then the standard of behavior" (*Meinhard v. Salmon*, 164 N.E. 545, 546 (N.Y. 1928) apud SNEIRSON, 2008, p. 907).

[121] "[Shareholders in close corporations] owe one another substantially the same duty of utmost good Faith and loyalty in the operation of the enterprise that partners owe to one another, a duty that is even stricter than that required of directors and shareholders in corporations generally". (Demoulas v. Demoulas Super Mkts., Inc. 677 N.E.2d 159, 179 (Mass. 1997). apud ART, Robert C. Shareholder. Shareholder Rights and Remedies in Close Corporations: Oppression, Fiduciary Duties, and Reasonable Expectations, *The Journal of Corporation Law*, v. 28, p. 371-418, 2003, p. 384).

[122] Diante dos diferentes papéis que os sócios costumam assumir em uma *close corporation*, tutelam-se os seus interesses enquanto sócio, administrador ou funcionário (THOMPSON, Robert B. The Shareholders's Cause of Action for Oppression. *The Business Lawyer*, v. 48, p. 699-745, feb. 1993, p. 713-714).

a conduta do acionista controlador[123] é reprovável e pode justificar, além da responsabilização pessoal, a dissolução total da sociedade.

Os casos subsumíveis às hipóteses de fraude e ilicitude ou de desperdício e malversação de recursos da sociedade, *v.g.* pagamento de salários e bônus excessivos aos diretores ou de despesas particulares destes com os recursos da sociedade, não conduzem, necessariamente, à dissolução, preferindo-se a adoção de medidas menos drásticas como a responsabilização dos administradores e controladores pelos danos causados à sociedade,[124] o que, entre nós, é tutelado pelo art. 117 da LSA.

A má gestão e a ausência de transparência das contas, por exemplo, já foram rechaçadas como hipótese dissolutória pelo TJSP, demonstrando que a natureza da conduta tida por reprovável, assim como a extensão dos seus danos, não conduzem à solução extrema quando os sócios dispõem de mecanismos mais adequados, *verbis*:

> Ademais, não é viável a dissolução de empresa em razão de eventual má administração, ou alegada falta de clareza nas contas, ou mesmo suposto excesso de remuneração de administradores, ou inadequado pessoal administrativo, conforme reconheceu a sentença. A solução para tais fatos deve ser buscada em outras vias, que não a dissolutória. Nem argumente que se trata de sociedade familiar e que a quebra da affectio societatis seria ainda determinante da dissolução da empresa. No caso em comento, como se viu, os problemas apresentados podem ser solucionados na via administrativa *interna corporis*.[125]

No entanto, quando a gravidade do ato perpetrado ou as contínuas práticas dos controladores ameaçarem a subsistência da sociedade, invariavelmente coincidem com uma conduta opressiva dos sócios minoritários e acabam enquadradas como tal para fundamentar o pedido dissolutório.

Nessa senda, tanto o *Model Business Corporation Act* (MBCA) quanto a legislação de praticamente todos os estados norte-americanos[126] autori-

---

[123] Ressalva-se que um acionista minoritário também pode sujeitar-se aos deveres fiduciários sempre que lhe couber influenciar as decisões da companhia (ANABTAWI, Iman; STOUT, Lynn A., Fiduciary Duties for Activist Shareholders. *Stanford Law Review*, v. 60, p. 1255-1308, 2008, p. 1295), a exemplo dos casos de paralização dos órgãos sociais pela ausência de quórum deliberativo.

[124] Como decidido no caso *Brenner v. Berkowitz*, 134 N. J. 488, 634 A.2d 1019 (1993), GEVURTZ adverte que "the presence of such misdeeds does not per se require dissolution. Rather, the court will consider how serious the misdeeds were, how much they prejudiced the shareholder requesting dissolution, and the availability of a less drastic remedy. Given the fact that derivative suit typically can address this sort of conduct, the presence of a less drastic remedy should preclude dissolution unless the fraud, illegality, or misapplication of assets is egregious and pervasive."(GEVURTZ, Franklin A. *Corporation Law*. St. Paul: West Group, 2000, p. 471).

[125] SÃO PAULO, Tribunal de Justiça. Quinta Câmara de Direito Privado. AC nº 9180722-71.2003.8.26.0000. Relator: Silvério Ribeiro. Julgado em: 16 fev. 2011.

[126] As exceções são Delaware, Kansas e Oklahoma, que não possuem dispositivos autorizando a dissolução senão quando a *corporation* é formada por dois sócios e cada um detém metade das ações (MATHESON, John H.; MALER, Kevin R. A Simple Statutory Solution to Minority Oppression in the Closely Held Business. *Minnesota Law Review*, v. 91, p. 657-709, 2007, p. 663).

zam a dissolução da companhia diante da prova de que os controladores estão agindo de forma ilegal, opressiva ou fraudulenta, ou de que os ativos da companhia estão sendo mal geridos ou dissipados.[127]

A legislação norte-americana, contudo, não define quais condutas são consideradas opressivas, sendo possível encontrar três abordagens na evolução dos precedentes jurisprudenciais, cada qual ampliando os direitos dos sócios minoritários.[128]

A primeira delas tem como parâmetros de conduta o *fair play* e *fair dealing* na condução dos negócios, rotulando de opressivas as práticas que violem o padrão de lealdade esperado por qualquer acionista que confie seu dinheiro ao empreendimento.

Na exata dimensão exposta pela doutrina de Haynesworth, o nosso Superior Tribunal de Justiça já manifestou que a eticidade nas relações societárias deve ser tutelada, devendo-se preservar a confiança dos sócios minoritários "diante de eventuais situações jurídicas geradas pelo comportamento desleal dos administradores e sócios-controladores das pessoas jurídicas".[129] Como ensina Haroldo Malheiros Duclerc Verçosa, é desleal toda conduta que contrarie o interesse social, seja através de concorrência desleal com a companhia da qual faz parte, seja do exercício abusivo do direito de voto.[130]

Exemplo claro dessa forma de opressão são as disseminadas práticas através das quais os sócios majoritários afastam os minoritários de seus cargos de gestão, e, ainda, deixam de distribuir dividendos, privando-os de qualquer retorno financeiro sobre o seu investimento – consagrada sob a expressão *freeze out*, justamente por "congelar" o sócio[131] –,

---

[127] Dispõe o MBCA em seu art. 14.30 (a) (2): "The [cort] may dissolve a corporation: [...] 2) in a proceeding by a shareholder if it is established that: (ii) the directors or those in control of the corporation have acted, are acting, or will act in a manner that is illegal, oppressive, or fraudulent; (iii) the shareholders are deadlocked in voting power and have failed, for a period that includes at least two consecutive annual meeting dates, to elect successors to directors whose termshave expired; or (iv) the corporate assets are being misapplied or wasted;" (MODEL..., 2008, p. 14-24).

[128] MATHESON; MALER, op. cit., p. 674-675.

[129] Em seu voto, o Min. Castro Meira consignou: "No cenário contemporâneo da economia nacional e internacional, altamente dependente da saúde financeira do setor empresarial e da confiabilidade das informações, a eticidade nas relações interna corporis das companhias é bem jurídico igualmente digno de tutela, por meio do estímulo à segurança e à transparência das operações financeiras. Por tais motivos, é indispensável uma proteção substancial da confiança dos sócios minoritários, bem como de toda a comunidade, diante de eventuais situações jurídicas geradas pelo comportamento desleal dos administradores e sócios-controladores das pessoas jurídicas." (BRASIL. Superior Tribunal de Justiça. Segunda Turma. REsp 1130103/RJ. Relator: Ministro Castro Meira. Julgado em: 19 ago. 2010. *DJe* 30 ago. 2010).

[130] VERÇOSA, 2008, p. 242.

[131] O Tribunal paranaense, muito embora tenha admitido uma nova hipótese de "retirada", chegou à solução condizente com a tutela dos direitos dos minoritários oprimidos: "'não se pode imobilizar o capital do acionista nun negócio que em raros momentos foi lucrativo e que já não mais apresenta liquidez para venda das ações no mercado, impondo-se a dissolução parcial, pois vedada a liquida-

forçando-os a alienar suas ações ao grupo de controle por preços irrisórios, prática esta conhecida como *squeeze out* por forçar a saída do sócio ao "espremê-lo".

Entre os meios mais comuns de esvaziamento dos lucros para alijar os sócios minoritários estão o pagamento de *pró-labores* altíssimos;[132] concessão de empréstimos à companhia com taxas de juros irreais; realização de negócios entre a sociedade e outras empresas sob o seu comando ou de aliados para fornecer produtos ou serviços por preço superior ao de mercado; aumento do capital sem que os minoritários tenham condições de acompanhá-lo, provocando, assim, a diluição da sua participação e do seu poder de voto;[133] e usurpar as oportunidades comerciais da companhia, assumindo particularmente negócios que seriam benéficos para a empresa e a ela pertenceriam.[134]

A segunda orientação, inaugurada pelo precedente *Donahue v. Rodd Electrotype*,[135] atribui aos controladores os deveres fiduciários (*fiduciary duties*), exigindo deles uma conduta pautada pela mais elevada boa-fé e lealdade frente aos sócios minoritários, equivalente àquela esperada dos sócios em uma *partnership* (sociedade de pessoas).

Ganha força, agora, um novo paradigma dos deveres de lealdade dos controladores. A partir da decisão proferida pela Suprema Corte de Delaware no caso *Stone v. Ritter*, passa-se a exigir mais do que a abstenção de fazer negócios em benefício próprio, repreendendo a mentira, a violação de compromissos com os acionistas ou da lei, ainda que praticados em benefício da sociedade e dos seus acionistas.[136]

ção de companhia próspera (artigos 116 e 117 da Lei 6.404/76)'" (LAZZARESCHI NETO, Alfredo Sérgio. *Lei das Sociedades por Ações Anotada*. 3. ed., São Paulo: Saraiva, 2010, p. 540).

[132] Já decidiu o Tribunal de Justiça de São Paulo que "Impõe-se a dissolução de sociedade anônima que durante anos a fio não distribui dividendos, absorvidos os possíveis lucros pelas despesas beneficiadoras do grupo majoritário dirigente" (AC 151.400, de 17 de maio de 1966 (RT, 375:112). apud CARVALHOSA, v. 4, t. I, p. 68).

[133] O art. 170, ss 1º, da LSA veda o aumento de capital que dilua injustificadamente a participação dos acionistas antigos.

[134] NAGAR, Venky, PETRONI, Kathy R.; WOLFENZON, Daniel, Governance Problems in Closely-Held Corporations. *Journal of Financial and Quantitative Analysis*. Disponível em: <http://ssrn.com/abstract=1291612>. Acesso em: 28 jan. 2010.

[135] Na decisão em *Donahue v. Rodd Electrotype Co.* estabeleceu-se que os sócios controladores não podem criar condições especiais de negócio com as ações da sociedade sem oportunizá-las também aos demais sócios: "The rule of equal opportunity in stock purchases by close corporations provides equal access to these benefits for all stockholders. We hold that, in any case in which the controlling stockholders have exercised their power over the corporation to deny the minority such equal opportunity, the minority shall be entitled to appropriate relief." (Donahue v. Rodd Electrotype Co. Supreme Judicial Court of Massachusetts. 328 N.E.2d 505 (1975) *apud* RAGAZZO, Robert A.; MOLL, Douglas K. *Closely Held Business Organizations: Cases, Materials, and Problems*. St. Paul: West, 2006, p. 572).

[136] O novo marco dos deveres fiduciários dos administradores (extensíveis aos controladores) a partir da decisão em Stone v. Ritter (Stone v. Ritter, 911, A2d. 362, 370, Del. 2006) é assim descrito por GOLD: "As a result of these developments, the content of fiduciary duties is in need of a viable

Enquanto as concepções anteriores de opressão focavam as condutas dos administradores e controladores, a partir de precedentes como *Wilkes v. Springside Nursing Home*, a perspectiva passa à visão dos sócios minoritários. Muda-se a abordagem para destacar o contrato implícito entre os sócios, considerando opressiva a conduta dos controladores que frustrem as legítimas expectativas dos sócios minoritários de uma companhia fechada.

Segundo a teoria das legítimas expectativas, o sócio de uma companhia fechada espera um retorno maior ao investir seu capital, pois é coproprietário e almeja usufruir do poder e privilégios que a propriedade lhe outorga. Acredita – e essa pode ter sido a única razão para ter ingressado na sociedade – que terá um emprego estável e papel relevante na administração, além de que o seu esforço reverterá em seu proveito.[137]

Douglas K. Moll defende que a doutrina das legítimas expectativas tutela, em um primeiro nível, o valor justo sobre o investimento do sócio em qualquer companhia; no segundo, assegura uma parcela dos lucros para todos os sócios; e, por fim, identifica os componentes que levam o acionista a ingressar em determinado empreendimento e que transcendem a sua expectativa aos dividendos, de sorte que a proteção do emprego ou da participação na gestão justificar-se-ia apenas quando são parte do investimento.[138]

A concepção das legítimas expectativas funda-se nas razões que conduziram o sócio a ingressar em determinado empreendimento, e ensejam dúvidas quanto a sua aplicabilidade nos casos em que o sócio não escolheu participar da sociedade, mas recebeu as ações por herança ou doação, por exemplo.[139] Notadamente, o alinhamento das expectativas e a afinidade entre os sócios fundadores não serão as mesmas com os novos integrantes,[140] potencializando a adoção de práticas opressivas, mas

---

explanation. Fortunately, the new loyalty cases show a discernible pattern. Directors are disloyal when they lie to shareholders. They are disloyal when they violate a corporate charter, as occurs when they intentionally break the law. They are disloyal when they breach an agreement with their shareholders. Each of these cases involves a type of dishonesty or broken commitment. The difficulty is that none of these cases fit the common view that an unconflicted diretor is loyal if she intends her actions to benefit the shareholders or the corporation." (GOLD, Andrew S. The New Concept of Loyalty in Corporate Law. *University of California, Davis Law Review*, 457-528, 2009, p. 496-497).

[137] RAGAZZO, Robert A. Toward a Delaware Common Law of Closely Held Corporations. *Washington University Law Quarterly*, v. 77, 1999, pp. 1099/1152, p. .

[138] MOLL, Douglas K. Shareholder Oppression v. Employment at Will in the Close Corporation: The Investment Model Solution. *University Of Illinois Law Review*, p. 517-581, 1999, p. 521 e p. 556.

[139] GEVURTZ, 2000, p. 472.

[140] Registra-se, por oportuno, que o choque entre as gerações é uma das principais causas de conflito em empresas familiares. Moreira Júnior relata que os conflitos gravitam principalmente em torno da disputa pelo poder e pela supremacia de opiniões, divergência de visão entre as gerações e despreparo dos herdeiros para assumir funções de gestão (MOREIRA JUNIOR, Armando Lourenzo;

seria defensável que os novos sócios detivessem legítimas expectativas a serem tuteladas?

É comum que os sócios pleiteiem que seus filhos, esposas, genros ou noras trabalhem na empresa familiar,[141] de sorte que a negativa dos administradores em os contratar possa ser tida por frustradora das legítimas expectativas do sócio.

Embora seja possível sustentar que a prática reiterada de empregar os filhos de todos os sócios, futuros herdeiros e acionistas e possíveis sucessores, crie a expectativa e o desejo de que assim permaneça, não nos parece ser possível sustentar, *prima facie*,[142] que a sua frustração caracterize uma prática opressiva capaz de impossibilitar a companhia de preencher o seu fim.

Ademais, a nomeação ou permanência de familiares na empresa, ainda que sócios desta, somente se justifica quando há demanda para a função e o familiar apresenta vocação e competência para o seu exercício e não, simplesmente, porque almeja desfrutar do *status* e de rendimentos pagos em prejuízo da eficiência da sociedade.[143] Além disso, a ausência de profissionalização, comum nesses casos, vai de encontro às modernas práticas de governança corporativa.[144]

Em *Wilkes v. Springside Nursing Home*, apesar de reconhecer como opressiva a destituição do acionista do cargo de diretor e do pró-labore que sempre desfrutou, suprimindo, assim, o único retorno financeiro da sua participação acionária,[145] demonstrou-se que o princípio majoritário e a *business judgement rule* fornecem um certo grau de discricionariedade aos gestores, cabendo-lhes demonstrar um propósito legítimo para a sua conduta, a ser sopesada com os seus deveres para com os minoritários. Assim, a conduta justifica-se apenas quando, sendo legítimo o fim almejado, este não possa ser atingido por outro meio menos gravoso aos minoritários:

DE BORTOLI NETO, Adelino. *Empresa familiar:* um sonho realizado. São Paulo: Saraiva, 2007, p. 65 et seq).

[141] A menção feita por Gevurtz nesse sentido evidencia a plausibilidade da hipótese (GEVURTZ, 2000, p. 474).

[142] Isso porque as circunstâncias do caso concreto podem indicar que a conduta dos controladores, ao não admitir ou afastar o integrante da família sócia minoritária, não encontra justificativa legítima e revela a má-fé que os move.

[143] Extrai-se da decisão em *Brenner v. Berkowitz*. 134 N.J. 488, 634 A.2d 1019 (1993) "that the complaining shareholder would have a heavy burden to sustain such nepotistic ambitions as constituting a reasonable expectation in the face of the corporation's management to have some flexibility in deciding who to employ" (GEVURTZ, 2000, p. 474).

[144] Segundo recomendação do IBGC.

[145] Como nos Estados Unidos a distribuição de lucros aos sócios é tributada, prefere-se remunerar o sócio através do pagamento de pró-labore ou outros benefícios isentos de tributação.

> Therefore, when minority stockholders in a close corporation bring suit against the majority alleging a breach of the strict good faith duty owed to them by the majority, we must carefully analyze the action taken by the controlling stockholders in the individual case. It must be asked whether the controlling group can demonstrate a legitimate business purpose for its action. In asking this question, we acknowledge the fact that the controlling group in a close corporation must have some room to maneuver in establishing the business policy of the corporation. It must have a large measure of discretion, for example, in declaring or withholding dividends, deciding whether to merge or consolidate, establishing the salaries of corporate officers, dismissing directors with or without cause, and hiring and firing corporate employees.[146]

Competindo ao Poder Judiciário determinar se as expectativas são ou não legítimas, pode-se valer o magistrado da técnica da integração contratual,[147] encontrando as legítimas expectativas em "cláusula que os sócios *expressamente* fixaram; ou com que *tacitamente* concordaram; ou que *provavelmente teriam estipulado* se tivessem pensado na hipótese; ou que *deveria ter sido aceita*, de acordo com a mais razoável interpretação dos interesses em jogo feita *agora*, dentro dos cânones da *boa-fé contratual*".[148] Nesse sentido, Prentice atenta que os termos do contrato não estão apenas nos seus atos constitutivos, mas decorrem das expectativas dos sócios ao ingressarem na sociedade.[149]

Para que seja possível identificar quais condutas do acionista controlador frustram as legítimas expectativas dos sócios minoritários a ponto de impossibilitar a companhia em preencher o seu fim, é de grande valia a ideia de falta grave, ou justa causa, utilizada para embasar a exclusão de sócio:

> A gravidade deve sempre estar relacionada ao objeto da sociedade ou a atos ou situações ensejadores da perda de confiança em determinado sócio. Em outras palavras, falta grave é o ato do sócio que, se conhecido antes da constituição da sociedade ou de seu ingresso nela, inibiria os demais de participarem da sociedade.[150]

A opressão do sócio somente acarretaria a impossibilidade da companhia preencher o seu fim quando atingisse uma expectativa calcada em uma das bases e objetivos nos quais o vínculo social foi constituído[151]

---

[146] Wilkes v. Springside Nursing Home. Supreme Judicial Court Massachusetts, 353 N.E.2d (1976) *apud* RAGAZZO & MOLL, p. 584.

[147] RIBEIRO, 2005, p. 187.

[148] NUNES, Antonio José Avelãs. *O direito de exclusão de sócios nas sociedades comerciais*, Coimbra: Almedina, 1968, p. 59. apud Ibid., p. 187-188.

[149] "The terms of the agreement between the members of an incorporated partnership are to be found not only in the corporate constitution but are also derived from the expectations of the parties in entering into the partnership." (PRENTICE, D.D. Winding upo n the Just and Equitable Ground: The Partnership Analogy. The Law Quarterly Review. v. 89, 107, p. 119, 1973. *apud* BOULANGER, 1994, p. 506).

[150] RIBEIRO, 2005, p. 181.

[151] Ibid., p. 329.

e sem a qual o sócio não teria sequer ingressado na sociedade, o que deve ser feito caso a caso, aferido através de uma análise sistemática com os fatos e circunstâncias que permeiam a sociedade e a sua interação com os seus sócios.

Parece-nos, então, que, a partir da análise da pertinência das expectativas dos acionistas ditos oprimidos às razões que os levaram a ingressar na sociedade, da conduta dos controladores na gestão dos negócios e dos limites que lhe são impostos pela boa-fé objetiva[152] e pela proporcionalidade,[153] é possível aferir se a conduta da maioria se justifica ou não.[154]

Portanto, a conduta revela-se opressiva sempre que, mesmo consistindo em exercício subjetivo de um direito da maioria – formalmente lícito –, torna-se ilícito quando viola o fim econômico-social do contrato de sociedade (fim comum), os deveres impostos pela boa-fé objetiva ou os bons costumes, conforme prescrição dos arts. 117 da LSA e 187 do CC/02.[155]

3.2. Ausência de geração e distribuição de lucros

A busca do lucro, e a sua distribuição entre os sócios, é da essência das sociedades anônimas[156] e meta dos que nela decidem ingressar. Sendo o lucro e a sua partilha entre os sócios o objetivo de uma sociedade,

---

[152] Judith Martins-Costa já asseverou que: "Ao referir o art. 422 do Código Civil observei como o valor "cooperação" (situado no campo axiológico) manifesta-se no Direito como princípio, então atuando no campo deontológico por meio da cláusula geral da boa-fé objetiva. As suas particularidades, no Direito Societário, situam-se em dois pontos, a saber: o caráter estrutural ou substancial do princípio da cooperação; e o direcionamento da cooperação à boa-fé como regra de lealdade intra-societária e como fonte dos deveres de informação." (MARTINS COSTA, Judith. Os campos normativos da boa-fé objetiva: as três perspectivas do direito privado brasileiro. In. AZEVEDO, Antonio Junqueira de (Org.). *Princípios do novo Código Civil brasileiro e outros temas*. Homenagem a Tullio Ascarelli. São Paulo: Quartier Latin, 2008, p. 404).

[153] ÁVILA, Humberto Bergmann. Teoria dos Princípios. 5 ed., São Paulo: Malheiros.

[154] No original: "The question has been resolved by considering oppressive actions to refer to conduct that substantially defeats the 'reasonable expectations' held by minority shareholders in committing their capital to the particular enterprise." (In Re Kemp x Beatley, Inc. Court of Appeals of New York 473 N.E.2d 1173 (1984) apud RAGAZZO & MOLL, p. 599.

[155] É a conclusão a que chegou MARTINS-COSTA: "A Lei das Sociedades Anônimas (Lei n. 6404/76) arrola no art. 117 as hipóteses de atos praticados com abuso de poder pelo acionista controlador, aludindo no parágrafo 1o às "modalidades de exercício abusivo de poder". Porém, como acentua Comparato, o rol do art. 117 é apenas exemplificativo, "estabelecendo standards" e admitindo aplicação analógica. De sua combinação com o art. 187 do Código Civil pode resultar a via de ingresso no Ordenamento brasileiro para institutos já experimentados no Direito Comprado. Lembramos, exemplificativamente, do squeeze out, hipótese de opressão dos acionistas não controladores pelos controladores na medida em que consiste em forçar a saída do minoritário da sociedade pagando preços aviltados pelas ações" (MARTINS-COSTA, Judith. *Os avatares do Abuso do direito e o rumo indicado pela Boa-Fé*, p. 35, Disponível em: <http://www.fd.ul.pt/Portals/0/Docs/Institutos/ICJ/LusCommune/CostaJudith.pdf>. Acesso em: 8. set. 2011).

[156] VALVERDE, 1953, Trajano de Miranda. *Sociedades por Ações*. Rio de Janeiro: Forense, 1953. v. 3, p. 74.

lógico concluir que não está a preencher plenamente o seu fim[157] aquela que não os produz ou que deixa de distribuí-los, como magistralmente expôs Hernani Estrella:

> Intuito (que levou os participantes a criá-la), auferir, tanto quanto possível, um rédito proporcional ao seu investimento, mediante a esperada realização do "fim social", consistente na exploração de determinado ramo de comércio ou de indústria. Eis por que a ausência continuada de lucros pode servir de justa causa para levar a sociedade à dissolução. A produtividade de lucros, para serem distribuídos aos associados periodicamente, é condição de vida de qualquer entidade mercantil, seja qual for a classe a que pertença.[158]

Contudo, a impossibilidade de a companhia preencher o seu fim ocorre apenas quando a sociedade deixa de apresentar lucros ou dividendos sistematicamente e sem uma escusa legítima.

Mauro Penteado[159] e Carvalhosa[160] entendem que o parâmetro a ser utilizado para autorizar a dissolução da companhia é a ausência de lucros ou a não distribuição de dividendos por três exercícios consecutivos, aplicando analogicamente o prazo do art. 111, § 1º, da LSA,[161] hipótese esta em que as ações preferenciais passam a ter direito de voto quando não forem distribuídos dividendos por três exercícios consecutivos.

A construção analógica, entretanto, não se afigura apropriada. A aquisição do direito de voto aos preferencialistas permite que estes influenciem nos rumos da companhia a fim de reverter as causas que acarretaram o não pagamento de dividendos, sendo esta medida a própria contrapartida ao poder do controlador.[162] Reconhecer o mesmo suporte fático como suficiente à dissolução societária é precipitado e imprudente,

---

[157] CARVALHOSA ressalta que "o termo 'fim', que aí aparece (art. 206, II, b), tem duplo alcance, querendo no plano contratual significar a atividade empresarial estabelecida no estatuto e, no sentido teleológico, a meta de toda empresa sob a forma de sociedade anônima, qual seja, a produção de lucros." (CARVALHOSA, v. 1, 2009, p. 65). Em outra passagem, o autor afirma que "a lucratividade compatível com a atividade empresarial exercida e a capacidade de compensar proporcionalmente os acionistas nesses resultados constituem requisitos fundamentais para a continuidade da existência da companhia. Se esta não puder produzir lucros, cabe dissolvê-la." (CARVALHOSA, v. 1, 2008, p. 22).

[158] ESTRELLA, Hernani. *Curso de direito comercial*. Rio de Janeiro: José Konfino, 1973, p. 522.

[159] PENTEADO, Mauro Rodrigues. *Dissolução e liquidação de sociedades*. Brasília: Brasília Jurídica, 1995, p. 215.

[160] CARVALHOSA, *Comentários...*, v. 4, t. 1, p. 66.

[161] Art. 111, § 1º: "As ações preferenciais sem direito de voto adquirirão o exercício desse direito se a companhia, pelo prazo previsto no estatuto, não superior a 3 (três) exercícios consecutivos, deixar de pagar os dividendos fixos ou mínimos a que fizerem jus, direito que conservarão até o pagamento, se tais dividendos não forem cumulativos, ou até que sejam pagos os cumulativos em atraso.".

[162] Ribeiro ensina que a concessão do direito de voto "serve para possibilitar maior influência dos acionistas sem voto, podendo servir para evitar abusos, destituir e impor responsabilidades a administradores." (RIBEIRO, Renato Ventura. *Direito de Voto nas Sociedades Anônimas*. São Paulo: Quartier Latin, 2009, p. 100).

pois a ausência de lucros, isoladamente, não conforma a impossibilidade da companhia preencher o seu fim.[163]

De forma mais ponderada, Zanini defende que a simples ausência de lucro em um ou alguns exercícios, quando motivado em circunstâncias transitórias e excepcionais,[164] não concretiza a inexequibilidade do fim social, devendo existir uma efetiva impossibilidade de gerar lucros ou que estes sejam desproporcionais:

> O elemento preponderante na caracterização dessa impossibilidade deve ser muito mais a constatação da inviabilidade da companhia num contexto mais amplo – incluindo a investigação de seu passado e perspectivas futuras, bem como do contexto na qual se insere – do que a ausência de lucros tomada de forma isolada. É necessário que a companhia não mais apresente condições de explorar lucrativamente a atividade que constitui seu objeto.[165]

Seria necessário, portanto, investigar a viabilidade econômica da companhia a fim de identificar não apenas a ausência de lucros, mas a efetiva incapacidade de fazê-lo, como sufragado pelo TJRJ em acórdão relatado pelo Des. Sérgio Cavalieri Filho, assim ementado:

> Sociedade anônima. Dissolução. Incapacidade para produzir lucro. Situação fática dependente de prova específica. Uma coisa é a sociedade não ter dado lucro e outra é não ter capacidade para produzi-lo. Pode a empresa apresentar prejuízo em determinados exercícios e nem por isso perder a sua capacidade lucrativa, como vem acontecendo atualmente com grandes organismos econômicos. Destarte, a dissolução de uma sociedade por ausência de lucros só se justifica quando evidenciada a sua total inviabilidade econômica, situação fática dependente de prova especifica de que perdeu o mercado, a competitividade produtiva, ou que demonstre ter se tornado insuficiente o seu capital. À falta dessa prova, a empresa deve ser preservada para que possa continuar cumprindo a sua função social. Desprovimento do recurso.[166]

A impossibilidade da companhia em preencher os seus fins diante da ausência de lucros ou da insuficiência destes exige que se analise a conjuntura interna e externa da sociedade, pois somente assim é possível identificar se os resultados por ela apresentados justificam-se ou não, e

---

[163] Nesse sentido: "'Consoante o corretamente alinhavado pelo juízo, a mera ausência de lucros não é, de per si, causa suficiente para que se decrete o fim da empresa, sendo necessário que a ela se alie a inviabilidade de continuação das atividades'" (SÃO PAULO. Tribunal de Justiça. Quinta Câmara. AC 591.370.4/9-00. Relator: Des. Matias Coltro. Julgado em: 11 feb. 2009, v.u.)." (LAZZARESCHI NETO, 2010, p. 540).

[164] O Superior Tribunal de Justiça já revelou que: "A falta de lucratividade ajusta-se à hipótese de dissolução do art. 206, II, 'b', da Lei das Sociedades Anônimas, desde que reponte o malogro no intent de lucro, o que não foi reconhecido pelo acórdão, deixando o fundamento em que se estabeleceu entrever causa conjuntural. (BRASIL. Superior Tribunal de Justiça. REsp 164.125. Relator: Min. Costa Leite. *RSTJ* 109/174)." (LAZZARESCHI NETO, op. cit., p. 540).

[165] ZANINI, 2005, p. 152.

[166] RIO DE JANEIRO. Tribunal de Justiça. Segunda Câmara Cível. AC n. 1996.001.04893. Relator: Sérgio Cavalieri Filho. Julgado em: 08 out. 1996.

se há perspectivas de que ela volte a gerar lucros condizentes com o seu porte, atividade e com o cenário macroeconômico.[167]

A partir daí, é possível reconhecer que não preenche os seus fins uma companhia que não apresenta lucros por vinte e cinco anos[168] ou quando a ausência de lucros resulta das elevadas despesas contraídas em prol dos controladores,[169] e rejeitar o pedido dissolutório de sociedade anônima que gera lucros, superiores a 10% todos os anos, e que adquiriu patrimônio de expressivo valor, demonstrando "as possibilidades financeiras da empresa".[170]

Não basta, contudo, que a sociedade gere lucros se estes não sejam partilhados entre os sócios, pois é esta a razão pela qual os sócios ingressam em um empreendimento comum. Como já exposto, o fim da sociedade compreende a persecução de lucro para reparti-lo entre os sócios e a dissolução justificar-se-ia nesse caso. Segundo Mauro Rodrigues Penteado, "o lucro é da própria 'lógica' do capitalismo e dos regimes de economia de Mercado, que repudiam recursos e capitais esterilizados ou aprisionados em organizações societárias improdutivas, inativas, ou sem perspectivas de lucratividade".[171]

A percepção de dividendos é a razão precípua do sócio ingressar na sociedade e nela permanecer, frustrando a sua legítima expectativa a ausência de um retorno financeiro compatível e proporcional ao capital por ele investido, motivo pelo qual é vedado privar qualquer dos sócios da participação nos lucros.[172]

Cabe, aqui também, analisar as circunstâncias concretas para averiguar se a retenção dos lucros encontra justificativa ou não, e se o valor

---

[167] O Min. Ari Pargendler, divergindo do entendimento prevalente no ERESP 111.294-PR, consignou em seu voto exatamente isso: "Nesta quadra da nossa economia, a circunstância de que a sociedade deixou de distribuir dividendos não justifica sua dissolução. As grandes empresas do País vão bem, mas as médias e pequenas empresas nem tanto. Ainda que a sociedade tenha por finalidade a obtenção de lucros, a conseqüências a se extrair de prejuízos em alguns exercícios sociais não pode ser a de sua dissolução, ainda que parcial. Salvo melhor juízo, o art. 206 da Lei das Sociedades Anônimas é inaplicável na espécie." (BRASIL. Superior Tribunal de Justiça. Segunda Seção. EREsp 111294/PR. Relator: Ministro Castro Filho. Julgado em: 28 jun. 2006. DJ 10 set. 2007, p. 183).

[168] Revista Forense, v. 155, p. 166; RT 232/518 apud GUIMARÃES, Ruy Carneiro. *Sociedade por ações*, Rio de Janeiro: Forense, 1960, p. 231/232.

[169] Já decidiu o Tribunal de Justiça de São Paulo que "Impõe-se a dissolução de sociedade anônima que durante anos a fio não distribui dividendos, absorvidos os possíveis lucros pelas despesas beneficiadoras do grupo majoritário dirigente" (AC 151.400, de 17 de maio de 1966 (RT, 375:112). apud CARVALHOSA, v. 4, t. I, p. 68).

[170] SÃO PAULO. Tribunal de Justiça. Quinta Câmara de Direito Privado. AC nº 9180722-71.2003.8.26.0000. Relator: Silvério Ribeiro, julg. 16/02/2011.

[171] PENTEADO, 2000, p. 5.

[172] É direito essencial do acionista participar dos lucros da companhia (art. 109, LSA) e a sua distribuição é obrigatória (arts. 202 a 205 da LSA). A sociedade leonina, que exclui um ou algum dos sócios da participação nos lucros contradiz a própria natureza, a razão de ser, de uma companhia, motivo pelo qual o CC/02 também nulifica qualquer cláusula nesse sentido (Art. 1.008, CC/02).

distribuído condiz com o lucro apurado e com o capital investido pelos sócios. Acertada, portando, a decisão do TJSP que determinou a dissolução da companhia que não distribuía dividendos sem, contudo, justificar a necessidade de retê-los"[173] e, em sentido contrário, correta a improcedência de dissolução de sociedade *holding* que gerava lucros mas que não os distribuía por justificada razão.[174]

Concluímos, com Ruy Carneiro Guimarães, que "a retenção de lucros, ou sua inexistência, devendo ser apreciada em caso concreto, constitui razão para a liquidação da sociedade, desde que, pelo tempo decorrido, ou falta de apresentação de quaisquer outros motivos, não seja justificável".[175]

3.3. Subcapitalização da companhia

O Código Comercial de 1850, em seu art. 336, I, exemplificava que a impossibilidade de consecução do fim social poderia decorrer da insuficiência ou perda inteira do capital social. A razão, segundo Hernani Estrella, "é óbvia, porque o capital social está para a sociedade, como o sangue está para os animais venosos. [...] É por isso, exatamente, que a lei obriga o sócio a contribuir para a caixa social e também, por outro lado, tutela a efetividade e integridade do capital social".[176]

Partindo dessa premissa, Zanini afirma existir na atual LSA um princípio da adequada capitalização da sociedade a exigir uma "congruência entre a atividade que a sociedade tem por objeto e a estrutura de capital necessária para explorá-la", de sorte que a insuficiência do capital social para o exercício das atividades previstas no objeto da sociedade revelaria estar ela substancialmente subcapitalizada.[177]

Há duas espécies, ou graus, de subcapitalização substancial: a nominal, que pode ser superada através do financiamento da sociedade pelos próprios sócios, e a material, em que a situação financeira da sociedade é grave o bastante para não poder mais desenvolver suas atividades (escopo-meio), o que a impossibilita de preencher o seu fim.[178]

---

[173] AC 80.668, julg 5 abril 1957, também RT 265/454 *apud* GUIMARÃES, Ruy Carneiro. *Sociedade por ações*, Rio de Janeiro: Forense, 1960, p. 233.

[174] Registra o acórdão que a *holding* fundara um banco e, para viabilizar as suas atividades, foi necessário investir em tecnologia, treinamento, estruturação das agências e capital de giro. (RIO DE JANEIRO. Tribunal de Justiça. Terceira Câmara de Direito Privado. Apel. Cível n. 6.659/2007. Relator: Antônio Eduardo F. Duarte. Julgado em: 13 nov. 2007).

[175] GUIMARÃES, 1960, p. 233.

[176] ESTRELLA, 1973, p. 521.

[177] A subcapitalização substancial contrapõe-se à subcapitalização formal, presente quando há redução do capital social abaixo do mínimo legal, sendo que não há exigência de um capital social mínimo na nossa LSA. (ZANINI, 2005, p. 141).

[178] Ibid., p. 144.

O suporte fático da regra dissolutória independe das causas da subcapitalização[179] material, "manifestada na inviabilidade econômica da companhia exercer a atividade que constitui seu objeto. E mais, tal espécie de subcapitalização somente teria o condão de dar azo à dissolução no curso da vida da sociedade, não no momento de sua constituição, onde qualquer análise pecaria pela precipitação".[180]

3.4. Divergência entre os sócios como causa dissolutória

Por fim, convém averiguar se a desavença no seio da companhia é causa suficiente à dissolução da sociedade, pois são inegáveis os prejuízos que a discórdia entre os sócios traz à empresa e, não raro, conduz ao seu aniquilamento.[181]

Bainbridge alerta que o conflito nas *partnerships*, que muito se assemelham às sociedades de capital fechado pelo seu caráter pessoal, é devastador porque, dentre outras consequências, afeta a busca do consenso na tomada de decisão e, tornado público, afasta a clientela.[182] Passos e Bernhoeft também registram o abalo na estrutura gerencial causado pela desarmonia entre os sócios nas empresas familiares.[183]

Marlon Tomazeti, inclusive, defende que, tratando-se de sociedade com natureza pessoal, deve ser permitida a dissolução parcial com a retirada do sócio para cessar o conflito, ainda que fora das hipóteses dissolutórias da LSA[184] A posição extremada, contudo, merece ressalvas.

A assembleia geral, órgão máximo da estrutura de poder de uma companhia, é liderada por uma fração organizada de acionistas, que impõe a sua política aos demais sócios, já que as deliberações dificilmente são tomadas por unanimidade, de sorte que vige o princípio majoritário:[185]

---

[179] ESTRELLA, 1973, p. 521.

[180] ZANINI, op. cit., p. 149.

[181] Lembre-se da célebre frase de Troplong, de que *"l´union fait la force; mais la discorde ruine les meilleures entreprises. La discorde entre associés est donc une cause grave de dissolution. Celui qui trouble la société par sés tracasseries Et ses disputes est un embarras qui oblige à se séparer"* (Commentaire du Contrat de Société, Meline, Cans et Companie, Bruxelles, 1843, p. 391. apud FONSECA, Priscila M. P. da Fonseca. A dissolução parcial inversa nas sociedades anônimas fechadas. Revista da Associação dos Advogados de São Paulo, São Paulo, v. 28, n. 96, p. 107-114, mar. 2008).

[182] BAINBRIDGE, 2009, p. 475.

[183] PASSOS, Édio. *Família, família, negócios à parte*. São Paulo: Gente, 2006, p. 34.

[184] TOMAZETTE, Marlon. *Curso de direito empresarial*: teoria geral e direito societário. 3. ed. São Paulo: Atlas, 2011. v. 1, p. 491.

[185] Neste sentido, LAMY FILHO e BULHÕES PEDREIRA explicam que "o funcionamento das sociedades por ações não prescinde do princípio majoritário: exigir-se o consenso unânime dos acionistas seria a imobilização da sociedade. Em verdade – oberva D'Orthé (1962, v. 1, p. 363) – toda organização coletiva baseada sobre uma comunidade de interesses recíprocos está obrigada à adoção do

A sistematização da formação da vontade social vem sintetizada num dos princípios fundamentais do direito societário – o princípio majoritário –, entendido como aquele que exige, para a formação da vontade social, a deliberação pela maioria do capital social. É o meio jurídico que possibilita a formação de uma vontade única e soberana, pela fusão das vontades – convergentes ou não – de diversas pessoas, que se impõe a todos os sócios, até mesmo aos ausentes, omissos e dissidentes.

[...]

O princípio majoritário existe, pois, para que a condução dos negócios sociais não se inviabilize pela necessidade de obtenção de unanimidade nas deliberações, bem assim para afastar a chamada *ditadura da minoria*. Caso assim não fosse, seria inevitável o engessamento dos organismos sociais e um completo desincentivo aos investimentos dos quais a sociedade é instrumento.[186]

O grupo que compõe a maioria, ou o acionista individual que a constitui, detém o poder de controle da sociedade, submetendo a minoria à sua vontade,[187] cujas decisões podem ser particularmente gravosas e inquietantes para a minoria dissidente,[188] sem que isso implique, necessariamente, ilícito perpetrado pelo controlador, o que somente ocorre quando houver exercício abusivo do direito de voto ou do poder de controle.

Em contrapartida ao governo social pela maioria, a LSA atribui mecanismos de defesa dos interesses dos acionistas não controladores, dentre os quais estão as ações de responsabilidade, o direito de recesso e a ação de dissolução da companhia, cada qual sendo cabível em hipóteses restritas e dependentes da demonstração do efetivo prejuízo ao sócio ou à companhia.[189]

---

regime majoritário para a tomada de decisões" (LAMY FILHO, Alfredo; BULHÕES PEDREIRA, José Luiz. *A Lei das S.A.*, Rio de Janeiro: Renovar, v. 2, p. 229).

[186] COSTA, Vamilson José. O princípio majoritário na formação da vontade social das sociedades anônimas e o estabelecimento do poder de controle estável. In: WALD, Arnoldo; FONSECA, Rodrigo Garcia de (Coord.). *A empresa no terceiro milênio*: aspectos jurídicos. São Paulo: Juarez de Oliveira, 2005, p. 94-104, p. 100-101.

[187] PARAÍSO, Anna Luíza Prisco. *O direito de retirada na Sociedade Anônima*. Rio de Janeiro: Lumen Juris, 2000, p. 10.

[188] CORRÊA LIMA, Osmar Brina. *O acionistas minoritário no direito brasileiro*. Rio de Janeiro: Forense, 1994, p. 52.

[189] "O direito de recesso não é, em essência, um direito que possa ser exercido livremente, impondo-se ao acionista dissidente o ônus de provar os prejuízos, efetivos ou potenciais, causados pela medida contra a qual se insurge. [...] No espírito do legislador fica clara a noção de que se pode desenvolver uma companhia, e ao mesmo tempo proteger, de maneira eficiente, através de liquidez, os direitos dos acionistas minoritários. As modificações efetivadas pela Lei n° 9.457/97 e pela Lei n° 10.303/01 com relação ao direito de recesso são, irretratavelmente, a confirmação de que o princípio majoritário precisa predominar nas companhias e que o direito de recesso, que é um direito de caráter excepcional, representa uma proteção patrimonial para os acionistas minoritários. (MÜSSNICH, Francisco Antunes Maciel. Reflexões sobre o Direito de Recesso na Lei das Sociedades por Ações. *Reforma da Lei das Sociedades Anônimas: Inovações e Questões Controvertidas da Lei n. 10.303, de 31.10.2001*. Rio de Janeiro: Forense, 2002, pp. 285/305. apud AC 2004.01.1.109520-3, TJDF, 5a Turma Cível, Rel. Lecir Manoel da Luz, j. 02.04.2008).

Tais fatos estão a demonstrar que a divergência é inerente e salutar à companhia,[190] que não pode barrar o seu desenvolvimento pela vontade da minoria. Assim, a divergência nas deliberações não implica, necessariamente, a violação dos deveres de conduta ou o comprometimento de sua continuidade, como equivocadamente se tem entendido o dissenso como hipótese dissolutória autônoma simplesmente porque rotulado pela vaga e imprecisa expressão "quebra da *affectio societatis*".[191]

É indiscutível que o conflito entre sócios acarreta enormes prejuízos à empresa, muitas vezes irremediáveis, já que o foco dos envolvidos no litígio deixa de ser o negócio e passa a ser o conflito em si. Entretanto, não é qualquer divergência ou uma simples alegação que há divergência entre alguns acionistas, que pode acarretar a dissolução da sociedade.[192]

O Des. V. Penteado, em acórdão de 10 de setembro de 1945, já decidira que "a desarmonia reinante entre os acionistas, de si mesmo, não rompe a *affectio societatis*, nem constitui motivo autônomo de liquidação enquadrável no preceito legal". Ruy Carneiro Guimarães nos dá conta de que "a sentença, frisando o caráter familiar da companhia, negou a liquidação, entendendo que a desinteligência, para justificar aquela medida, há de ser tal (segundo Copper Royer) que venha a entravar por completo e não apenas a comprometer a vida social, pois doutra maneira possibilitar-se-ia o seguinte absurdo: '*La minorité sera toujours incliné à trouvert qu'il y a, entre elle et la majorité, un dissentement grave, et la vie de toutes les*

Nesse mesmo sentido: VALDETARO, Liana Gorberg. Do uso abusivo do direito de retirada: mudança no objeto social inapta a ensejar o exercício do direito de recesso. In: WALD, Arnoldo; FONSECA, Rodrigo Garcia da (Coord.). *A empresa no terceiro milênio*: aspectos jurídicos. São Paulo: Juarez de Oliveira, 2005, p. 143-164, p. 146.

[190] "A própria condição de contrato, de posições jurídicas antagônicas em torno de um objetivo comum revela um conflito inerente, implícito e próprio ao contrato de sociedade, embora devendo equilibrar-se pela necessidade de atuação a favor da realização do objeto, a exigir aos artigos 421 e 422 do Código Civil: a liberdade de contratar deve ser exercida em razão e nos limites da função social da sociedade, por seu impacto na comunidade em geral. Ademais, os sócios, na qualidade de contratantes, estão obrigados durante a vida social, que é a execução do contrato de sociedade, a guardar os princípios da probidade – vale dizer, a atuarem de forma honesta, moral – e da boa-fé." (MAMEDE, 2004, p. 126-128).

[191] SÃO PAULO. Tribunal de Justiça. Oitava Câmara de Direito Privado. AC 161.177.4/7-00. Relator: Joaquim Garcia. Julgado em: 01 fev. 2006; MINAS GERAIS. Tribunal de Justiça. Décima Sétima Câmara Cível. AC 1.0042.04.008417-2/001. Relator: Irmar Ferreira Campos. *DJ* 25 maio 2009; MINAS GERAIS. Tribunal de Justiça. Décima Quinta Câmara Cível. Apelação Cível N° 1.0024.08.253754-9/001. Relator: Tiago Pinto. *DJ* 07 dez. 2010; RIO GRANDE DO SUL. Tribunal de Justiça. Quinta Câmara Cível. Apel. Cível n° 70003186293. Relator: Cacildo de Andrade Xavier. Julgado em 26 mar. 2003.

[192] No caso WOLLMANN v. LITTMAN, uma das partes alega que a administração da companhia está com tanta divergência entre seus membros que efetivamente geri-la é impossível. A decisão, contudo, afirma que "Irreconcilable diferences even among divided board of directors do not in all cases mandate dissolution". (RAGAZZO & MOLL, p. 561/562).

sociétés anonymes se passerait plutôt dans le prétoire des tribunaux qu'aus sièges d'explotation'".[193]

Não basta, também, que se alegue haver "justa causa", como ocorre na França, onde a lei prescreve que caberá a dissolução da sociedade diante de *justes motifs*, a menos que, como sustentou Pontes de Miranda, "a causa que se chama justa cabe no art. 138, b), que se refere à impossibilitação do fim social".[194]

Outra não é a solução oferecida pelo art. 206, II, *b*, da atual LSA para que o conflito justifique a dissolução da companhia, é necessário que este impossibilite a companhia de preencher o seu fim, sob pena de incorrermos na já rechaçada causa dissolutória vazia, ou simplesmente porque se alega haver "quebra da *affectio societatis*", inadmissíveis no regime jurídico das companhias.

Note-se que a desarmonia entre os sócios não é, propriamente, a causa dissolutória; a gravidade desta que poderá materializar efeitos que comprometam o funcionamento da sociedade[195] e, então, a inviabilize de preencher o seu fim.[196] "A quebra da harmonia entre os grupos só deve justificar a liquidação quando acarretar, como consequência, a paralisação das atividades sociais"[197] e "quando impede a livre realização do fim social, vale dizer, a produção e partilha de lucros, é causa legítima de dissolução judicial de uma sociedade anônima (...)".[198]

A desarmonia entre os sócios não pode ser confundida com a paralisação dos órgãos sociais: esta é a consequência, a materialização, o efeito

---

[193] TJSP. 1ª Câmara Cível, Apelação Cível n. 25.932, Rel. V. Penteado. *apud* GUIMARÃES, 1960, p. 227).

[194] MIRANDA, Pontes. *Tratado de direito privado*. 2. ed. Rio de Janeiro: Borsói, 1966, v. 51, p. 11.

[195] Para José Waldecy Lucena, "somente a desarmonia profunda, a desinteligência séria, a irremovível e duradoura discórdia entre os sócios constituir-se-ão em causas determinantes da dissolução do ente social." (LUCENA, José Waldecy. *Das sociedades por quotas de responsabilidade limitada*. Rio de Janeiro: Renovar, 1996, p. 658, apud ALVAREZ, Samantha Lopes. *Ação de dissolução de sociedade*. São Paulo: Quartier Latin, 2008, p. 55).

[196] Na França, segundo informa Marcelo Vieira Von Adamek, "a dissolução judicial da sociedade pode ter lugar nos casos de desinteligência entre os sócios que paralise o funcionamento da sociedade. No entanto, para que a dissolução total seja pronunciada, os tribunais exigem que a paralisia não seja apenas jurídica, mas funcional. Dominique Vidal explica que 'segundo a orientação jurisprudencial dominante, a desinteligência entre os sócios não implica a dissolução da sociedade senão quando o funcionamento da sociedade esteja efetivamente paralisado" (ADAMEK, p. 201, n.r. 551).

[197] Ruy Carneiro Guimarães: "Não se pode negar a existência de *intuitus personae* e, em conseqüência da *affectio societatis* nas sociedades anônimas, ainda que em dose menor que nas sociedades de pessoas. Nas sociedades anônimas fechadas ou de família o *intuitus personae* é evidente. Mas, mesmo nestas, a quebra da harmonia entre os grupos só deve justificar a liquidação quando acarretar, como conseqüência, a paralisação das atividades sociais." (*Sociedade por Ações*, v. III, p. 233). Samantha Lopes Alvarez, contudo, simplifica demasiadamente as razões que motivaram a conclusão de Ruy Carneiro Guimarães ao referir que "a quebra da *affectio societatis* justifica a dissolução da sociedade em virtude de sua inviabilidade", atribuindo à *affectio societatis*, e não à paralisação dos órgãos sociais, a causa da impossibilidade de a companhia preencher o seu fim (ALVAREZ, 2008, p. 55).

[198] COMPARATO, Fábio Konder. *Reflexões...*, p. 96 *apud* ZANINI, 2005, p. 108.

prático danoso à vida da sociedade, e é a impossibilidade da sociedade funcionar que torna inexequível o seu fim e, portanto, conforma a hipótese dissolutória:

> Desta forma, a discordância entre os sócios somente poderá acarretar a dissolução da sociedade quando for de tal forma grave, que efetivamente impeça a realização do objeto social. Desentendimentos de natureza pessoal entre os sócios não deverão levar o juiz a decretar a dissolução da sociedade. E, se durante a vida da sociedade, algumas rusgas se agravarem, a ponto de tornar-se impossível a realização do objeto social, quem a elas der causa poderá ser excluído, por havê-lo tornado inexeqüível, sendo esta uma hipótese legal específica já estudada no item anterior.[199]

Denota-se, portanto, que a mera dissonância entre os sócios não tem o condão de conformar a hipótese dissolutória, sendo necessário que o fim da companhia tenha se tornado inexequível diante da materialização, intransponível, de ao menos uma das hipóteses de que aqui tratamos.[200]

4. Conclusão

A dissolução judicial da Sociedade Anônima terá espaço, apenas, quando existir a violação ou ausência permanente de algum dos elementos compreendidos pela noção de *fim social*, quais sejam (i) a realização do objeto da companhia; (ii) a geração de lucros e a sua distribuição aos sócios; (iii) a capitalização inadequada da companhia ou (iv) o atendimento dos deveres da boa-fé, da lealdade e da cooperação dos sócios entre si.

Fundamentar a concessão de medida tão drástica sem a configuração da inexequibilidade do fim social é chancelar a existência de hipóteses dissolutórias novas ou admitir a existência de um direito potestativo de retirada, inadmissíveis segundo a disciplina da LSA.[201]

Do quanto exposto, forçoso concluir que não basta que se alegue haver "quebra de *affectio societatis*" ou "justa causa" para fundamentar o pedido dissolutório, ao menos que, como sustentou Pontes de Miranda, "a causa que se chama justa cabe no art. 138, *b*, que se refere à impossibilitação do fim social".[202]

---

[199] VERÇOSA, 2010, p. 251.

[200] Nelson Eizirik conclui que"[d]ado o princípio da preservação da empresa, não se presume que a companhia não está alcançando o seu fim pela mera ocorrência de discórdia entre os acionistas ou por demonstrações conjunturais de que não preenche o seu objeto social ou que está atuando sem gerar lucros num curto período de tempo" (EIZIRIK, Nelson. *A Lei das S/A Comentada*. v. III, São Paulo: Quartier Latin, 2011, p. 154.

[201] BARUFALDI, Luís Fernando Roesler. *A dissolução parcial da Sociedade Anônima pela quebra da Affectio Societatis*. Porto Alegre, 2012.152 p. Dissertação (Mestrado em Direito) – Programa de Pós-Graduação em Direito – PPGD, Universidade Federal do Rio Grande do Sul, 2012.

[202] ZANINI, 2005, p. 103.

Referências

ALVARES, Samantha Lopes. *Ação de dissolução de sociedade*. São Paulo: Quartier Latin, 2008.

ASCARELLI, Tullio. O contrato plurilateral. In: *Problemas das Sociedades Anônimas e Direito Comparado*. São Paulo: Saraiva, 1945. p. 271-382.

ASQUINI, Alberto. Perfis da Empresa. Tradução Fábio Konder Comparato. *Revista de Direito Mercantil Industrial Econômico e Financeiro*, São Paulo, n. 104, p. 108-126, out./dez. 1996.

BAINBRIDGE, Stephen M. *Corporate law*. 2. ed. New York: Foundation Press, 2009.

BARUFALDI, Luís Fernando Roesler. *A dissolução parcial da Sociedade Anônima pela quebra da Affectio Societatis*. Porto Alegre, 2012. 152 p. Dissertação (Mestrado em Direito) – Programa de Pós-Graduação em Direito – PPGD, Universidade Federal do Rio Grande do Sul, 2012.

BRUNETTI, Antonio. *Tratado del Derecho de las Sociedades*. Buenos Aires: Librería El Foro: 2003. v. 1.

CARVALHOSA, Modesto. *Comentários à Lei de Sociedades Anônimas*. 4. ed. São Paulo: Saraiva, 2008.

COMPARATO, Fábio Konder; SALOMÃO FILHO, Calixto. *O poder de controle na sociedade anônima*. Rio de Janeiro: Forense, 2005.

CORRÊA LIMA, Osmar Brina. *O acionistas minoritário no direito brasileiro*. Rio de Janeiro: Forense, 1994.

COSTA, Vamilson José. O princípio majoritário na formação da vontade social das sociedades anônimas e o estabelecimento do poder de controle estável. In: WALD, Arnoldo; FONSECA, Rodrigo Garcia da. (coords.) *A empresa do terceiro milênio*: aspectos jurídicos. São Paulo: Juarez de Oliveira, 2005.

ESTRELLA, Hernani. *Curso de direito comercial*. Rio de Janeiro: José Konfino, 1973.

FRANÇA, Erasmo Valladão Azevedo e Novaes; ADAMEK, Marcelo Vieira Von. "Affectio societatis": um conceito jurídico superado no moderno direito societário pelo conceito de "fim social". In: TEMAS de direito societário, falimentar e teoria da empresa. São Paulo: Malheiros, 2009. p. 27-68.

GALGANO, Francesco. *Diritto commerciale:* la società. 17. ed. Bologna: Zanichelli, 2009.

GEVURTZ, Franklin A. *Corporation Law*. St. Paul: West Group, 2000.

GUERREIRO. José Alexandre Tavares. Direito das minorias na sociedade anônima. *Revista de Direito Mercantil Industrial, Econômico e Financeiro*, São Paulo, v. 63, p. 106-111, jul./set. 1984.

GUIMARÃES, Ruy Carneiro. *Sociedade por ações*. Rio de Janeiro: Forense, 1960. v. 3.

LAZZARESCHI NETO, Alfredo Sérgio. *Lei das Sociedades por Ações Anotada*. 3. ed., São Paulo: Saraiva, 2010.

MARTINS-COSTA, Judith. Os campos normativos da boa-fé objetiva: as três perspectivas do direito privado brasileiro. In. AZEVEDO, Antonio Junqueira de (Org.). *Princípios do novo Código Civil brasileiro e outros temas*. Homenagem a Tullio Ascarelli. São Paulo: Quartier Latin, 2008. p. 387-421.

MARTINS, Fran. *Comentários à Lei das Sociedades Anônimas*. Rio de Janeiro: Forense, 1984. v. 2, t. 1.

MIRANDA, Francisco Cavalcanti Pontes. *Tratado de direito privado*. 2. ed. Rio de Janeiro: Borsói, 1966. v. 5.

MOLL, Douglas K. Shareholder Oppression in Texas Close Corporations: Majority Rule (Still) Isn't What it Used to Be. *Houston Business & Tax Law Journal*, v. 9, p. 33-61, 2008-2009.

MOREIRA JÚNIOR, Armando Lourenzo; DE BORTOLI NETO, Adelino. *Empresa familiar*: um sonho realizado. São Paulo: Saraiva, 2006.

PEDREIRA, José Luiz Bulhões; LAMY FILHO, Alfredo (Coord.). *Direito das Companhias*. Rio de Janeiro: Forense, 2009. 2 v.

PROENÇA, José Marcelo Martins. A ação judicial de exclusão de sócio nas sociedades limitadas – legitimidade processual. In: ADAMEK, Marcelo Vieira von (Coord.). *Temas de Direito Societário e Empresarial Contemporâneos – Liber Amicorum Prof. Erasmo V. A. Novaes e França*. São Paulo: Malheiros, 2008. p. 169-184.

RIBEIRO, Renato Ventura. *Direito de Voto nas Sociedades Anônimas*. São Paulo: Quartier Latin, 2009.

SALOMÃO FILHO, Calixto. *O novo direito societário*. 3. ed. São Paulo: Malheiros, 2006.

THOMPSON, Robert B. The Shareholders's Cause of Action for Oppression. *The Business Lawyer*, v. 48, p. 699-745, feb. 1993.

TOMAZETTE, Marlon. *Curso de direito empresarial*: teoria geral e direito societário. 3. ed. São Paulo: Atlas, 2011. v. 1.

VALVERDE, Trajano de Miranda. *Sociedades por Ações*. Rio de Janeiro: Forense, 1953. v. 3.

VERÇOSA, Haroldo Malheiros Duclerc. *Curso de direito comercial*. São Paulo: Malheiros, 2008. v. 3.

WALD, Arnoldo. Término da concessão e direito de recesso. *Revista de Direito Mercantil Industrial, Econômico e Financeiro*, São Paulo, v. 40, p. 29-35, out./dez. 1980.

WIEDEMANN, Herbert. Vínculos de Lealdade e Regra de Substancialidade: uma Comparação de Sistemas. Trad. Otto Carlos Vieira Ritter von Adamek. In: ADAMEK, Marcelo Vieira von (Coord.). *Temas de Direito Societário e Empresarial Contemporâneos – Liber Amicorum Prof. Erasmo V. A. Novaes e França*. São Paulo: Malheiros, 2011. p. 143-168.

ZANINI, Carlos Klein. *A dissolução judicial da sociedade anônima*. Rio de Janeiro: Forense, 2005.

— 3 —

Arbitragem nas Sociedades Anônimas

ANA CLAUDIA REDECKER[1]

Sumário: 1. Introdução; 2. A arbitragem no sistema jurídico brasileiro; 2.1. Breve histórico; 2.2. Conceito e características da arbitragem sob a ótica da Lei 9.307/96; 3. A arbitragem nas Sociedades Anônimas; 3.1. O alcance subjetivo da cláusula compromissória inserida no Estatuto; 3.2. Dos limites da convenção de arbitragem; 3.3. Vantagens da utilização da arbitragem; 4. Conclusão; Referências.

1. Introdução

O presente artigo trata da arbitragem nas sociedades anônimas, forma alternativa de solução de litígios ou controvérsias, sem a tutela do Poder Judiciário. Optou-se por abordar a arbitragem nas sociedades anônimas por se tratar do tipo societário em que a adoção deste sistema de solução de controvérsias é previsto expressamente na Lei que a regulamenta (§ 3º do artigo 109 da Lei 6.404/76), além de ser obrigatório para as Companhias de capital aberto listadas no Novo Mercado[2] da BM&FBOVESPA.

---

[1] Professora de Direito Empresarial da Pontifícia Universidade Católica do Rio Grande do Sul (PUC/RS) e da Escola Superior de Magistratura (AJURIS), Especialista em Ciências Políticas e Mestre em Direito pela PUC/RS, doutoranda em Ciências Jurídico-Econômicas pela Faculdade de Direito da Universidade de Lisboa e advogada responsável pela área societária da Campos Escritórios Associados e da Pandolfo Advogados Associados.

[2] O Novo Mercado é segmento especial de listagem desenvolvido com o objetivo de proporcionar um ambiente de negociação que estimulasse, ao mesmo tempo, o interesse dos investidores e a valorização das companhias. É direcionado principalmente à listagem de empresas que venham a abrir capital. A adesão de uma empresa ao Novo Mercado é voluntária e concretiza-se com a assinatura de um contrato entre a companhia, seus controladores, administradores e a BM&FBOVESPA. Pelo contrato, as partes acordam em cumprir o Regulamento de Listagem do Novo Mercado, que consolida todos os requisitos adicionais desse segmento; e também adotam a arbitragem para a solução de eventuais conflitos societários que possam surgir. Por isso, foi constituída pela Bolsa a Câmara de Arbitragem do Mercado, oficialmente instalada em 27/7/2001. (http://www.bmfbovespa.com.br/pt-br/a-bmfbovespa/download/Folder_NovoMercado.pdf. Consultado em 06.01.2015)

Partimos de um panorama geral acerca da arbitragem, abordando de forma sucinta o seu surgimento no nosso ordenamento jurídico, conceito e características.

Posteriormente, tratamos da arbitragem nas sociedades anônimas buscando responder a alguns questionamentos, tais como: uma vez incluída a cláusula compromissória no Estatuto esta será mandatória para todos os sócios? E na hipótese de acionistas ausentes, dissidentes ou silentes? Ou, ainda, na hipótese do acionista ingressar na Sociedade mediante contrato de compra e venda de ações ou sucessão após a inclusão da cláusula compromissória? Qual a extensão da cláusula compromissória? A interpretação da cláusula compromissória deve ser ampla ou restritiva?

Abordaremos as questões controversas sobre o tema a partir da análise da jurisprudência pátria com o objetivo de deixar o leitor atualizado com o entendimento que tem sido adotado pelos Tribunais.

Por fim, abordaremos as vantagens da adoção da arbitragem nas sociedades anônimas.

2. A arbitragem no sistema jurídico brasileiro

2.1. Breve histórico

O primeiro disciplinamento sobre arbitragem foi registrado em 1603, nas Ordenações Filipinas. A decisão arbitral daquela época não estava sujeita à homologação judicial. As Ordenações continuaram em vigor até a promulgação da Constituição de 1824, que estipulou no artigo 160, *in verbis*: "Nas cíveis e nas penais civilmente intentadas poderão as partes nomear juízes árbitros. Suas sentenças serão executadas sem recurso, se assim o convencionarem as mesmas partes".

O Código Comercial de 1850, nos artigos 139 e 294, determinava que as questões de fato sobre a existência de fraude, dolo, simulação ou omissão culpável na formação dos contratos ou na sua execução, bem como nas questões sociais entre sócios, deveriam ser decididas em juízo arbitral.[3]

A Constituição Federal de 1891 consagrou a arbitragem como forma de prevenir litígios.[4]

---

[3] MIRANDA, Maria Bernadete; MALUF, Clóvis Antonio. Curso Teórico e Prático de Mediação, Conciliação e Arbitragem. Rio de Janeiro: GZ Ed., 2013, p. 54/55.

[4] Cfr. FINKELSTEIN, Claudio. Arbitragem no Direito Societário. *In Sociedades Anônimas*. Coordenadores FINKELSTEIN. Maria Eugênia Reis. PROENÇA, José Marcelo Martins. São Paulo: Sariva 2007, – (Série GVlaw), p. 304.

O Código Civil de 1916 tratou da arbitragem, sob o título de "compromisso" (artigos 1037 a 1048). No entanto, este instituto não foi utilizado em larga escala como meio de solução de conflitos, pois o Código de Processo Civil (artigos 1085 a 1102) exigia a homologação do então chamado "laudo arbitral", por sentença judicial com todos os recursos inerentes.[5]

A Lei 9.307, de 1996, revogou todos os artigos que tratavam da arbitragem, aboliu a necessidade de homologação judicial da sentença arbitral e equiparou o árbitro ao juiz togado no desempenho da arbitragem, ou seja, inseriu no nosso ordenamento jurídico novo modelo arbitral. No modelo arbitral introduzido pela Lei 9.307/96 foi dada ênfase à autonomia da vontade das partes, as quais podem optar por submeter a resolução de seus conflitos à jurisdição arbitral em substituição à estatal[6][7] desde que versem sobre direitos patrimoniais disponíveis.[8]

2.2. Conceito e características da arbitragem sob a ótica da Lei 9.307/96

Arbitragem é um processo alternativo, extrajudicial e voluntário que se utiliza com o objetivo de dar solução a litígio ou controvérsia, havida entre duas ou mais pessoas físicas e jurídicas capazes de contratar, no âmbito dos direitos patrimoniais disponíveis, sem a tutela do Poder Judiciário.

A escolha pela arbitragem representa liberdade individual, por isso não viola a Constituição Federal disposta no artigo 5º, XXXV:"A Lei não excluirá do Poder Judiciário lesão ou ameaça a direito". Nesse sentido:

> Arbitragem. Ações cautelar e principal que buscam respectivamente, a suspensão do procedimento arbitral e sua nulidade. Impossibilidade de manifestação pelo Poder Judiciário. Arbitragem que é exceção ao princípio do livre acesso à justiça ou da infastabilidade da jurisdição. Questões relativas à existência, validade e eficácia da convenção de arbitragem e do contrato que possui a cláusula compromissória devem ser apreciadas pelo árbitro. Regra do "kompetenz-kompetenz". Princípio do Juízo Arbitral. Art. 8º, *caput* e parágrafo único, da Lei 9307/96. Agravante que não teve tolhido qualquer direito acerca a nomeação do árbitro, na medida em que houve notificação da Câmara Arbitral garantindo-lhe tal fa-

---

[5] SCAVONE JÚNIOR. Luiz Antonio. Manual de Arbitragem, Mediação e Conciliação. Rio de Janeiro: Forense, 2014, p. 16.

[6] MAKANT, Bárbar. A Arbitrabilidade Subjetiva nas Sociedades Anônimas. In *Revista de Arbitragem e Mediação*. Nª 4, Ano 2, Editora Revista dos Tribunais, Janeiro-março de 2005, p. 83

[7] Cfr. CARVALHOSA, Modesto e EIZIRIK, Nelson. A nova Lei das Sociedades Anônimas. São Paulo: Saraiva, 2002, p. 179. Essa substituição de competências do Poder Judiciário pelo juízo arbitral foi objeto de lenta sedimentação do Supremo Tribunal Federal. Não obstante, hoje se encontra consolidada a constitucionalidade do Parágrafo único, do artigo 6º; artigo 7º e os artigos 41 a 44 da Lei 8.307/96.

[8] Direitos patrimoniais são aqueles que podem ser considerados em sua expressão econômica.

culdade. Participantes da arbitragem que possuem meios hábeis a demonstrar, de forma fundamentada sua discordância perante o juízo arbitral, consoante arts. 14, 15, 19 e 20 da Lei da Arbitragem, inclusive, se o caso, ulteriormente, por eventual afronta ao art. 21, par. 2, nos termos do art. 32 do mesmo diploma legal. Restando à parte a possibilidade de discutir perante árbitro ou câmara arbitral, de forma ampla, assuntos, teses e argumentos passíveis de irregularidades, mostra-se prematuro o ajuizamento de demanda perante o Poder Judiciário. Arguição de extinção do processo sem resolução do mérito em contraminuta. Art. 267, inc. VII. Processos, cautelar e principal, extintos sem resolução do mérito. (TJ/SP, Agravo de Instrumento nº 0037936-45.202.8.26.0000, j. 19.6.2012)

Carvalhosa e Eirizik[9] ressaltam que o juízo arbitral advém de renúncia a direito essencial do pactuante, pelo que se trata de pacto personalíssimo, inquestionavelmente declarado em seu aspecto formal e que não se transmite por sucessão ou cessão à pessoa do sucessor ou cessionário. Destarte, segundo estes autores, "sem essa expressa aprovação, a cláusula compromissória é nula, por ferir o direito essencial do acionista de socorrer-se do Poder Judiciário". Este posicionamento não é pacífico como se analisará ao longo deste artigo.[10]

A opção das partes[11] pela arbitragem pode ser estipulada pela inclusão em contratos ou estatutos de uma cláusula compromissória[12] ("cheia" ou "em branco") antes do aparecimento da controvérsia ou do litígio; ou, ainda, depois deste, pelo compromisso arbitral.[13]

A cláusula cheia pode ser de duas espécies: *Ad hoc* ou avulsa – é aquela em que as partes fixam as regras e formas em que o processo arbitral será conduzido naquele caso específico –, ou institucional – realiza-se por intermédio de uma entidade especializada que possui um regulamento próprio e uma relação de árbitros que as partes poderão indicar se não houver consenso entre um ou mais nomes.

De acordo com a jurisprudência a cláusula compromissória "cheia", ou seja, aquela em que as partes elegem, no mínimo, o órgão em que deverá ser proposto o compromisso arbitral é a mais adequada; pois na cláusula compromissória "em branco" pode surgir conflito entre as partes no momento da eleição do órgão, situação em que poderá ser ne-

---

[9] Cfr. CARVALHOSA, Modesto e EIZIRIK, Nelson. *A nova Lei das Sociedades Anônimas*. São Paulo: Saraiva, 2002, p. 180.

[10] Cfr. FINKELSTEIN, Claudio. Arbitragem no Direito Societário. *In Sociedades Anônimas*. Coordenadores FINKELSTEIN. Maria Eugênia Reis. PROENÇA, José Marcelo Martins. São Paulo: Sariva 2007, – (Série GVlaw), p. 314.

[11] As partes, para exercer a opção e firmar o contrato, devem deter capacidade de contratar e manifestar esta vontade de forma expressa, seja na cláusula compromissória, seja no compromisso arbitral propriamente dito.

[12] É a convenção onde as partes em um contrato comprometem-se a submeter à arbitragem os litígios eventualmente derivados do contrato.

[13] É o ato formal e por escrito que dá início ao processo de arbitragem. Artigo 9º, Lei 9.307/96: "O compromisso arbitral é a convenção através da qual as partes submetem um litígio à arbitragem de uma ou mais pessoas, podendo ser judicial ou extrajudicial".

cessária a interposição de ação judicial, visando a sua definição. Nesse sentido:

> (...) 2. A cláusula compromissória "cheia", ou seja, aquela que contém, como elemento mínimo a eleição do órgão convencional de solução de conflitos, tem o condão de afastar a competência estatal para apreciar a questão relativa à validade da cláusula arbitral na fase inicial do procedimento (parágrafo único do art. 8º, c/c o art. 20 da LArb). 3. De fato, é certa a coexistência das competências dos juízos arbitral e togado relativamente às questões inerentes à existência, validade, extensão e eficácia da convenção de arbitragem. Em verdade – excluindo-se a hipótese de cláusula compromissória patológica ("em branco") –, o que se nota é uma alternância de competência entre os referidos órgãos, porquanto a ostentam em momentos procedimentais distintos, ou seja, a possibilidade de atuação do Poder Judiciário é possível tão somente após a prolação da sentença arbitral, nos termos dos arts. 32, I, e 33 da Lei de Arbitragem. 4. No caso dos autos, desponta inconteste a eleição da Câmara de Arbitragem Empresarial Brasil (CAMARB) como tribunal arbitral para dirimir as questões oriundas do acordo celebrado, o que aponta forçosamente para a competência exclusiva desse órgão relativamente à análise da validade da cláusula arbitral, impondo-se ao Poder Judiciário a extinção do processo sem resolução de mérito, consoante implementado de forma escorreita pelo magistrado de piso. Precedentes da Terceira Turma do STJ. 5. Recurso especial provido. (REsp 1278852/MG; DJe 19/06/2013)

Assim, feita a opção pela arbitragem para dar solução a litígio ou controvérsia, as partes firmam uma convenção de arbitragem[14] em que, uma ou mais pessoas denominadas árbitros[15] ou juízes arbitrais, de confiança das partes, irão, a partir do exercício neutro ou imparcial[16] do conflito de interesses,[17] proferir uma decisão final, em caráter definitivo, uma vez que não cabe recurso.[18] As partes devem optar pela forma a ser adotada e condução do julgamento: equidade ou direito. Cabe ainda às partes compromissadas com o juízo arbitral escolher livremente as regras de direito nacional ou estrangeiro, ou de tratados internacionais, que serão aplicados na arbitragem, ou, ainda, fundar o juízo decisório nos princípios gerais de direito, nos usos e costumes e nas regras internacionais de

---

[14] Art. 3º da Lei 9307/96. As partes interessadas podem submeter a solução de seus litígios ao juízo arbitral mediante convenção de arbitragem, assim entendida a cláusula compromissória e o compromisso arbitral.

[15] Art. 13 da Lei 9307/96. Pode ser árbitro qualquer pessoa capaz e que tenha a confiança das partes.

[16] Art. 14 da Lei 9307/96. Estão impedidos de funcionar como árbitros as pessoas que tenham, com as partes ou com o litígio que lhes for submetido, algumas das relações que caracterizam os casos de impedimento ou suspeição de juízes, aplicando-se-lhes, no que couber, os mesmos deveres e responsabilidades, conforme previsto no Código de Processo Civil. § 1º As pessoas indicadas para funcionar como árbitro tem o dever de revelar, antes da aceitação da função, qualquer fato que denote dúvida justificada quanto à sua imparcialidade e independência.(...)

[17] Art. 13 (...) § 6º da Lei 9307/96. No desempenho de sua função, o árbitro deverá proceder com imparcialidade, independência, competência, diligência e discrição.

[18] Art. 18 da Lei 9307/96. O árbitro é juiz de fato e de direito, e a sentença que proferir não fica sujeita a recurso ou a homologação pelo Poder Judiciário.

comércio.[19] Na arbitragem de direito o árbitro utiliza a lei para julgar; na equidade o árbitro julga utilizando o bom-senso. A sentença arbitral ou decisão arbitral deve ser proferida no prazo de 6 (seis) meses, salvo estipulação em sentido contrário no momento do compromisso arbitral.[20]

Deste modo, a intervenção da justiça estatal somente se pode dar para garantir eficácia ou preservar direitos até a instalação da justiça arbitral, ou para ao final decidir sobre alegações de ilegalidades, mas de forma alguma para decidir as divergências entre as partes que por escrito estipularam a convenção de arbitragem.[21]

Não obstante, as partes podem solicitar ao árbitro ou ao tribunal arbitral, no prazo de 5 (cinco) dias a contar do recebimento da notificação ou da ciência pessoal da sentença arbitral – espécie de embargos de declaração –, que: (a) corrija qualquer erro material da sentença arbitral; ou (b) esclareça alguma obscuridade, dúvida ou contradição da sentença arbitral, ou se pronuncie sobre ponto omitido a respeito do qual devia manifestar-se a decisão.

O árbitro ou o tribunal arbitral decidirá, no prazo de dez dias, aditando a sentença arbitral e notificando as partes.

Os conceitos acima considerados revelam dois componentes fundamentais da estrutura da arbitragem: autonomia da vontade e o poder de julgar que os árbitros[22] recebem em detrimento ao julgamento estatal.

A Lei 9.307/96 evidencia o caráter privado, mas também ressalta sua ótica jurisdicional ao dispensar a chancela do Poder Judiciário para ratificar a sentença arbitral.

Ressalta-se que o árbitro não tem poderes para compelir as partes ao cumprimento da sentença arbitral. Desse modo, a sentença poderá ser executada de duas maneiras: espontânea ou forçada. Neste caso, a parte

---

[19] CARVALHOSA, Modesto. In *Reforma da Lei das Sociedades Anônimas: inovações e questões controvertidas da Lei nº 10.303, de 31.10.2001*. Coordenador Jorge Lobo. Rio de Janeiro: Forense, 2002, p. 324.

[20] Art. 31. da Lei 9.307/96. A sentença arbitral produz, entre as partes e seus sucessores, os mesmos efeitos da sentença proferida pelos órgãos do Poder Judiciário e, sendo condenatória, constitui título executivo.

[21] "Uma vez exercida a autonomia privada para lhes atribuir jurisdição, os árbitros terão competência exclusiva à resolução do mérito da controvérsia que se lhes foi posta. À justiça estatal restarão intervenções pontuais, aqui sumária e esquematicamente expostas, as quais se articulam ao aparato normativo destacado a concretizar sentenças arbitrais ou, no geral, a eficacizar ou ineficacizar, no todo ou em parte, a arbitragem. Tratam-se, portanto, do que se pode chamar genericamente de 'intervenções eficacizantes', não porque invariavelmente atribuem efeitos à convenção ou à sentença arbitrais, mas porque ao fazê-lo, ou mesmo quando lhes cassam tais efeitos, fazem-no para promover a concreção da autonomia privada exercida." (A arbitragem e os limites à atuação do Judiciário nos Litígios Societários. In: YARSHELL, Flávio Luiz; PEREIRA, Guilherme Setoguti J. (coord.). *Processo Societário*. São Paulo: Quartier Latin, 2012, p. 728).

[22] Art. 17 da Lei 9.307/96. Os árbitros, quando no exercício de suas funções ou em razão delas, ficam equiparados aos funcionários públicos, para os efeitos da legislação penal.

deverá recorrer à justiça para que se proceda a execução judicial (artigo 475, P, CPC).

3. A arbitragem nas Sociedades Anônimas

A arbitragem como mecanismo de solução de conflitos ágil e eficaz foi introduzido na Lei 6.404/76 (LSA) em 2001 pela Lei 10.303 com a inclusão do § 3º do artigo 109, *in verbis*: "o estatuto da Sociedade pode estabelecer que as divergências entre os acionistas e a companhia, ou entre os acionistas controladores e os acionistas minoritários, poderão ser solucionadas mediante a arbitragem, nos termos em que especificar".

Destarte a arbitragem pode ser instituída na sociedade anônima em seu estatuto visando dirimir conflitos entre acionistas minoritários, acionistas controladores ou controvérsias entre a companhia juntamente com seus acionistas e administradores.[23]

3.1. O alcance subjetivo da cláusula compromissória inserida no Estatuto

Os doutrinadores divergem quanto ao alcance subjetivo da cláusula compromissória no Estatuto da Sociedade Anônima. Alguns autores[24] defendem que para a validade e eficácia da cláusula compromissória estatutária é necessária sua específica e formal adoção por parte de todos os compromissados. A este grupo de autores se denominará corrente conservadora. Outros doutrinadores,[25] no entanto, possuem entendimento divergente em se tratando de acionistas dissidentes, ausentes ou simplesmente omissos em relação a sua concordância ou não e, ainda, em relação aos acionistas que venham a ingressar na sociedade por aquisição de ações ou sucessão após a inclusão da cláusula no Estatuto, conforme se tratará a seguir.

---

[23] FINKELSTEIN, Claudio. Arbitragem no Direito Societário. In *Sociedades Anônimas*. Coordenadores FINKELSTEIN. Maria Eugênia Reis. PROENÇA, José Marcelo Martins. São Paulo: Sariva 2007, – (Série GVlaw), p. 313 e CARVALHOSA, Modesto. In Reforma da Lei das Sociedades Anônimas: inovações e questões controvertidas da Lei nº 10.303, de 31.10.2001. Coordenador Jorge Lobo. Rio de Janeiro: Forense, 2002, p. 325.

[24] Nesse sentido CARVALHOSA, Modesto; EIZIRK, Nelson. A Nova Lei das S/A. São Paulo: Saraiva, 2002, p. 183. CANTIDIANO, Luiz Leonardo. Reforma da Lei das S/A comentada. Rio de Janeiro: Renovar, 2002. MOREIRA, Daniela Bessone Barbosa. *A convenção arbitral em Estatutos e Contratos Sociais*. Consultado em 08/01/2015 e publicado em http://www.loboeibeas.com.br/wp-content/uploads/2013/12/DAN-A-Conven%C3%A7%C3%A3o-Arbitral-em-Estatutos-e-Contratos-Sociais.pdf.

[25] MARTINS, Pedro A. Bastista. *A Arbitragem nas Sociedades de Responsabilidade Limitada. In:* Revista de Direito Mercantil, Volume 126. São Paulo: Malheiros. pp. 59-74. MENDONÇA, José Xavier Carvalho. Apud. PELA, Juliana Krueger. Notas sobre a eficácia da Cláusula Compromissória Estatutária. Revista de Direito Mercantil, Industrial, Econômico e Financeiro, v. 126, abr.-jun.2002. TOMAZETTE, Marlon. Curso de Direito Empresarial: Teoria Geral e Direito Societário – Vol.1. São Paulo: Atlas, 2008.

Segundo a corrente conservadora a inserção no Estatuto de uma cláusula compromissória requer a deliberação unânime dos sócios, afastando, assim, do Judiciário o conhecimento das causas nela descritas e obrigará a todos os fundadores na constituição da Companhia e os acionistas que nas alterações posteriores tiverem expressamente renunciado ao direito essencial do acionista de socorrer-se do Poder Judiciário. Caso a inserção da cláusula no Estatuto tenha sido fruto de decisão da maioria do capital social, não vinculará os sócios que não tenham concordado com a adoção da arbitragem, por se tratar a arbitragem de instituto derivado de declaração personalíssima de vontade.[26] Assim como não irá vincular os acionistas que posteriormente adentram a sociedade sem expressamente aderi-lo[27] (exceto quando eles próprios tomarem a iniciativa de instaurar o procedimento), e, ainda, não se transmite aos herdeiros ou sucessores *causa mortis* do acionista convenente. O fundamento para este entendimento é de que não se pode presumir que alguém haja renunciado a um direito essencial pelo simples fato de estar ele previsto no estatuto, eis que a renúncia se interpreta estritivamente.

Além do que, Modesto Carvalhosa[28] argumenta que:

1) o contrato de compra e venda de ações dá-se entre acionistas, sem nenhuma interferência da sociedade, que não é parte neste negócio, logo a exigência de adesão expressa dos novos acionistas;

2) a cláusula compromissória constitui matéria facultativa, e, portanto, potestativa do estatuto social; diferentemente das cláusulas estatutárias mandatórias. Desta forma, a cláusula estatutária instituidora da arbitragem não se impõe *erga omnes*, exigindo, assim, a adesão inequívoca, livre e expressa dos acionistas (§ 2º do artigo 4º da Lei 9.307/96);[29]

---

[26] Diego Mattos Osegueda (Cláusula Compromissória nos Contratos de Sociedade, consultado em 08/01/2015, in http://www.maxwell.vrac.puc-rio.br/10131/10131.PDF) leciona que: "Pode-se dizer que frente aos acionistas que não aderiram expressamente a clausula arbitral, não votaram em assembleia ou nela não se fizeram presente, esta terá seus efeitos suspensos, *constituindo-se em verdadeira exceção ao princípio da unicidade da assembleia e do estatuto social*, pois vinculada a essa deliberação estará o interesse comum da sociedade, até o limite constitucional particular de um acionista".

[27] Cfr. MOREIRA, Daniela Bessone Barbosa. *A convenção arbitral em Estatutos e Contratos* Sociais. Consultado em 08/01/2015 e publicado em http://www.loboeibeas.com.br/wp-content/uploads/2013/12/DAN-A-Conven%C3%A7%C3%A3o-Arbitral-em-Estatutos-e-Contratos-Sociais.pdf.

[28] CARVALHOSA, Modesto. In Reforma da Lei das Sociedades Anônimas: inovações e questões controvertidas da Lei nº 10.303, de 31.10.2001. Coordenador Jorge Lobo. Rio de Janeiro: Forense, 2002, p. 325 a 337.

[29] Nesse sentido Alessandro Nigro, *in* Questioni vecchie e nuove in matéria di clausula compromissória negli statuti dele Società, fasc. 1, genn.-febb., 1968, *apud*, CARVALHOSA, Modesto. In Reforma da Lei das Sociedades Anônimas: inovações e questões controvertidas da Lei nº 10.303, de 31.10.2001. Coordenador Jorge Lobo. Rio de Janeiro: Forense, 2002, p. 335, leciona: "O novo acionista tem diante de si um contrato de conteúdo já determinado por outros, *ao qual deve ele limitar-se a aderir*, sem possibilidade de promover alteração alguma. Daí a necessidade que sua atenção seja redobrada sobre os termos da cláusula compromissória, a qual, em consequência, deve ser expressamente aprovada por escrito."(grifei).

3) a cláusula compromissória vincula, de um lado, a sociedade e, de outro, aqueles acionistas que manifestaram duplamente essa vontade, pela sociedade e por si mesmos. Assim, aqueles acionistas que adquirem esta condição após a inserção da cláusula compromissória no Estatuto devem individualmente aceitar essa convenção arbitral para dirimir seus conflitos, sob pena de não ser oponível aos mesmos;

4) a cláusula compromissória tem a mesma natureza institucional dos acordos de acionistas, previsto no artigo 118 da Lei 6.404/76, assim, tanto esta como aquela não constituem normas estatutárias organizacionais da sociedade, mas pactos parassociais que a lei prevê como válidos e eficazes. Desta forma, atendem ao critério dos convenentes e resulta da livre manifestação de vontade destes não sendo oponível aos acionistas não pactuantes, além dos administradores e fiscais da sociedade nos eventuais conflitos e litígios destes com a sociedade.

Parte da doutrina, no entanto, admite a possibilidade da aplicação da cláusula compromissória aos acionistas que não tenham com ela concordado de forma expressa ou tácita. Dentre eles cita-se José Xavier Carvalho de Mendonça,[30] que defende o critério da maioria, *in verbis*:

> Exigir a unanimidade seria expor a sociedade à inação, seria cair no absurdo de atribuir a um só acionista a qualidade de representante ou árbitro da vontade social. Adotando-se o critério da maioria, (...) não se sacrificam direitos nem interesses individuais dos sócios. Acha-se em causa o interesse exclusivo da pessoa jurídica da sociedade, abstraindo de considerações de ordem individual. A assembleia não representa a totalização das vontades individuais dos acionistas; é o órgão mais autorizado da vontade social. Os acionistas cooperam aí não como contratantes, porém com a vontade individual para produzirem uma só vontade, a da sociedade.

Em consonância com esse pensamento, Marcelo Dias Gonçalves Vilela[31] afirma que "a cláusula compromissória não se trata de renúncia a direito essencial, já que estará garantido o direito de ação, mas apenas uma opção da sociedade e dos associados pela jurisdição arbitral e não da jurisdição estatal".

Nesse sentido, Cláudio Finkelstein[32] leciona que a assembleia de acionista é soberana ao ditar os rumos da sociedade, e, havendo a aprovação desse órgão, seja na constituição desta, seja em aditamento aos seus atos constitutivos, todas as partes que desejam permanecer na companhia

---

[30] MENDONÇA, José Xavier Carvalho. *Apud*. PELA, Juliana Krueger. Notas sobre a eficácia da Cláusula Compromissória Estatutária. *Revista de Direito Mercantil, Industrial, Econômico e Financeiro*, v. 126, abr.-jun.2002, p. 133.

[31] VILELA, Marcelo Dias Gonçalves. *Arbitragem no Direito Societário*. Belo Horizonte. Mandamentos: 2004, p.256.

[32] FINKELSTEIN, Claudio. Arbitragem no Direito Societário. *In Sociedades Anônimas*. Coordenadores FINKELSTEIN. Maria Eugênia Reis. PROENÇA, José Marcelo Martins. São Paulo: Sariva 2007, – (Série GVlaw), p. 314.

devem submeter-se a tal forma de solução de controvérsias, ou seja, não se trata de imposição do juízo arbitral, mas sim de uma opção da Sociedade à qual a totalidade dos acionistas devem se sujeitar. Destarte, segundo o Autor, basta que seja demonstrada de boa-fé, a ciência inequívoca de que a parte teve acesso ao texto do Estatuto em que consta a cláusula compromissória e que de forma implícita concordou com a mesma.

Nesse sentido, Marcelo Dias Gonçalves[33] leciona *in verbis*:

> A convenção arbitral (clausula compromissória) integra-se ao próprio estatuto ou contrato social e independentiza-se da vontade dos sócios fundadores ou instituidores para se tornar uma "vontade" (norma) social, que vincula as relações entre todos os associados. Na verdade, a cláusula compromissória societária não é uma regra para-estatutária (parassocial), mas coloca se como regra orgânica da sociedade.

O princípio majoritário utilizado pelo direito societário preconiza que as decisões daqueles que detêm a maioria das ações representativas do capital social, devem prevalecer em favor do interesse social da sociedade. E é neste princípio que se funda a defesa da doutrina que entende válida e obrigatória a cláusula compromissória para todos os sócios quando a mesma é aprovada pela maioria do capital social, porquanto se terá respeitado o princípio majoritário que a todos vincula.[34]

Cláudio Finkelstein[35] defende que, apesar de não constar no rol das causas possíveis de exercício do direito de retirada do artigo 137 da Lei 6.404/76, os dissidentes podem se valer do direito de recesso por haver alteração essencial na mecânica operacional e supressão de direito adquirido ao qual a parte não deseja renunciar. Desta forma, caso o acionista opte por permanecer na sociedade a cláusula compromissória o obrigará uma vez que optou por permanecer no quadro societário.

Nesse sentido, Tomazette,[36] alterando pensamento anterior, leciona que os adquirentes de ações impõem-se o conteúdo e os efeitos da cláusula arbitral já contida no estatuto social, pois tal previsão estatutária já dá o conhecimento necessário, dispensando-se qualquer manifestação específica.[37]

---

[33] VILELA, Marcelo Dias Gonçalves. Arbitragem no Direito Societário. Belo Horizonte. Mandamentos: 2004, p. 285.

[34] MAKANT, Bárbara. A Arbitrabilidade Subjetiva nas Sociedades Anônimas. *In Revista de Arbitragem e Mediação*. nº 4, Ano 2, Editora Revista dos Tribunais, Janeiro-março de 2005, p.88-89.

[35] FINKELSTEIN, Claudio. Arbitragem no Direito Societário. *In Sociedades Anônimas*. Coordenadores FINKELSTEIN. Maria Eugênia Reis. PROENÇA, José Marcelo Martins. São Paulo: Sariva 2007, – (Série GVlaw), p. 316.

[36] TOMAZETTE, Marlon. *Curso de Direito Empresarial*: Teoria Geral e Direito Societário – Vol.1. São Paulo: Atlas, 2008, p. 491.

[37] Nesse sentido ver FLÁKS, Luiz Loria. A arbitragem na reforma da lei das S.A. Revista de Direito Mercantil, Industrial, Econômico e Financeiro, v. 131. Jul./set. 2003, p. 123 e VALÉRIO, Marco Aurélio Gumieri. Arbitragem nas sociedades anônimas: aspectos polêmicos da vinculação dos acionistas novos, ausentes, dissidentes e administradores à cláusula compromissória estatutária, após a inclu-

Segundo o Regulamento da Câmara de Arbitragem do Mercado com a inserção da cláusula compromissória (ou cláusula de arbitragem) no estatuto social da Companhia, todos os acionistas encontram-se vinculados à arbitragem.[38] Assim, o investidor que adquirir ações da companhia listada no Novo Mercado, BOVESPA MAIS ou Nível 2 adere, automaticamente, à Câmara de Arbitragem do Mercado.

De acordo com esta corrente os efeitos da cláusula compromissória transferem-se aos sucessores *causa mortis* do acionista que assumem os direitos e obrigações do *de cujus* e aos adquirentes das ações a qualquer título. É este o entendimento que mais atribui funcionalidade à disposição do § 3º do art. 109 da Lei das S/A. Sem dúvida, a companhia, ao manifestar a vontade de submeter os conflitos com seus próprios acionistas à arbitragem, não pretende que esta submissão se aplique apenas a alguns, mas sim a todos eles.

3.2. Dos limites da convenção de arbitragem

A celebração de cláusula compromissória societária, sem que haja a restrição quanto às matérias submetidas à arbitragem ou a delimitação de reservas ao juízo estatal, estabelece a obrigatoriedade da utilização da arbitragem quanto a todos os conflitos que tenham incidência sobre o Estatuto, desde que presentes os requisitos de arbitrabilidade subjetiva e objetiva, eis que o § 3º do artigo 109 da Lei 6.404/76 permite a adoção da arbitragem pelo estatuto da sociedade anônima, "nos termos em que especificar", não mencionando o alcance objetivo da norma estatutária, nem tampouco fazendo referência a direitos patrimoniais disponíveis.[39]

A ideia, segundo Modesto Carvalhosa,[40] é submeter ao juízo arbitral as questões surgidas das controvérsias entre os sócios e destes com a sociedade, *v.g.*, resgate de ações, valor das ações em aumentos de capital e de todos os abusos no exercício do direito de voto.

Partindo-se do pressuposto de que a premissa supra é verdadeira, há que se admitir que a extensão da cláusula compromissória deva abranger toda e qualquer questão disciplinada pelo Estatuto que estabelece as regras que regem a sociedade e que mantém o propósito social desde que se relacione a direito patrimonial disponível.

---

são do § 3º ao art. 109 da Lei 6.404/76 pela Lei 10.303/2001. *Revista de Direito Mercantil, Industrial, Econômico e Financeiro*, v. 139, jul./set. 2005, p. 167.

[38] Cfr. http://www.bmfbovespa.com.br/pt-br/regulacao/camara-de-arbitragem-do-mercado/perguntas-frequentes.aspx?Idioma=pt-br . Consultado em 09/01/2015.

[39] Nesse sentido ver Alves, Alexandre Ferreira de Assumpção. A Arbitragem no Direito Societário. *Revista da Faculdade de Direito de Campos*, Ano VII, nº 9 – Dezembro de 2006, p. 7-34.

[40] CARVALHOSA, Modesto. In *Reforma da Lei das Sociedades Anônimas*: inovações e questões controvertidas da Lei nº 10.303, de 31.10.2001. Coord. Jorge Lobo. Rio de Janeiro: Forense, 2002, p. 340.

Nesse sentido:

> Apelação. Ação de dissolução de sociedade, cumulada com pedido de resolução de avença. Sentença que extinguiu o feito, sem julgamento do mérito, em razão da existência de convenção de arbitragem (art. 267, VII, do CPC). Preliminar de nulidade afastada. Desnecessidade de intimação do réu para contraminuta se o polo passivo ainda não foi integrado. Precedentes do STJ. Sociedade por ações, com natureza "intuito personae". *O direito de se retirar da sociedade não constitui direito patrimonial disponível sujeito a arbitragem.* Exegese dos arts. 1º, IV, 5º, XX, e 170, *caput*, todos da CF e art. 1º da Lei nº 9.307/96. Remessa à instância inferior para regular processamento. Sentença revogada. Apelo provido, com determinação. (Apelação nº 0033878-23.2011.8.26.0068; TJ/SP, Julgado em 11/12/2012). Grifei

Claro, assim, que os sócios, ao adquirirem ações de sociedade anônima em que conste a cláusula compromissória no Estatuto afastando a intervenção do Poder Judiciário, resolveram instituir a arbitragem como forma de solucionar todos os conflitos envolvendo as divergências societárias.

Assim, o juiz, tomando conhecimento da existência de demanda que visa à instauração do juízo arbitral, tem por dever apurar os limites objetivos e subjetivos da cláusula compromissória e manifestar-se a respeito do poder jurisdicional do Poder Judiciário para tal demanda.

Nesta análise pelos magistrados o que tem prevalecido, no entanto, é a interpretação restritiva do campo de incidência da convenção arbitragem, conforme se observa das decisões abaixo transcritas por analogia:

> ADMINISTRAÇÃO DE SOCIEDADE. EXECUÇÃO DE CLÁUSULA ARBITRAL. INDEFERIMENTO DA INICIAL. Matéria relativa à dissolução da sociedade com apuração de haveres que *não consta expressamente da clausula compromissória inserida no contrato social* – Extinção do processo mantida – falta de interesse processual – Adoção dos fundamentos da sentença, em ração do permissivo do artigo 252 do Regimento Interno desta Egrégia Corte – Sentença mantida – Recurso Desprovido. Sublinhei. (Apelação nº 0035142-61.2006.8.26.0000, Julgado em 18.01.2012).

> Arbitragem. Cláusula compromissória prevista no contrato de constituição de sociedade comercial. Ação visando apurar responsabilidade dos administradores. Alegação de obrigatoriedade da arbitragem. Decisão afastando a alegação. *Litígio que não envolve o contrato onde foi inserida a cláusula, mas os atos de administração da sociedade, não alcançados pela cláusula compromissória.* Recurso desprovido. Destaquei (AgIn 244.960-4/5-00; TJ/SP, Julgado em 11.09.202)

> AÇÃO DECLARATÓRIA DE DISSOLUÇÃO DE SOCIEDADE CUMULADA COM APURAÇÃO DE HAVERES. Decreto extintivo pela existência de cláusula compromissória de Juízo Arbitral, com verba honorária estipulada em R$ 2.500,00 para cada um dos advogados dos réus. Data da distribuição da ação: 28/07/2011. Valor da causa: R$ 214.011,59. Apela o autor sustentando já terem sido ajuizadas três demandas da mesma relação jurídica, sem os adversos suscitarem a incidência da cláusula; arguição apenas nesta sede configura ofensa ao princípio da boa-fé objetiva; *cláusula compromissória vazia*; sociedade já dissolvida; não sendo mais sócio não está submetido ao contrato social; direito de retirar-

se da sociedade não se sujeita à arbitragem e não possui condições econômicas para pagamento de árbitros especializados; subsidiariamente, pela redução dos honorários advocatícios. Apelam os réus pugnando pela majoração da verba honorária. Cabimento do recurso do autor e prejudicados os reclamos dos réus. *Cláusula compromissória diz respeito apenas a divergências entre os sócios.* Autor já se retirou da sociedade. *Questão remanescente de apuração de haveres e consequente constituição de crédito a ser satisfeito pela sociedade supera os limites estabelecidos para o Juízo arbitral.* Pessoa jurídica não poderia participar da arbitragem, *exceto se houvesse cláusula específica ou superveniente avença que sujeitasse todos os envolvidos.* Patrimônio dos sócios distinto daquele pertencente à sociedade. Decisão proferida no Juízo arbitral não seria capaz de impor à empresa uma obrigação de pagar. Recurso do autor provido para cassar a sentença e determinar o retorno dos autos à primeira instância para prosseguimento do feito em seus ulteriores termos. Prejudicados os recursos dos réus".[41] (Apelação nº 0040815-93.2011.8.26.0506, TJ/SP, Julgado em 24.06.2014)

A partir da análise dos acórdãos das decisões acima transcritas verifica-se que nas cláusulas compromissórias de Juízo Arbitral em que as partes não cuidaram de especificar limites confiáveis para a submissão de controvérsias aos árbitros pode ser necessária a definição *a posteriori* prejudicando, eventualmente, o real interesse das partes ao incluir a cláusula no Estatuto. Desta forma, a cláusula compromissória redigida de modo vago e impreciso dá margem às mais diversas interpretações. E, assim, convém de fato dar à convenção arbitral interpretação restritiva.[42]

Outrossim, nada impede que as partes estabeleçam limites amplos na cláusula compromissória, desde que demarcáveis. Por outro lado, não se pode admitir que a cláusula seja aberta e ampla, de modo a envolver relações jurídica que os contratantes não imaginaram.[43]

Destarte, proposta ação judicial, contestando o réu não ser o juízo competente para apreciar a demanda em decorrência da cláusula compromissória prevista no Estatuto, o magistrado deve pronunciar-se

---

[41] O contrato social da Sociedade objeto da decisão supra transcrita, no tópico acerca da arbitragem, dispunha, *in verbis*: "As divergências que se verificarem entre os sócios, inclusive no caso de falecimento de um deles entre os seus herdeiros e o remanescente, serão resolvidas mediante juízo arbitral, ficando eleito o foro da Comarca de Ribeirão Preto SP". Ocorre que a questão tratada no processo referente a decisão supra não se limitava a divergências entre os sócios. O escopo é de apuração de haveres e consequente recebimento do valor devido em ação de dissolução parcial (resolução da sociedade em relação a um dos sócios), possui natureza de ressarcimento a ser pago pela sociedade. Nesse sentido: *"Consoante jurisprudência desta Corte, a retirada de sócio de sociedade por quotas de responsabilidade limitada dá-se pela ação de dissolução parcial, com apuração de haveres, para qual têm de ser citados não só os demais sócios, mas também a sociedade"* (Resp 1371843/SP, julgado em 20.03.2014). Face ao que antecede a sociedade, devedora do valor a ser apurado, não poderia participar da arbitragem, exceto se houvesse cláusula específica ou superveniente avença que sujeitasse todos os envolvidos ao Juízo arbitral.

[42] CARMONA, Carlos. Jurisprudência Comentada. Contrato de Constituição de Sociedade Comercial. Responsabilidade de administrador. Obrigatoriedade da arbitragem. Efeito negativo da cláusula compromissória. In Revista de Arbitragem e Mediação. nª 2, Ano 1, Revista dos Tribunais, maio-agosto de 2004, p. 292.

[43] CARMONA, Carlos. *Op.cit.*, p. 293.

acerca da sua aplicabilidade à lide que lhe foi submetida. Se entender que lhe falece competência deve extinguir o processo judicial. Nesse sentido:

> PROCESSO CIVIL. JUÍZO ARBITRAL. CLÁUSULA COMPROMISSÓRIA. EXTINÇÃO DO PROCESSO. ART. 267, VII, DO CPC. SOCIEDADE DE ECONOMIA MISTA. DIREITOS DISPONÍVEIS. 1. Cláusula compromissória é o ato por meio do qual as partes contratantes formalizam seu desejo de submeter à arbitragem eventuais divergências ou litígios passíveis de ocorrer ao longo da execução da avença. Efetuado o ajuste, que só pode ocorrer em hipóteses envolvendo direitos disponíveis, ficam os contratantes vinculados à solução extrajudicial da pendência. 2. *A eleição da cláusula compromissória é causa de extinção do processo sem julgamento do mérito, nos termos do art. 267, inciso VII, do Código de Processo Civil.* 3. São válidos e eficazes os contratos firmados pelas sociedades de economia mista exploradoras de atividade econômica de produção ou comercialização de bens ou de prestação de serviços (CF, art. 173, § 1º) que estipulem cláusula compromissória submetendo à arbitragem eventuais litígios decorrentes do ajuste. 4. Recurso especial provido. (REsp 606345 / RS, DJ 08/06/2007 p. 240). Grifei.

Nesse mesmo sentido deve agir o árbitro, ou seja, este deve pronunciar-se a respeito não apenas da validade do Estatuto em que foi inserida a cláusula compromissória dada a independência da convenção arbitral, mas também a respeito da sua própria investidura como terceiro imparcial com poder jurisdicional de decidir a demanda.

3.3. Vantagens da utilização da arbitragem

A especialização das demandas societárias obriga, cada vez mais, a presença de profissionais qualificados para encontrar a solução ideal, nem sempre presente no juízo estatal. Destarte, inegável que o instituto da arbitragem proporciona inúmeras vantagens, dentre elas cita-se:[44]

a) evita as prolongadas contendas entre os sócios ou entre estes e a própria sociedade;

b) o conflito é resolvido de maneira sigilosa, preservando a confidencialidade de possíveis informações estratégicas da sociedade;

c) evita qualquer tipo de exposição que possa atingir a reputação da sociedade no meio empresarial no qual a mesma atua;

d) evita qualquer tipo de constrangimento para as sociedades que procuram contratar com o Governo e se encontram impedidas por figurarem como parte em disputas no Judiciário;

e) a demanda é analisada por especialistas plenamente conhecedoras na matéria do litígio.

---

[44] Conforme WALD Arnoldo. Novos Rumos para a Arbitragem no Brasil. *Revista de Direito Bancário, do Mercado de Capitais e da Arbitragem*, nº 14, abr.-jun. 2002, p. 341.

Tomazette[45] ressalta que o transcurso de um longo período de tempo para a solução do conflito pode comprometer o bom andamento dos negócios sociais, impedindo ou dificultando o sucesso da empresa.

4. Conclusão

A Lei 9.307/96 deu às partes a liberdade de escolha para que pudessem resolver os seus litígios através de árbitros particulares, de tal modo que não precisassem recorrer ao Estado. Essa liberdade de escolha não pode ser contestada, porque está limitada a direitos disponíveis e quanto a esses direitos a parte pode renunciar ao direito de ação.

Por outro lado, ainda não existe consenso de que seja válida para todos os sócios da sociedade anônima cuja inclusão se deu em razão da decisão da maioria no melhor interesse da Sociedade, apesar do direito das sociedades anônimas permitir mudanças no Estatuto por decisão majoritária, sem que desse ato resulte no direito a indenização por perdas e danos. Ou, ainda, nas hipóteses dos acionistas que ingressaram na sociedade por sucessão *causa mortis* ou cessão de ações, posteriormente a inclusão da cláusula compromissória arbitral no Estatuto. Particularmente entendo que deve prevalecer o princípio majoritário utilizado pelo direito societário, desde que aos dissidentes, ausentes e/ou omissos seja garantido o direito de recesso.

A redação da cláusula compromissória deve ser precisa e clara, para evitar interpretações não desejadas pelos contratantes.

Não obstante, não restam dúvidas que a adoção da arbitragem para dirimir conflitos oriundos da relação societária contribui para a melhor realização do objeto social da sociedade.

A adoção da arbitragem no Brasil em larga escala, no entanto, depende de uma verdadeira revolução cultural, de tal modo que todos acreditem na seriedade desse procedimento como solução de litígios.

Referências

ALVES, Alexandre Ferreira de Assumpção. *A Arbitragem no Direito Societário*. Revista da Faculdade de Direito de Campos, Ano VII, Nº 9 – Dezembro de 2006, p. 7-34.

CANTIDIANO, Luiz Leonardo. *Reforma da Lei das S/A comentada*. Rio de Janeiro: Renovar, 2002.

CARMONA, Carlos. Jurisprudência Comentada. Contrato de Constituição de Sociedade Comercial. Responsabilidade de administrador. Obrigatoriedade da arbitragem. Efei-

---

[45] TOMAZETTE, Marlon. *Curso de Direito Empresarial*: Teoria Geral e Direito Societário – Vol.1. São Paulo: Atlas, 2008, p. 491.

to negativo da cláusula compromissória. *In Revista de Arbitragem e Mediação.* n. 2, Ano 1, Revista dos Tribunais, maio-agosto de 2004, pp. 287-293.

CARVALHOSA, Modesto e EIZIRIK, Nelson. A nova Lei das Sociedades Anônimas. São Paulo: Saraiva, 2002.

CARVALHOSA, Modesto. In Reforma da Lei das Sociedades Anônimas: inovações e questões controvertidas da Lei nº 10.303, de 31.10.2001. Coordenador Jorge Lobo. Rio de Janeiro: Forense, 2002.

COELHO, Fábio Ulhoa. Curso de Direito Comercial – Direito de empresa – Vol.2. São Paulo: Saraiva, 2014.

FINKELSTEIN, Claudio. Arbitragem no Direito Societário. *In Sociedades Anônimas.* Coordenadores FINKELSTEIN. Maria Eugênia Reis. PROENÇA, José Marcelo Martins. São Paulo: Sariva 2007, – (Série GVlaw), p. 301-321.

FLÁKS, Luiz Loria. A arbitragem na reforma da lei das S.A. *Revista de Direito Mercantil, Industrial, Econômico e Financeiro*, v. 131. Jul./set. 2003.

MAKANT, Bárbara. A Arbitrabilidade Subjetiva nas Sociedades Anônimas. *In Revista de Arbitragem e Mediação.* Nª 4, Ano 2, Revista dos Tribunais, Janeiro-março de 2005, pp. 82-103.

MARTINS, Pedro A. Bastista. A Arbitragem nas Sociedades de Responsabilidade Limitada. In: Revista *de Direito Mercantil*, Volume 126. São Paulo: Malheiros. p. 59-74.

MENDONÇA, José Xavier Carvalho. Apud. PELA, Juliana Krueger. Notas sobre a eficácia da Cláusula Compromissória Estatutária. *Revista de Direito Mercantil, Industrial, Econômico e Financeiro*, v. 126, abr.-jun.2002.

MIRANDA, Maria Bernadete; MALUF, Clóvis Antonio. Curso Teórico e Prático de Mediação, Conciliação e Arbitragem. Rio de Janeiro: GZ Ed., 2013.

MOREIRA, Daniela Bessone Barbosa. *A convenção arbitral em Estatutos e Contratos* Sociais. Consultado em 08/01/2015 e publicado em http://www.loboeibeas.com.br/wp-content/uploads/2013/12/DAN-A-Conven%C3%A7%C3%A3o-Arbitral-em-Estatutos-e-Contratos-Sociais.pdf.

REQUIÃO. Rubens. *Curso de Direito Comercial* – Vol. 2. São Paulo: Saraiva, 2003.

SCAVONE JÚNIOR. Luiz Antonio. *Manual de Arbitragem, Mediação e Conciliação.* Rio de Janeiro: Forense, 2014.

TOMAZETTE, Marlon. *Curso de Direito Empresarial*: Teoria Geral e Direito Societário – Vol.1. São Paulo: Atlas, 2008.

VILELA, Marcelo Dias Gonçalves. *Arbitragem no Direito Societário.* Belo Horizonte: Mandamentos, 2004.

WALD Arnoldo. Novos Rumos para a Arbitragem no Brasil. *Revista de Direito Bancário, do Mercado de Capitais e da Arbitragem*, nº 14, abr.-jun. 2002.

YARSHELL, Flávio Luiz; PEREIRA, Guilherme Setoguti J. (coord.). *Processo Societário.* São Paulo: Quartier Latin, 2012.

— 4 —

Sociedade em conta de participação: raízes, desenvolvimento e desafios

JOÃO PEDRO SCALZILLI[1]
LUIS FELIPE SPINELLI[2]
RODRIGO TELLECHEA[3]

Sumário: 1. Introdução; 2. Comenda; 3. Transformação da comenda em sociedade; 3.1. Estabilização da relação; 3.2. Aversão ao comércio; 3.3. Condenação da usura; 4. Publicização da relação e ramificação do tipo; 5. Divergência doutrinária; 6. Disseminação; 7. Considerações finais.

1. Introdução

É grande a probabilidade de que a sociedade em conta de participação sempre tenha existido ao lado dos demais tipos societários, ou ao menos fórmulas jurídicas que a ela se assemelhavam.[4] José Gabriel Assis de Almeida alude a certas discussões sobre a verdadeira origem da conta de participação, dando notícia de que há quem sustente já ter ela existido na Grécia antiga, no direito romano ou, quiçá, até no Código de Hamurabi.[5] Carvalho de Mendonça relata a confusão acerca da origem

---

[1] Professor de Direito Empresarial da PUCRS. Doutor em Direito Comercial pela USP. Mestre em Direito Privado pela UFRGS. Advogado.

[2] Professor de Direito Empresarial da UFRGS. Doutor em Direito Comercial pela USP. Mestre em Direito Privado pela UFRGS. Advogado.

[3] Professor de Direito Empresarial da UNISINOS. Doutorando em Direito Comercial. ela USP. Advogado.

[4] SOLÁ DE CAÑIZARES, Felipe. *El contrato de participación en el derecho español y en el derecho comparado*. Madrid: Editorial Revista de Derecho Privado, 1954, p. 4.

[5] Ver, também, GRANDI, Salvatore. *L'associazione in partecipazione*. Milano: Casa Editrice Dottor Francesco Vallardi, 1939, p. 7-9. Sobre a *commenda* em Roma, ver REHME, Paul. *História universal del Derecho Mercantil*. Trad. de E. Gómez Orbaneja. Madrid: Editorial Revista de Derecho Privado, 1941, p. 58-61. Sobre a *commenda* praticada por povos primitivos do norte da Ásia e da África setentrional, remetemos ao mesmo autor, p. 22.

histórica da conta de participação, fazendo referência à possibilidade de que mesmo em Roma já teria existido[6]. No entanto, ambos os autores reconhecem que foi com o *contrato de comenda*, praticado nas cidades italianas do Medievo, que se desenvolveu como mecanismo autônomo este tipo societário.[7] [8]

Com efeito, é praticamente unânime que está no antigo contrato de comenda – cujo antepassado historicamente mais remoto parece ter sido o *nauticum foenus* romano e seus antecedentes, espécie de contrato de empréstimo a risco[9] – a origem de quatro tipos societários contemporâneos: (1) *sociedade de capital e indústria*, extinta de nosso ordenamento jurídico pelo novo Código Civil;[10] (2) *sociedades em comandita simples*, em franco desuso; (3) *sociedade em comandita por ações*, também posta fora de qualquer cogitação pelos empreendedores; e (4) *sociedade em conta de participação*, objeto deste ensaio.[11]

Não que ajustes análogos anteriormente praticados não pudessem ser encarados como verdadeiras sociedades em conta de participação. Na verdade, pelos relatos que chegam até nós dos mais diversos autores, pactos associativos estruturados à semelhança da conta de participação parecem sempre ter existido, quer em Roma ou até mesmo antes. No entanto, foi na Idade Média que esse tipo de associação provavelmente se tornou mais frequente (sobretudo em decorrência de fatores como o incremento da atividade comercial nas cidades italianas e a influência do direito canônico), fazendo com que as comendas, versão medieval das

---

[6] Inclusive para a exploração da atividade de cobrança de tributos. Sobre a existência de acertos associativos que funcionavam à semelhança das sociedades em conta de participação em Roma, inclusive com relatos de Cícero sobre a existência de sócios ocultos entre os senadores romanos já no período das Guerras Púnicas, cf. CUNHA GONÇALVES, Luís da. *Da conta em participação*. 2 ed. Coimbra: Coimbra Editora, 1923, p. 13. Pela origem romana da conta de participação, ver ANTUNES, José Engrácia. *Direito dos contratos comerciais*. Coimbra: Almedina, 2011 (reimpressão da edição de 2009), p. 406.

[7] CARVALHO DE MENDONÇA, J. X. *Tratado de Direito Commercial brasileiro*, v. 4, livro 2, 2. ed. posta em dia por Achilles Bevilaqua e Roberto Carvalho de Mendonça. Rio de Janeiro: Freitas Bastos, 1934, p. 224. ALMEIDA, José Gabriel Assis de. *A sociedade em conta de participação*. Rio de Janeiro: Forense, 1989, p. 4-5. Sobre o assunto, ver, ainda: FERREIRA, Waldemar. *Tratado das sociedades mercantis*, v. 1. Rio de Janeiro: Freitas Bastos, 1952, especialmente p. 128 ss.

[8] CAROSELLI afirma, com temperança, que a resposta para esse tipo de indagação depende, em grande medida, do conceito que se tenha sobre o que é, de fato, uma conta de participação. Cf. CAROSELLI, Oscar. *L'associazione in partecipazione*. Padova: CEDAM, 1930, p. 28.

[9] FERREIRA. *Tratado de sociedades mercantis...*, p. 92.

[10] A sociedade de capital e indústria foi extinta como tipo próprio. Todavia, como salienta Alfredo de Assis Gonçalves Neto, é possível que a sociedade simples seja constituída nos mesmos moldes, bem como a sociedade em nome coletivo (e, eventualmente, a própria sociedade em comandita simples). Cf. GONÇALVES NETO, Alfredo de Assis. *Direito de Empresa*: comentários aos Artigos 966 a 1.195 do Código Civil. 2. ed. rev., atual. e ampl. São Paulo: Revista dos Tribunais, 2008, p. 286-288.

[11] GOLDSCHMIDT, Levin. *Storia universale del Diritto Commerciale*. Torino: Unione Tipografico-Editrice Torinese, 1913, p. 201 ss.

associações entre capitalistas e comerciantes, passassem para a história como a raiz definitiva do tipo societário que ora estudamos.[12]

2. Comenda

O contrato de comenda, praticado especialmente nas cidades italianas durante a Idade Média – segundo Oscar Caroselli, a fonte histórica mais antiga sobre a *commenda* dataria de 976 d.C.[13] –, teve por catalisador o renascimento do comércio na Europa Ocidental, momento de grande efervescência da atividade negocial ocorrido naquele período.[14] Nesse cenário, esta figura contratual floresceu extraordinariamente; e sem ela não teria sido possível o intenso comércio de mercadorias e dinheiro que ocorreu naquela época da História entre os diversos países europeus.[15]

Consistia a *commenda* na entrega de dinheiro ou de mercadorias por um dos contratantes (*commendator*) ao outro (*tractator/commendatarius*), que podia ser o proprietário de um navio, o seu capitão ou alguém encarregado da expedição marítima, a quem incumbia negociar os bens que lhe eram confiados, seja vendendo as mercadorias que lhe foram entregues pelo comendador, seja adquirindo e negociando mercadorias com o dinheiro que lhe fora entregue por este último. Essa operação ocorria especialmente no comércio marítimo entre a costa oeste italiana e a costa espanhola — e como o comércio era, basicamente, feito pelo mar, a comenda era um contrato de comércio marítimo.[16]

Por várias razões o comércio por vias aquáticas era o preferido em detrimento do complicado comércio terrestre. Em primeiro lugar, a falta de estradas em qualidade e quantidade: se, algumas vezes, utilizava-se o que restou das vias romanas e, em outras, há verdadeiras estradas, na maior parte dos casos a estrada medieval, através dos campos e das colinas, era apenas "o lugar por onde se passa", como bem salientou Jacques Le Goff. Isso sem falar das montanhas a serem transpostas, como os Pirineus e os Alpes, inconvenientemente no caminho do mercador entre o norte da Europa e a Itália. Somado a isso, a insuficiência do transporte terrestre, praticado usualmente por meio de pesadas carroças de quatro

---

[12] Em sentido semelhante, ver CUNHA GONÇALVES. *Da conta em participação...*, p. 14.

[13] CAROSELLI. *L'associazione in partecipazione...*, p. 48.

[14] Sobre a Revolução Comercial, ver LOPEZ, Robert. *A revolução comercial da Idade Média: 950-1350*. Lisboa: Presença, 1976.

[15] GARRIGUES, Joaquín. *Tratado de Derecho Mercantil*, t. III, v. 1. Madrid: Revista de Derecho Mercantil, 1964, p. 183.

[16] *Commendator*: o *investidor*, aquele que confia dinheiro ou mercadorias; *tractator* ou *commendatarius*: o *tratante*, aquele a quem incumbe tratar dos negócios. Cf. REHME. *História universal del Derecho Mercantil...*, p. 81.

rodas, puxadas por mulas e cavalos, cuja reduzida capacidade de carga encarecia demasiadamente o transporte. Finalmente, a insegurança decorrente do ataque de bandidos, o risco de confisco ou simplesmente o roubo praticado pelos senhores ou cidades pelas quais se passava no caminho, além das taxas, dos direitos de passagem e pedágios de todo o gênero, cobrados pelo simples trânsito ou pela transposição de uma ponte, um verdadeiro suplício em tempos de extrema divisão territorial e política como era na Idade Média. Considerados todos esses fatores, o custo do transporte terrestre podia chegar de 20% a até mais de 150% do valor original da mercadoria, muito maior dos que os 2% do transporte marítimo para o caso da lã ou 15% para a seda. Por tudo isso, as vias aquáticas eram as preferidas.[17]

E a comenda foi importante instrumento de financiamento das expedições marítimas da época. A propósito desse ponto, a necessidade de capital era premente. Le Goff explica que, em meados do século XV o ciclo completo de uma expedição comercial veneziana durava dois anos. "Esse ciclo constitui-se de transporte de especiarias de Alexandria a Veneza, reexpedição dessas especiarias para Londres, retorno de Londres com um frete de estanho, reexpedição desse estanho para Alexandria e recarregamento de especiarias para Veneza. O mercador precisa ter paciência e capital".[18]

Na comenda, o investidor (*commendator*) podia ser um produtor ou um intermediário (comerciante), que negociava mercadorias no interior, ou, ainda, um exportador (que confiava mercadorias), ou um importador (que confiava dinheiro), ou ambos. Em se tratando de uma exportação, a receita advinda da venda das mercadorias no exterior podia ser usada para comprar mais mercadorias para a reimportação.[19]

A respeito disso, Max Weber assevera, ao caracterizar o tipo clássico da *commenda*, que, de um lado, existia a parte que realizava o fornecimento de trabalho para a compra de mercadorias e o seu transporte marítimo para, finalmente, efetuar a venda dos produtos no mercado estrangeiro, e, de outro lado, a outra parte, que contribuía com o capital para a compra das mercadorias e para prover o meio de transporte. Havia, portanto, uma parte *investidora* e outra *gestora* do negócio.[20]

---

[17] Por tudo, ver LE GOFF, Jacques. *Mercadores e banqueiros da Idade Média*. São Paulo: Martins Fontes, 1991, p. 9-11.
[18] LE GOFF. *Mercadores e banqueiros da Idade Média*..., p. 13.
[19] LATTES, Alessandro. *Il diritto commerciale nella legislazione statutaria delle città italianne*. Milano: Ulrico Hoepli, 1884, p. 155; WEBER, Max. *The history of commercial partnerships in the Middle Ages*. Trad. de Lutz Kaelber. Lanham, Boulder, New York; Oxford: Rowman & Littlefield Publishers, Inc., 2003, p. 63.
[20] WEBER. *The history of commercial partnerships*..., p. 63.

Na realidade, dois tipos de comenda podiam ser identificados. No primeiro, apenas o investidor aportava capital, cabendo ao capitão (ou o responsável pela expedição mercantil) apenas a gestão do negócio (viagem marítima comercial) – sendo esta a forma mais antiga.[21] No segundo, ambos os participantes investiam recursos na aventura comercial, ficando, igualmente, o trato da operação por conta do capitão do navio ou do responsável pela expedição mercantil.[22] [23]

Dessa forma, os lucros resultantes do empreendimento (no início, uma única viagem marítima comercial) eram então distribuídos conforme se tratasse de um ou de outro tipo de comenda.[24] No primeiro tipo – naquele em que apenas o investidor aportava capital – cabia somente a este os louros do empreendimento, recebendo o *tractator* apenas uma comissão sobre os lucros (ou até uma remuneração fixa, como refere Max Weber);[25] já no segundo tipo, o lucro era repartido entre ambos os participantes, de acordo com o percentual previamente acordado.

Como quer que seja, Soprano salienta que o investidor (*commendator*) apenas corria o risco da perda dos bens empregados na aventura comercial (dinheiro ou mercadorias); seu risco estava limitado ao aporte de capital empregado nesta última,[26] servindo a *commenda*, como parece a Goldschmidt, como um negócio essencialmente de especulação, talvez o mais importante do comércio medieval.[27] Por outro lado, o negociante (*tractator*) suportava toda sorte de riscos advindos do eventual insucesso do empreendimento, seja pela má administração, seja pelos temidos riscos do mar (a chamada "fortuna do mar") – isto é, naufrágio, pirataria ou qualquer outra intempérie.[28]

Pelos débitos da aventura, respondia, portanto, apenas o *tractator* (capitão), cuja responsabilidade alcançava o seu patrimônio de forma ilimitada. Essa diferenciação entre a responsabilidade do investidor e do

---

[21] LATTES. *Il diritto commerciale nella legislazione statutaria...*, p. 156 ss; REHME. *História universal del Derecho Mercantil...*, p. 82-83.

[22] Idem., p. 82-83.

[23] Paul Rehme explica que ambas as figuras aparecem sob os nomes de *commenda* ou *societas*. No entanto, a expressão *commenda* deveria reservar-se para o primeiro tipo e o termo *societas* para o segundo. Independentemente disso, algo se afigura como certo: é possível identificar a raiz de "sociedade" em ambas as relações. Ver: REHME. *História universal del Derecho Mercantil...*, p. 83.

[24] WEBER. *The history of commercial partnerships...*, p. 69.

[25] Idem, p. 66.

[26] SOPRANO, Enrico. *Trattato teorico-pratico delle società commerciali*, v. I. Torino: UTET, 1934, p. 260.

[27] GOLDSCHMIDT. *Storia universale del Diritto Commerciale...*, p. 201, 245.

[28] CAROSELLI. *L'associazione in partecipazione...*, p. 43. A propósito, para um interessante relato acerca do desenvolvimento do comércio e da pirataria, ver FERREIRA, Waldemar. *Tratado de Direito Comercial*, v. 1. São Paulo: Saraiva, 1960, p. 23 ss. Sobre a pirataria e sobre o direito de naufrágio, cf. LE GOFF. *Mercadores e banqueiros da Idade Média...*, p. 12.

negociante é, diga-se de passagem, um dos primeiros sinais da limitação da responsabilidade no contexto dos pactos associativos.[29]

3. Transformação da comenda em sociedade

Alguns fatores, entretanto, contribuíram para que o contrato de comenda se transmutasse, passando de mero contrato para a forma de sociedade. Vejamo-los.

3.1. Estabilização da relação

Gradualmente, de um contrato essencialmente marítimo que se extinguia com o regresso da aventura comercial e com a partilha dos resultados, a *commenda* passou a ser empregada no comércio terrestre, inclusive nas feiras, e, também, na indústria local, não mais sendo explorada isolada, vez por vez, mas de forma reiterada e contínua.[30] Passando a abranger várias operações e a reunir mais e mais pessoas, o vínculo entre elas estabiliza-se e ganha contornos societários mais fortes.

3.2. Aversão ao comércio

Muitos eram os indivíduos que ambicionavam obter lucros a partir da exploração da atividade comercial, mas, ao mesmo tempo, ou não tinham vocação para o exercício do comércio, ou, sobretudo, tinham aversão à sua prática, pois, na época, essa não era uma atividade socialmente bem vista.

Jacques Le Goff bem resume a situação do comerciante ao afirmar que o mercador medieval "foi importunado em sua atividade profissional e rebaixado em seu meio social devido à atitude da igreja a seu respeito". Segundo a doutrina canônica, o mercador jamais consegue agradar a Deus, porque, segundo uma famosa frase do papa São Leão Magno, "é difícil não pecar quando se exerce a profissão de comprar e vender". Por isso, as famosas listas das profissões interditas quase sempre incluíam o comércio.[31]

---

[29] Walfrido Jorge Warde Júnior sustenta – com razão, parece-nos – que a *societas* romana apresentou a primeira forma de limitação de responsabilidade ligada a estruturas societárias. Ver: WARDE JÚNIOR, Walfrido Jorge. *Responsabilidade dos sócios*: a crise da limitação e a teoria da desconsideração da personalidade jurídica. Belo Horizonte: Del Rey, 2007, p. 27 ss, especialmente p. 33.

[30] GOLDSCHMIDT. *Storia universale del Diritto Commerciale...*, p. 210. Ver, também, LAMY FILHO, Alfredo; PEDREIRA, José Luiz Bulhões. *A Lei das S.A.*: pressupostos, elaboração, aplicação. Rio de Janeiro: Renovar, 1992, p. 34.

[31] Por tudo, ver LE GOFF. *Mercadores e banqueiros da Idade Média...*, p. 71. Ver, ainda, SAPORI, Armando. *Marchand italien au Moyen Age*. Paris: A. Colin, 1952. Claro que a postura da Igreja frente

Mas qual a razão de tamanho preconceito? A resposta está em São Tomás, para quem o pecado está no próprio objetivo do comércio: o desejo de ganho, a sede de dinheiro. O comércio, segundo a visão do canonista, satisfaz por si mesmo a ganância pelo lucro, que "longe de conhecer qualquer limite, se estende ao infinito". Assim, pela própria essência da sua profissão, pecariam os mercadores, porque, na busca incessante pelo lucro e pela riqueza, incorreriam inevitavelmente no pecado da avareza, isto é, no apego imoderado e excessivo pelos bens materiais e pelo dinheiro.[32]

Os mercadores gozavam, portanto, de tão pouca consideração no seio da sociedade que não raras vezes eram tratados como charlatões e tramposos, pois, aos olhos de terceiros, parecia que sempre estavam querendo levar vantagem, independentemente dela ser devida ou indevida.[33]

No entanto, com o esplendor da Revolução Comercial, que se inicia na Idade Média, os nobres (e até os clérigos, os magistrados e os oficiais militares) passaram a cada vez mais se interessar pela possibilidade de lucrar com o comércio, embora não pudessem explorá-lo abertamente, pois este não era condizente com a sua posição/*status* na sociedade. Havia uma convenção social, uma mentalidade da época, de que ao trabalho deveriam dedicar-se apenas os homens simples do povo, ao passo que o comércio sequer era uma ocupação digna.[34]

Os nobres dedicavam-se à exploração de propriedades rurais, à guerra, à política, ou ao ócio mesmo, mas não ao comércio, atividade tida como de "segunda linha". Essa mentalidade vinha desde Roma ou até mesmo de antes. Ao tempo das Guerras Púnicas, por exemplo, era vedada aos senadores a prática de operações mercantis. Por isso, as profissões lucrativas foram abandonadas aos escravos.[35]

Dedicava-se ao comércio destacadamente o povo judeu. Vale dizer: aos judeus, historicamente discriminados, era vedado o acesso à propriedade de terras e o exercício de uma série de ofícios, restando a eles, por exclusão, o comércio. É de se salientar que possui origem histórica, por-

---

ao comércio não permanece a mesma durante toda a Idade Média; com efeito, esta relação, com o tempo, evolui e ganha em complexidade na medida em que a Igreja precisa da ajuda do comerciante e de seus recursos, ao ponto de a Ordem dos Templários, uma ordem religiosa, ter se tornado um dos maiores bancos da cristandade, e o papa Inocêncio IV ter pertencido a uma influente família de mercadores genoveses, os Fieschi. Cf. LE GOFF. *Mercadores e banqueiros da Idade Média*..., p. 95-101.

[32] LE GOFF. *Mercadores e banqueiros da Idade Média*..., p. 72.

[33] REHME. *História universal de Derecho Mercantil*..., p. 18.

[34] GRANDI. *L'associazione in partecipazione*..., p. 10; CUNHA GONÇALVES. *Da conta em participação*..., p. 13.

[35] SALGADO, Paulo Cavalcanti. *Das sociedades em participação no direito commercial brasileiro*. Recife: Imprensa Industrial, 1913, p. 6, 9.

tanto, a habilidade deste povo na arte de negociar. Não por acaso os judeus são conhecidos como grandes banqueiros, pois a atividade bancária em sua origem e essência nada mais é do que o comércio de moedas.[36]

Descreve Paulo Salgado que, diante deste cenário, utilizando-se dessa estupenda ferramenta de mobilização do capital, o comerciante busca com os nobres, com os militares, com os magistrados e os clérigos os recursos que esses queriam tirar da ociosidade. Dá-lhes orientação produtiva e, por que não, empreendedora. Com eles, incrementa-se o seu patrimônio, as bases da sua empresa. Seu crédito alarga-se. O giro de seus negócios dispara. E os lucros, consequentemente, avolumam-se e dividem-se com os prestadores de capitais, sem que esses assumam qualquer obrigação perante terceiros, qualquer risco que ultrapasse a simples perda do capital investido.[37]

Foi justamente daí, do preconceito que se tinha para com quem explorava o comércio, que surgiu a necessidade de um dos sócios do empreendimento ficar oculto, sem aparecer perante terceiros. Esse foi outro fator essencial para o desenvolvimento da sociedade em conta de participação, a qual também possui na comenda o seu antepassado mais remoto.[38]

3.3. Condenação da usura

Outro fator importante – e conexo àquele que anteriormente examinamos – que igualmente levou à transformação do contrato de comenda em uma série de tipos societários está nas limitações impostas pela Igreja à usura,[39] consubstanciada na teoria canônica da esterilidade do capital.[40]

Na época, a usura era condenada por várias razões – entre elas, o fato de que cobrar pelo empréstimo era uma prática contrária ao princípio da caridade cristã e, também, porque os juros cobrados nada mais são do que os frutos do dinheiro gerados com o transcurso do tempo, e como na ótica da cristandade "o tempo só a Deus pertence", seriam imorais, no mínimo, os lucros advindos do simples decurso do tempo.[41]

---

[36] A propósito, sobre o assunto, ver *O mercador de Veneza*, clássica obra de William Shakespeare que bem demonstra a condição dos judeus naquela época.

[37] SALGADO. *Das sociedades em participação...*, p. 38.

[38] GRANDI. *L'associazione in partecipazione...*, p. 9-10; CARVALHO DE MENDONÇA. *Tratado de Direito Commercial brasileiro*, v. 4..., p. 224; ALMEIDA. *A sociedade em conta de participação...*, p. 8; FARIA, Anacleto de Oliveira. *Enciclopédia Saraiva do Direito*. Coordenação de Rubens Limonge França. São Paulo: Saraiva, 1977, p. 153 ss; REQUIÃO, Rubens. *A preservação da sociedade comercial pela exclusão do sócio*. Tese apresentada para o concurso à Cátedra de Direito Comercial da Faculdade de Direito da Universidade do Paraná. Curitiba, 1959, p. 31.

[39] GRANDI. *L'associazione in partecipazione...*, p. 09-10.

[40] SALGADO. *Das sociedades em participação...*, p. 15.

[41] LE GOFF. *Mercadores e banqueiros da Idade Média...*, p. 74-75.

Dizia-se que a comenda era um contrato de mútuo disfarçado e que materializava a prática usurária, pois o capital investido na aventura comercial não passava de um empréstimo dado ao negociante, que deveria ser restituído ao capitalista com juros altíssimos no regresso da viagem.

A teoria da usura, proveniente do direito canônico e que feria de morte a frutificação do capital, passou a ser, de fato, um importante obstáculo à exploração da comenda. Conta Paulo Salgado que os teólogos, na incansável perseguição à prática da usura, investigavam a índole e a estrutura de cada contrato, no intuito de reprimir a usura que ali pudesse se refugiar. Nesse desiderato, examinavam contratos de compra e venda, certas combinações do contrato de sociedade, o câmbio, o desconto, o penhor, entre tantos outros. E a comenda, apta a abrigar a usura, não escapava deste rigoroso escrutínio.[42]

As punições eram terríveis – ao menos aos olhos do homem da época, membro de uma sociedade impregnada pela fé cristã. Quem emprestava dinheiro a juros era coberto pela infâmia, não podia frequentar os locais santos, sendo-lhe negado, inclusive, a sepultura eclesiástica.[43] Além da excomunhão, castigos temporais eram impostos, tais como a obrigação de restituir lucros ilícitos e a invalidade de testamentos declarados por mercadores enquanto não fosse feita a devida reparação dos seus pecados em matéria econômica.[44]

Nos dias de hoje, muitas vezes, fica difícil conceber a extensão da influência da Igreja sobre as pessoas e os costumes do Medievo. Basta, no entanto, examinar alguns hábitos dos mercadores para que possamos vislumbrar a real situação. Por exemplo, Jacques Le Goff nos conta que todos os livros comerciais iniciavam com essas linhas: "Em nome de Nosso Senhor Jesus Cristo e da Santa Virgem Maria Sua Mãe... que por sua santíssima graça e misericórdia nos sejam concedidos lucros e saúde, tanto no mar como em terra, e que nossas riquezas e nossos filhos se multipliquem com a salvação da alma e do corpo". Os próprios estatutos das corporações de ofícios revelavam as mesmas preocupações religiosas, ordenando a observância da fé católica e a colaboração na luta contra os heréticos; enumerando os dias de festas religiosas a serem observadas; fixando a representação da corporação nas cerimônias religiosas solenes; descrevendo as despesas religiosas da corporação, como a manutenção de certo número de lâmpadas em igrejas, aquelas referentes às esmolas especiais dadas aos pobres e as decorrentes da distribuição de pães aos menos afortunados.[45]

---

[42] SALGADO. *Das sociedades em participação...*, p. 20.

[43] Idem, p. 20.

[44] LE GOFF. *Mercadores e banqueiros da Idade Média...*, p. 78.

[45] Idem, p. 88-91.

A própria caridade do mercador era um reflexo desse espírito, salienta o historiador francês. Ao lado do grande cofre-forte onde guardava o seu dinheiro, um cofre menor continha dinheiro miúdo do comerciante destinado à esmola distribuída aos pobres nos dias de festas. Ainda: as sociedades comerciais destinavam numerário aos sócios para ser distribuído nessas ocasiões, tudo devidamente escriturado nos livros mercantis. Na Itália, aliás, Deus sempre recebia uma participação (parte dos lucros) quando da constituição de uma sociedade, sendo tal quantia destinada à esmola dos pobres – e esse crédito, em caso de falência, era pago prioritariamente. Finalmente, na assinatura de um contrato, era costume colocar Deus como testemunha, a ele cabendo uma oferenda por conta disso, a qual era também distribuída aos pobres.[46]

Pois bem. Com a constante ameaça de queimar no fogo do inferno, mas, também, sem querer renunciar a prática de uma operação tão lucrativa como era o contrato de comenda, a transformação deste em sociedade, aproximando-se da moldura hoje conhecida, foi uma solução natural para enfrentar o problema.[47] Como observa Paulo Salgado, como instrumento fecundo do comércio medieval e crucial para o desenvolvimento das empresas e criação de riquezas, a comenda não podia simplesmente desaparecer. A prática mercantil encontrou proteção no conceito amplíssimo de sociedade, de onde buscou a sua configuração, apoiada nas tradições do direito romano que admitia a sociedade de capital e indústria.[48]

Assim, a solução concebida para salvar a comenda passou pela necessidade de caracterizá-la como sociedade, ainda que se mantivessem inalteradas as suas funções econômicas. Isso porque, além de não se estar mais falando em contrato de empréstimo, tem-se que, na conta de participação, o sócio investidor permaneceria oculto, i.e., poderia auferir os benefícios do comércio sem precisar aparecer perante quem quer que fosse e, então, ser eventualmente condenado por prática usurária. Com essa nova feição, a comenda recebeu a aprovação dos canonistas, especialmente do papa Inocêncio III e de São Tomás de Aquino.[49] Ou pelo menos, como observa Jacques Le Goff, "quando a letra era respeitada, a Igreja aceitava mais facilmente que o espírito fosse traído".[50] Em termos evolutivos, tamanha foi a importância da proibição das práticas usurá-

---

[46] LE GOFF. *Mercadores e banqueiros da Idade Média...*, p. 88-91.
[47] GALGANO, Francesco. *Lex Mercatoria*. Bologna: Il Mulino, 2001, p. 44. Nesse sentido, também: CARVALHO DE MENDONÇA. *Tratado de Direito Commercial brasileiro*, v. 4..., p. 224; e LE GOFF. *Mercadores e banqueiros da Idade Média...*, p. 80; REQUIÃO. *A preservação da sociedade comercial pela exclusão do sócio...*, p. 31-33.
[48] SALGADO. *Das sociedades em participação...*, p. 21.
[49] Idem, p. 15.
[50] LE GOFF. *Mercadores e banqueiros da Idade Média...*, p. 79-80.

rias pela legislação canônica, como vetor para a transformação do contrato de comenda em sociedade que, para alguns, essa é a principal causa para o desenvolvimento do tipo societário em questão.[51]

4. Publicização da relação e ramificação do tipo

Uma vez transmutada a comenda em sociedade em decorrência dos fatores que acima examinamos, posteriormente deu-se a necessidade de publicizar a relação havida entre sócios investidores e sócios gestores para evitar a prática de condutas oportunistas. Quem explica o ocorrido é Hernani Estrella: "(...) naquela sociedade oculta, muitas vezes, acontecia que, quando a empresa ia bem, o sócio oculto, na hora de partirem os lucros, se apresentava afirmando sua qualidade de sócio, mas, quando a empresa ia mal, quando o empreendimento não tinha êxito e o comerciante era considerado falido, aquela pessoa que na realidade era sócio, se apresentava como um prestador, e não como sócio, e exigia o dinheiro emprestado. De modo que ela se transformava, fraudulentamente, de sócio em credor, a fim de ir buscar ao menos parcela do que havia concorrido para a sociedade. Foi por isso que se passou a exigir, a fim de evitar esse expediente, que toda essa espécie de sociedade constasse de livro da corporação, o *album mercatorum*".[52]

Em virtude disso, algumas comendas passaram a ser registradas, tornando-se públicas.[53] O costume do registro – e a sua consequente

---

[51] ALMEIDA. *A sociedade em conta de participação...*, p. 8.

[52] ESTRELLA, Hernani. *Notas de sala de aula editadas pela turma de 1958* (Sebenta das aulas do Professor Hernani Estrella – Direito Comercial I). Universidade Federal do Rio Grande do Sul – UFRGS. Cedidas aos autores pelo Professor Peter Walter Ashton, p. 86. Neste sentido também leciona RUBENS REQUIÃO: "Sociedades particulares a princípio, tais foram os abusos que as comanditas ensejavam, sobretudo na liquidação dos patrimônios dos comerciantes insolventes, em que o *commendator*, de sócio que era, se apresentava, conluiado com o *tractator*, como credor, prestador do crédito, que no século XV as corporações de mercadores italianos passaram a exigir contratos dêsse tipo de sociedade, transformando-as de sociedades ocultas, que eram, em sociedades reveladas ao público, assumindo a feição moderna. Êste processo é relatado pelo professor Ferrara, que, após apresentar a *commenda* como uma 'associação em participação', esclarece o processo de sua publicidade: 'Assim, por motivos de oportunidade, pelo século XV, foi prescrita a publicação do contrato de sociedade, isto é, foram indicados nos livros da sociedade os nomes dos comanditários e a medida de sua contribuição, com a duração do contrato, e estas indicações foram inscritas em um registro de comércio à disposição do público. Destarte, a companhia secreta – a antiga *participatio* – transforma-se em 'companhia pública', ou seja, na atual comandita' ('Teoria de las Personas Jurídicas', pg. 492')." "O elemento social surgiu em tôda sua energia, informa Navarrini, 'quando, para impedir que a qualidade de sócio fôsse, nos momentos de crise, prudentemente substituída pela mais cômoda de credor, impôs-se (como aconteceu pela primeira vez em Florença com a lei de 30 de novembro de 1408) a formalidade do registro das comanditas, do qual constava, justamente, as cotas confiadas à especulação social' ('Delle Società e delle Associazioni comerciali', nº 217, pg. 318)". Cf. REQUIÃO. *A preservação da sociedade comercial pela exclusão do sócio...*, p. 35-36, grifo do autor.

[53] SOPRANO. *Tratatto teorico-pratico delle società commerciali*, v. I..., p. 260-261; FERREIRA, Waldemar. *Tratado de Direito Comercial*, v. 3. São Paulo: Saraiva, 1961, p. 528.

publicidade – passou a ser exigido por um motivo bem simples: evitar fraudes. Assim, a lei florentina de 1408 regulou detalhadamente as comanditas (sociedades em comandita), sociedades formalmente constituídas e cujos sócios deveriam ter os seus nomes depositados nos registros corporativos.[54]

A publicidade, contudo, não interessava a todos aqueles que desejavam investir nesse tipo de operação, pois muitos deles, apesar de ambicionarem obter lucro desta forma, não se sentiam à vontade para exercer o comércio pessoalmente (vale lembrar que o comércio não era atividade digna da nobreza: tal ofício era tido como vexatório). Ademais, à medida que um dos sócios permanecesse desconhecido (o atual sócio oculto ou participante), ele estava fora do âmbito de visão da Igreja, sendo difícil a sua condenação por eventual prática usurária.

Assim, a despeito da nova exigência, "persistiram os contratos de comenda sem que os nomes dos sócios fossem depositados nos registros; essas sociedades eram conhecidas apenas entre sócios, não aparecendo perante terceiros e não tendo, assim, personalidade jurídica".[55] É justamente em tal contexto que as comendas não registradas continuaram a ser utilizadas, conservando a sua forma primitiva, ao lado das comendas registradas, praticando-se paralelamente a estas, vigorando somente entre os sócios, mantendo-se desconhecidas de terceiros.[56]

Portanto, ao lado da comenda registrada ("comenda pública"), outras comendas mantiveram-se ocultas. Estas deram origem à sociedade em conta de participação, uma sociedade marcada pelo sigilo acerca da existência do vínculo entre *commendador* e *tractator*, ligação esta que era, portanto, secreta. Isto é, permanecia longe do conhecimento do público em geral, fazendo com que o sócio investidor permanecesse na penumbra, enquanto o *tractator* operava perante o público em proveito de ambos.

Surgiam, assim, dois tipos societários decorrentes diretamente da comenda: (i) aquele que era levado a registro e que se tornou o embrião da sociedade em comandita (hoje comandita simples e comandita por ações) e (ii) o que permanecia na penumbra, dando origem à conta de participação.[57] Desse modo, observa Eunápio Borges que, historicamente, a SCP nada mais é do que a *commenda* a meio caminho de sua evolução.

---

[54] SOPRANO. *Trattato teorico-pratico delle società commerciali*, v. I..., p. 260-261; SALGADO. *Das sociedades em participação*..., p. 19; MARTINS, Fran. *Curso de Direito Comercial*. 5. ed. Rio de Janeiro: Forense, 1976, p. 289; LAMY FILHO-PEDREIRA. *A Lei das S.A.*..., p. 35.

[55] MARTINS. *Curso de Direito Comercial*..., p. 289.

[56] FERREIRA, Waldemar. *Tratado de Direito Comercial*, v. 4. São Paulo: Saraiva, 1961, p. 528.

[57] ESTRELLA. *Notas de sala de aula*..., p. 86. Nesse sentido, ver, também, FERREIRA. *Tratado de Direito Comercial*, v. 4..., p. 528.

É, de certo modo, uma *commenda* que permaneceu oculta, ao passo que a comandita nada mais é do que a publicização da participação.[58]

Waldemar Ferreira, com base na doutrina de Saleilles, descreve as três fases da comandita: "A essas três fases (...) correspondem três períodos distintos na história da comandita. Predominou no primeiro, que alcançou o século XIV, a *commenda*, isto é, a forma pré-social, em que ela consistia em simples empréstimo ou depósito, sem vínculo associativo. Estendeu-se o segundo do século XV ao século XVII, em que ela se apresentou sob a forma societária, mas de vida exclusivamente interna, de relações entre os sócios tão somente. Somente no terceiro período, ou seja, a partir do século XVII ela se tornou sociedade, que ainda é, assim nas relações entre os sócios, quanto nas com terceiros".[59]

Assim, percebe-se na *commenda* o embrião da SCP, sendo que a sua transformação em sociedade parece ter sido um caminho naturalmente traçado.

5. Divergência doutrinária

O esforço histórico que até aqui empreendemos tem por objetivo demonstrar, ao menos na opinião da maior parte da doutrina, o caminho mais provável percorrido pela conta de participação. É preciso registrar, contudo, a existência de opiniões divergentes quanto ao exato desenvolvimento da conta de participação.

Caroselli, por exemplo, crê que a comenda não teria se desenvolvido de forma independente, passando de um contrato a um tipo societário; sustenta que a *compagnia*, sociedade em nome coletivo medieval, teria absorvido a comenda e, a partir daí, surgido uma nova sociedade que admitia a existência de um sócio capitalista, com responsabilidade limitada, cuja existência podia ser ignorada pelos terceiros.[60]

A nosso ver, muito bem andou Mauro Brandão Lopes ao sustentar que "a diversidade das teorias propostas, as contradições quanto aos próprios fatos" e a impossibilidade de investigar diretamente as fontes primárias "tornam de duvidoso proveito a discussão analítica das fontes secundárias". Por isso, não se arriscou a confrontar as teorias propostas, mas, sim, proceder a uma construção jurídica da conta de participação no direito brasileiro, daí extraindo as suas possíveis consequências.[61]

---

[58] BORGES, João Eunápio. *Curso de Direito Comercial terrestre*. 5. ed. Rio de Janeiro: Forense, 1971, p. 323-324.
[59] FERREIRA. *Tratado das sociedades mercantis*, v. 1..., p. 123-124.
[60] CAROSELLI. *L'associazione in partecipazione...*, p. 44-62.
[61] LOPES, Mauro Brandão. *A sociedade em conta de participação*. São Paulo: Saraiva, 1990, p. 8.

A essa posição aderimos integralmente porque a profundidade dos trabalhos de juristas-historiadores como Levin Goldschmidt, Max Weber ou Alessandro Lattes, por exemplo, deve-se ao fato de que eles analisavam as raízes históricas do direito comercial na sua fonte original, isto é, nos antigos documentos, estatutos e costumes comerciais oriundos e praticados nas cidades medievais, sobretudo das cidades italianas, não se limitando a reproduzir o que os outros historiadores haviam escrito. Como refere Collingwood, revelando o ofício do verdadeiro historiador, a História atua por meio da interpretação das provas, dos documentos, não da simples reprodução daquilo que foi dito por outros.[62]

Feita essa ressalva, teceremos alguns breves comentários sobre o desenvolvimento da conta de participação no curso da parcela mais conhecida da sua história.

6. Disseminação

Devido aos seus atributos, a conta de participação, partindo da sua origem na Itália,[63] disseminou-se na vida comercial pela Europa — primeiramente como direito costumeiro e, depois, como direito positivado, passando, posteriormente, a fazer parte das codificações.

Assim, da Itália, passou a ser utilizada na Alemanha e na França. Documentos dos séculos XV a XVIII testemunham a sua larga utilização em terras germânicas, sendo que o direito consuetudinário francês também conheceu intimamente a conta de participação.[64] Apesar de bastante conhecida e utilizada na prática mercantil, a Ordenança francesa de 1673 não a regulou.[65] Seus comentaristas, entre eles Savary, Pothier e Jousse, conheciam muito bem sua modelagem, então chamada de "sociedade anônima",[66] mas o legislador ignorou-a. Fê-lo, no entanto, para não ter

---

[62] COLLINGWOOD, R. G. *A idéia de História*. Trad. de Alberto Freire. Lisboa: Editorial Presença, 1972, p. 17.

[63] A partir do século XV, a conta de participação aparece nos estatutos das cidades italianas, ainda que com base em textos que variavam de acordo com as localidades, com terminologia confusa e em forma nem sempre clara. Cf. SOLÁ DE CAÑIZARES, Felipe. *El contrato de participación en el derecho español y en el derecho comparado*. Madrid: Revista de Derecho Privado, 1954, p. 9.

[64] SALGADO. *Das sociedades em participação...*, p. 29.

[65] HAMEL, Joseph; LAGARDE, Gaston. *Traité de Droit Commercial*, t. 1. Paris: Dalloz, 1954, p. 621; RIPERT, Georges. *Traité Élémentaire de Droit Commercial*. Paris: R. Pichon et de R. Durand-Auzias, 1972, p. 512. A propósito do período legislativo do direito comercial examinado a partir das Ordenanças francesas, ver MACHADO, Brasílio. *Direito Commercial*: preleções feitas pelo Lente Catedrático da Faculdade de Direito de São Paulo – Taquigrafadas por Augusto Moreira Soares. São Paulo: Estabelecimento Graphico "Mignon", 1909, p. 237 ss.

[66] ADOLPH, Lucien. *De l'association em participation*. Paris: Pierre Roger et Cie Editeurs, 1913, p. 4.

que proibi-la, ou melhor, para não ter que publicizá-la, eliminando as inegáveis vantagens decorrentes do seu caráter oculto.[67]

O Código prussiano de 1794 regrava a sociedade secreta.[68] Também foi legalmente reconhecida pelo Código Comercial francês de 1807, sendo qualificada como sociedade anônima, já que não tinha nome, de ninguém era conhecida e não interessava ao público (sendo, posteriormente, modificada pela lei de 24 de junho de 1921; o conteúdo das disposições do Código Comercial foi reproduzido na Lei de Sociedades Comerciais de 24 de julho de 1966, sendo que, finalmente, a lei de 4 de janeiro de 1978 revogou os textos anteriores, passando a ser regido pelo Código Civil);[69] mas desde antes disso era largamente utilizada pelos comerciantes franceses.

Do Código Comercial francês, passou a conta de participação para o Código Comercial espanhol de 1829 e para o de Portugal de 1833, de onde saiu para o Código Comercial brasileiro de 1850; na Argentina, foi positivada no Código de Comércio de 1859-1862 (e reformado em 1889), enquanto que na Alemanha ela apareceu legislativamente no Código Comercial de 1861 e, na Itália, no de 1865.[70]

Em nosso país, e sob a forte influência da legislação portuguesa e espanhola, foi regulada pelo Código Comercial de 1850 do art. 325 ao art. 328[71] sob o nome de "sociedade em conta de participação, acidental, momentânea ou anônima" – sendo que o Código Civil de 2002 regula, atualmente, a sociedade em conta de participação do art. 991 ao art. 996.

Muitos pactos associativos revestem-se das características da sociedade em conta de participação, como os contratos de investimento cole-

---

[67] SALGADO. *Das sociedades em participação...*, p. 30-34, 38-39.

[68] VERÓN, Alberto Víctor. *Sociedades comerciales:* Ley 19.550 y modificatorias comentada, anotada y concordada, t. 4. 2 reimpr. Buenos Aires: Astrea, 1999, p. 799.

[69] FERREIRA. *Tratado de Direito Comercial*, v. 3..., p. 529-530; VERÓN. *Sociedades comerciales...*, p. 798-799.

[70] GARRIGUES. *Tratado de Derecho Mercantil...*, p. 184-185; COUTINHO DE ABREU, Jorge Manuel. *Curso de Direito Comercial*, v. II. Coimbra: Almedina, 2005, p. 38; SALGADO. *Das sociedades em participação...*, p. 36; FERREIRA. *Tratado de Direito Comercial*, v. 3..., p. 531. Para maiores detalhes acerca da evolução legislativa da conta de participação na Europa, ver ALMEIDA. *A sociedade em conta de participação...*, p. 9-15; GALIZZI, Gustavo Oliva. *Sociedade em conta de participação*. Belo Horizonte: Mandamentos, 2008, p. 23; MONTEIRO, João Pereira. Da sociedade em conta de participação. *O Direito: revista mensal de legislação, doutrina e jurisprudência*, n. 30, p. 481-523, jan./abr. 1883, p. 512 ss. Ver, também: VERÓN. *Sociedades comerciales...*, p. 797-799.

[71] A título de curiosidade, alguns ainda relacionam as bandeiras paulistas como tipo sociedade em conta de participação. Nesse sentido, ver NIEMEYER, Luiz Carlos de. As causas sociológicas e econômicas das bandeiras: a bandeira como empresa mercantil. *Revista de Direito Mercantil, Industrial, Econômico e Financeiro*, São Paulo, n. 5, p. 505-526, 1955; ver, igualmente, GALIZZI. *Sociedade em conta de participação...*, p. 23-25. Sobre o assunto, também recomendamos a análise sobre o mercado interno no período colonial brasileiro feita por CALDEIRA, Jorge. *História do Brasil com empreendedores*. São Paulo: Mameluco, 2009 (especialmente da p. 254-264, quando estuda a bandeira, a armação e a quarta).

tivo (Lei 6.385/76, art. 2º, IX),[72] as associações à quota (Código Comercial de 1850, art. 334; Código Civil de 1916, art. 1.388) e as parcerias rurais (Lei 4.504/64 – "Estatuto da Terra" –, art. 96), podendo-se pensar que até mesmo os contratos de associação entre sociedades de advogados e seus advogados associados podem possuir tal natureza (Regulamento Geral do Estatuto da Advocacia e da OAB, art. 39; Provimento 112/2006 do Conselho Federal da OAB, art. 8º, III).

Hoje em dia, o caráter secreto não é mais o seu principal atributo, pois a atividade negocial não é mais vista como uma atividade de segunda ordem, que precise ser disfarçada. Todavia, a sua discrição é, sim, elemento relevante e que pode, juntamente com outros fatores (como a característica de sociedade interna e a flexibilidade daí resultante), ser importante para a escolha da SCP como veículo societário adotado em determinado empreendimento.

7. Considerações finais

E, assim, a conta de participação continua virtuosa, especialmente diante da facilidade para a sua constituição e para a sua dissolução, aliada ao baixo custo, à sua informalidade, dinamicidade e flexibilidade. Isso agrada aos empreendedores que necessitam receber aportes de capital de forma rápida e mais desburocratizada possível, o que ainda faz desse tipo societário um instrumento assaz útil e eficiente para o tráfico negocial. Não por outra razão o Código Civil de 2002 manteve a SCP entre os veículos societários à disposição dos empreendedores.

Na condição de antiguíssimo tipo societário, nascido no Medievo e presente nas legislações dos principais países representantes da família romano-germânica, o principal desafio da SCP no direito societário contemporâneo é manter-se útil e atraente aos empreendedores, a despeito das tentativas governamentais de descaracterizá-la.

Entre nós, além de inadequadas propostas legislativas,[73] veja-se, por exemplo, a recente – e inconveniente! – normativa da Receita Federal do

---

[72] Sobre o tema, ver o nosso: SPINELLI, Luis Felipe; SCALZILLI, João Pedro; CORRADINI, L. E. M; TELLECHEA, Rodrigo. Contrato de investimento coletivo como modalidade de sociedade em conta de participação. *Revista de Direito Bancário e do Mercado de Capitais*, v. 61, p. 243-296, 2013.

[73] Apesar de algumas lacunas e pequenas imperfeições, consideramos adequado o regramento dado pelo Código Civil à SCP (sabe-se que as regras referentes à SCP ficaram a cargo de MAURO BRANDÃO LOPES). Assim, inoportuno e impreciso o Projeto de Lei 1.572/2011 (apresentado pelo Deputado Federal Vicente Candido, com base no anteprojeto de FÁBIO ULHOA COELHO), que, ao propor a instituição de um novo Código Comercial, prevê que a conta de participação (arts. 434-444) seja regrada como um contrato (e não como uma sociedade). Mais recentemente foi apresentado, no Senado Federal, o PL 487/2013 (de autoria do Senador Renan Calheiros), que também objetiva instituir um novo Código Comercial. Nesse particular, o Projeto de Lei corrige o equívoco do outro e trata a conta

Brasil (IN RFB 1.470/2014), que passou a exigir a inscrição da SCP no Cadastro Nacional de Pessoas Jurídicas ("CNPJ").

A referida Instrução Normativa – que tem por objetivo unicamente aumentar a fiscalização do Estado sobre as SCP – torna obrigatória a apresentação do documento comprobatório da sua existência: o contrato social. Tal regra, na prática, acaba com a liberdade da sua forma de constituição, pois, pela sistemática do Código Civil, é possível a constituição de SCP por simples acordo verbal (CC, art. 992).[74] Assim, não há como negar que a Instrução Normativa debilita os atributos da informalidade e da dinamicidade, tão característicos da conta de participação – e, ao fazê-lo, simplesmente desconsidera algumas de suas características essenciais, dando mais uma infeliz amostra de quão hostil o Estado brasileiro pode ser com o empreendedor. Espera-se, enfim, que a ânsia arrecadatória Estatal não tenha jogado uma "pá de cal" em um dos mais relevantes e criativos instrumentos associativos disponível à iniciativa privada.

---

de participação como sociedade (arts. 184, IV, e 314-321). Para críticas mais aprofundadas sobre o tratamento dado pelo Projeto de Lei 1.572/2011 à sociedade em conta de participação, ver o estudo de nossa autoria: SCALZILLI, João Pedro, SPINELLI, Luis Felipe. *A sociedade em conta de participação*. São Paulo: Quartier Latin, 2014.

[74] Como de fato sempre foi permitido.

Capítulo II

CONTRATOS EMPRESARIAIS

— 5 —

Equity crowdfunding: contornos jurídicos, registro da distribuição e proteção ao investidor

GABRIELA WALLAU RODRIGUES[1]

Sumário: 1. Introdução; 2. Características gerais e modalidades de *crowdfunding*; 3. Registro da distribuição perante a CVM; 4. Proteção ao investidor e *disclosure* nas operações de *equity crowdfunding*; 5. Considerações conclusivas; Referências.

> *A penny saved is not a penny earned unless the future is something more than a black hole.*
>
> (Peter L. Bernstein)

1. Introdução

Abordar temas de fronteira significa transcender o que está posto e, consequentemente, expor-se ao risco de insucesso da "futurologia". Eis por que, a modo de escusas preliminares e de alerta ao leitor, aproveitam-se estas primeiras linhas para, além de agradecer a honrosa e desafiadora oportunidade de participar da presente obra ao lado de tão eminentes nomes do atual Direito Empresarial, destacar que a proposta do presente texto se limita a provocar algumas reflexões iniciais através de um ensaio ainda bastante rudimentar sobre tópico que muito há de ser melhor explorado e amadurecido pela doutrina e legislação não apenas brasileiras, mas internacionais – inclusive, e talvez em especial, nos Estados Unidos, onde, a despeito do pioneirismo acerca do tema, ainda pende a edição de mais detalhada regulamentação por parte da SEC (*Securities and Exchange Comission*).

---

[1] Advogada. Mestre em Direito pela PUCRS. Professora de Direito Empresarial na PUCRS.

O trabalho objetiva, assim, identificar as principais características das operações de *crowdfunding*, crescentemente difundidas e utilizadas para a viabilização de projetos de toda ordem (não somente empresariais), e que vêm tomando especial relevância no que diz respeito ao financiamento das chamadas *startups* (empresas geralmente em início de atividades, que visam a desenvolver novas tecnologias e explorar novos segmentos do mercado).

Entretanto, apesar da crescente utilização dessa ferramenta, há de se considerar que a natural evolução do fenômeno econômico à frente da disciplina jurídica faz com que, no atual ordenamento brasileiro, ainda existam sérios problemas decorrentes não apenas da lacuna de regulamentação especial, mas da consequente interpretação sistemática das normas comumente aplicáveis à distribuição de valores mobiliários. Uma vez que o sistema jurídico pátrio ainda não distingue especificamente a operação de *crowdfunding*, acabam sendo impostas uma série de exigências e restrições para a oferta pública a ser realizada (notadamente quando se tratar da modalidade *equity crowdfunding*), condições essas normalmente incompatíveis com a natureza e o vulto dos recursos a serem captados.

Por outro lado, a pesquisa realizada fez perceber que, apesar de urgir a drástica simplificação dos requisitos legais aplicáveis ao *crowdfunding*, há de se ter em mente que os aportes feitos por meio dessa operação são, via de regra, realizados por investidores individuais não qualificados e que, não raro, são impelidos a fazê-los por fatores menos racionais e em grande medida pelos estímulos trazidos pela própria instituição intermediadora (os chamados *funding portals*), o que pode gerar uma série de desequilíbrios decorrentes da assimetria informacional. Ou seja, o dever de *disclosure* não pode ser afastado.

Convém por fim reprisar que, em razão da dinamicidade do tema em comento e da já referida necessidade de evolução do seu regramento, é muito possível que, quando do contato do leitor com o presente texto, já exista alguma alteração expressiva nesse sentido, sendo importante que se permaneça acompanhando o progresso no âmbito do Poder Legislativo e da CVM. Contudo, acredita-se que as principais provocações pretendidas no pano de fundo deste ensaio – a imperiosa compreensão das especificidades dessa modalidade de financiamento empresarial e a proteção ao investidor nas operações de *crowdfunding* – permanecerão como pauta relevante por bastante tempo.

2. Características gerais e modalidades de *crowdfunding*

Vive-se hoje em uma sociedade de massas. Vontades, desejos e opiniões são formados e multiplicados exponencialmente, a uma velocidade nunca antes observada.[2] Em tal cenário, é muito comum que milhares (ou milhões!) de pessoas torçam para o mesmo time de futebol, ouçam a mesma banda de música e acreditem na mesma instituição de caridade ou no mesmo modelo de negócio. Eis que, unidas não apenas essas vontades mas, principalmente, recursos de todos os interessados, torna-se possível viabilizar grandes empreendimentos.

Em uma tradução bastante rudimentar, é possível definir *crowdfunding* como o financiamento (*funding*) de determinado projeto – qualquer que seja a sua ordem – por um grupo grande de pessoas, ou seja, pela multidão (*crowd*). Com pequenas contribuições individuais, multiplicadas por toda a massa de investidores, é possível concretizar objetivos em larga escala.[3]

Na prática, o financiamento é viabilizado através da Internet, por meio de um portal eletrônico (*funding portal*), que, em troca da sua remuneração, divulga amplamente o projeto e arrecada as contribuições realizadas pelos investidores (*crowdfunders*), repassando-as ao empreendedor (*enterpreneur*) para que torne concreto o objetivo em comum.

Em geral, a operação é referida simplesmente como *crowdfunding*. Ocorre que, dependendo das expectativas estabelecidas entre as partes e, especialmente, do formato da contrapartida prometida ao investidor, são possíveis múltiplos enquadramentos jurídicos, o que haverá de atrair (ou repelir) a incidência de determinadas normas legais, especialmente no que tange a regulação do mercado de capitais. Por isso, é importante, antes de tudo, identificar-se a modalidade de *crowdfunding* a que se está referindo.

Para tanto, seguindo aqui a proposta de Lackzniak,[4] é possível, sem maior divergência doutrinária, categorizar as diversas operações da seguinte forma:

a) *Lending crowdfunding* (ou *crowdlending*): modalidade cuja natureza principal é o empréstimo. Nela, o mutuante alcança determinada quantia, a ser devolvida pelo mutuário, com ou sem a incidência de juros, conforme previamente estabelecido.

b) *Reward/Pre-Purchase Crowdfunding*: nesta categoria, o investidor recebe um prêmio (como, por exemplo, uma camiseta autografada ou

---

[2] Para aprofundamento sobre o tema e, especialmente, identificação do papel fundamental que as conversações (as trocas de ideias) têm na formação dos desejos e necessidades, vide: TARDE, Gabriel. *A Opinião e as Massas*. Tradução de Eduardo Brandão. 2. ed. São Paulo: Martins Fontes, 2005. Vide também: CASTELLS, Manuel. *A Sociedade em Rede*. Vol. I: A Era da Informação – Economia, Sociedade e Cultura. 9. ed. São Paulo: Paz e Terra, 2006.

[3] Para Scott Steinberg, "*simply put, crowdfunding is the process of asking the general public for donations that provide startup capital for new ventures*". (STEINBERG, Scott. *The Crowdfunding Bible: How to raise Money for any startup, vídeo game, or project*. [s.l.]: John Kimmich, 2012. p. 76. [eb])

[4] LACZNIAK, Stephen. *Investing in Equity Crowdfuding*. Edição do Autor, 2012. p. 93. [eb]

uma mensagem pessoal do artista cujo projeto foi financiado) ou o próprio produto do empreendimento viabilizado (como, por exemplo, o ingresso para o show ou uma cópia do álbum produzido com os recursos arrecadados). Neste formato, não há propriamente interesse financeiro no aporte realizado, não sendo portanto utilizado com finalidade nitidamente empresarial. O *crowdfunder* não receberá juros, dividendos nem qualquer outra contrapartida que corresponda economicamente de forma direta ao valor alcançado, mas, por outro lado, terá a satisfação pessoal e/ou receberá um bem cujo valor intangível pode ser maior ou menor do que a quantia investida.

c) *Donation Crowdfunding*: sob este modelo, o doador não recebe nenhuma contrapartida nem financeira nem de qualquer outra ordem pelo investimento (tecnicamente, pela doação) realizada em prol de determinado projeto. Exemplo clássico conhecido no Brasil é o projeto "Criança Esperança", articulado pela Rede Globo.

d) *Equity Crowdfunding*: através desta última espécie, na qual centra-se a pesquisa aqui realizada, o investidor recebe uma direta contrapartida, correspondente a parcela dos resultados obtidos pelo projeto financiado. Ou seja, o lucro. Trata-se, portanto, de operação com natureza essencialmente empresarial, a qual vem sendo crescentemente utilizada nas empresas chamadas *startups* (ou seja, aquelas geralmente em início de atividades, que objetivam desenvolver novas técnicas e explorar novos segmentos do mercado, grande parte das vezes na área de tecnologia da informação), permitindo que o pequeno investidor financie projetos em fase embrionária.

Traçadas assim as características gerais da operação econômica que envolve o *equity crowdfunding*, perquire-se então quais os seus contornos jurídicos. Veja-se que, se por um lado o formato de financiamento é extremamente inovador (especialmente por conta das técnicas mercadológicas utilizadas para a captação dos investimentos através dos referidos *funding portals*), por outro, entende-se não merecer, até que editadas novas normas, outro enquadramento legal senão o de contrato de investimento coletivo (CIC), formato esse que há muito já vem sendo amadurecido pela doutrina pátria,[5] com seus existentes reflexos na legislação atinente ao mercado de capitais.

---

[5] O tema ganhou especial enfoque no final da década de 1990, por ocasião do amplamente conhecido caso "Boi Gordo", julgado pelo CVM através dos processos administrativos n. 6094/01, 0017/01, 3535/02 e 8473/01, assim como o caso dos contratos de investimento coletivo do grupo Avestruz Master. Sobre o tema, vide: VERÇOSA, Haroldo Malheiros Duclerc. A CVM e os contratos de investimento coletivo ("boi gordo" e outros). In: *Revista de Direto Mercantil, Industrial, Econômico e Financeiro*. São Paulo: Malheiros, v. 108, out/dez. 1997; SPINELLI, Luis Felipe; SCALZILLI, João Pedro; CORRADINI, Luiz Eduardo Malta; TELLECHEA, Rodrigo. Contrato de Investimento Coletivo como Modalidade de Sociedade em Conta de Participação. In: *Revista de Direito Bancário e do Mercado de Capitais*. São Paulo: Revista dos Tribunais, ano 16, vol. 61, jul-set/2013; SALGADO, Daniel de

Para a conclusão de que o *equity crowdfunding* se trata, em essência, de modalidade de contrato de investimento coletivo, adota-se como referência teórica a explanação de Scalzilli e Spinelli,[6] que, com base na atual legislação sobre o tema, arrolam os elementos caracterizadores do CIC, a saber: (a) investimento; (b) empreendimento em comum; (c) direito de participação, de parceria ou de remuneração (expectativa de lucros); (d) esforços do empreendedor ou de terceiros; (e) oferta pública.

Com efeito, a estrutura do *equity crowdfunding* reúne todos os cinco elementos acima descritos, a par de suas demais características particulares. Como via de consequência, enquanto não editadas normas estritamente aplicáveis a essa nova modalidade de financiamento,[7] resta atraído o arcabouço normativo incidente sobre os CICs, o que, dentre outras implicações práticas e teóricas, torna exigível o registro da emissão e distribuição perante a CVM, conforme será melhor explorado no tópico a seguir.

3. Registro da distribuição perante a CVM

Conforme identificou-se no primeiro tópico deste ensaio, o *equity crowdfunding* reúne todas as características que levam a classificá-lo como espécie de contrato de investimento coletivo – e, consequentemente, sujeitam a sua oferta pública ao registro prévio perante a Comissão de Valores Mobiliários (CVM).

Por outro lado, poder-se-ia ponderar que, caso fossem submetidos estritamente a negociações privadas, os contratos de investimento coletivo estariam afastados do crivo da CVM,[8] o que procede. Contudo, en-

---

Resende. Do Investimento Coletivo ao Crime contra o Sistema Financeiro Nacional. In: *Revista dos Tribunais*, vol. 884, p. 383, jun. 2009.

[6] SCALZILLI, João Pedro; SPINELLI, Luis Felipe. *Sociedade em Conta de Participação*. São Paulo: Quartier Latin, 2015. p. 267. Os referidos autores classificam o CIC, a um só tempo, como modalidade de sociedade em conta de participação (SCP) e valor mobiliário, considerando seus aspectos intrínsecos e extrínsecos. Referem que: "Do ponto de vista da relação interna havida entre o empreendedor e o investidor, não há como negar o seu caráter societário, mais especificamente, o de uma SCP. Externamente, a forma como o CIC se apresenta – oferta pública – o caracteriza como valor mobiliário, fazendo com que sobre ele recaiam a fiscalização da Comissão de Valores Mobiliários (CVM) e as regras decorrentes dessa condição." (op. cit., p. 265-266).

[7] Otavio Yasbek constata que "a aceleração dos processos de inovação não traz, porém, apenas vantagens – ela acaba por colocar em xeque boa parte dos instrumentos regulatórios existentes, não só inutilizando alguns mecanismos de controle, mas também criando novas fontes de instabilidade". (YASBEK, Otavio. Crise, Inovação e Regulação no Mercado Financeiro – Considerações sobre a regulamentação do mercado de derivativos de balcão. In: SATIRO DE SOUZA JÚNIOR, Francisco (coord). *Mercado de capitais*. São Paulo: Saraiva, 2013. p. 3. [eb])

[8] "É importante deixar claro que os contratos de investimento coletivo são submetidos à fiscalização da CVM justamente porque ofertados publicamente (...). Assim, tratando-se de venda privada dos referidos contratos, na qual não estejam presentes todos os elementos caracterizadores da distribui-

tende-se que tal observação mostra-se pertinente para os CICs em geral, mas não para as operações de *equity crowdfunding*, uma vez que estas, por suas características intrínsecas, pressupõem a oferta através de portais na Internet, ou seja, de forma pública.

Incidem, portanto, as regras constantes dos arts. 2º, IX, e 19 da Lei n. 6.385/76, segundo as quais, sempre que ofertados publicamente, os contratos de investimento coletivo constituem valores mobiliários cuja distribuição é sujeita ao prévio registro na CVM. Ademais, o art. 3º, inciso IV, da Instrução Normativa n. 400 da CVM expressamente prevê que se configura distribuição pública aquela realizada através dos meios de comunicação de massa ou eletrônicos (páginas ou documentos na rede mundial ou outras redes abertas de computadores e correio eletrônico), o que é o caso da operação em comento.

Houve tempo em que se debateu a natureza dos contratos de investimento coletivo – se valor mobiliário ou não –, questão que resta por ora pacificada com a edição da Medida Provisória n. 1.637/98 (posteriormente convertida em Lei n. 10.198/01), sujeitando-os inequivocamente a oferta pública ao registro prévio perante a CVM.

Para Eizirik, Gaal, Parente e Henriques,[9] a referida alteração da concepção legal de valor mobiliário teve "nítida inspiração no direito norte-americano, já que pela primeira vez o legislador brasileiro se afastou da mera enumeração dos valores mobiliários, passando a conferir-lhes uma acepção mais ampla".[10]

Tal panorama reflete um impasse, uma vez que o cumprimento das formalidades de registro e intermediação sabidamente será bastante custoso, enquanto, guardadas as exceções, os projetos financiados por meio de *crowdfunding* são de menor vulto. Como equalizar tais fatores?

ção pública, a CVM não terá ingerência sobre essa transação, ainda que preenchidos os demais requisitos componentes do conceito de valor mobiliário, devido à inaplicabilidade do inciso IX do art. 2º da Lei n. 6.385/1976 às negociações privadas". (SCALZILLI, João Pedro; SPINELLI, Luis Felipe. *Sociedade em Conta de Participação*. São Paulo: Quartier Latin, 2015. p. 269).

[9] EIZIRIK, Nelson; GAAL, Ariádna; PARENTE, Flávia; HENRIQUES, Marcus de Freitas. *Mercado de Capitais: Regime Jurídico*. 2. ed. Rio de Janeiro: Renovar, 2008. p. 54. Em sentido análogo: "Nos EUA existe, então, um conceito extremamente amplo e maleável de *security* e, para o que nos interessa, isto é, os contratos de investimento, podem abarcar os mais diversos empreendimentos, no mais diversos setores. Essa noção foi transposta para o ordenamento jurídico pátrio". (SPINELLI, Luis Felipe; SCALZILLI, João Pedro; CORRADINI, Luiz Eduardo Malta; TELLECHEA, Rodrigo. Contrato de Investimento Coletivo como Modalidade de Sociedade em Conta de Participação. In: *Revista de Direito Bancário e do Mercado de Capitais*. São Paulo: Revista dos Tribunais, ano 16, vol. 61, jul-set/2013. p. 267).

[10] A referência é, em essência, ao conceito definido pela jurisprudência americana após o *leading case* SEC *vs.* Howey, de 1946. Para informações detalhadas, vide: US. SUPREME COURT. SEC v. Howey Co. 328 U.S. 293 (1946). Disponível em: <https://supreme.justia.com/cases/federal/us/328/293/case.html>. Acesso em 25 nov. 2014.

Em atenção aos ditames constitucionais e na busca pelo fomento às empresas de menor porte, no Brasil a Instrução Normativa n. 400/2003 da CVM (e alterações introduzidas pela Instrução Normativa n. 482/2010), antes mesmo da edição do JOBS ACT americano (o qual será abordado em seguida), já trazia, em seu art. 5°, inciso III, a dispensa de registro para ofertas públicas cuja captação não ultrapasse R$ 2,4 milhões e desde que realizadas por Microempresas (MEs) e Empresas de Pequeno Porte (EPPs), assim definidas em Lei. Contudo, mesmo vigentes tais dispositivos, ainda se vislumbra com muita dificuldade, na prática, a concreta facilitação da captação de recursos pelas *startups*.[11]

A despeito da boa iniciativa para impulsionar as atividades dessa categoria de empresas, a leitura sistemática dos dispositivos legais e regulamentares indica que a solução para a implementação segura e efetiva das operações de *equity crowdfunding* ainda se encontra distante. Dentre as diversas razões, pode-se apontar que, na medida em que a Instrução Normativa n. 400 da CVM limita a dispensa às Microempresas e Empresas de Pequeno Porte, fica automaticamente afastada a possibilidade de adoção do tipo sociedade anônima.[12] Sendo assim, a emissão de títulos representativos de participação societária fica restrita às sociedades do tipo limitada, o que implica, dentre outras vicissitudes, na assunção de risco expressivamente maior.[13]

Em suma, o tema, embora esteja na atual pauta de investidores e da CVM, pende de regulamentação (ao menos até a conclusão do presente texto), a fim de que se viabilize com eficácia e segurança às *startups* cap-

---

[11] "Esse regime simplificado cria a impressão de um cenário favorável para a prática de *equity crowdfunding* no Brasil. Todavia, não se registra, até a presente data, qualquer pedido perante a CVM para dispensa do registro de oferta pública nos termos colocados acima." (PERRONI, Diogo; RAMOS, Pedro Henrique. *Mesmo com esforços, há barreiras para* equity crowdfunding. In: *CONJUR*, 9 abr. 2014. Disponível em: <http://www.conjur.com.br/2014-abr-09/mesmo-esforcos-cvm-brasil-barreiras-equity-crowdfunding?imprimir=1>. Acesso em 28 out. 2014).

[12] BRASIL. Lei Complementar 123, de 14 de dezembro de 2006. "Art. 3°. (...) § 4° Não poderá se beneficiar do tratamento jurídico diferenciado previsto nesta Lei Complementar, incluído o regime de que trata o art. 12 desta Lei Complementar, para nenhum efeito legal, a pessoa jurídica: (...) X – constituída sob a forma de sociedade por ações.".

[13] "Em uma sociedade limitada, os direitos políticos e patrimoniais dos sócios são determinados pela proporção do valor investido (o valor pago por suas quotas) e o valor do capital social, diferentemente do que ocorre em sociedades anônimas, em que os direitos políticos e patrimoniais dos acionistas são determinados pela quantidade e natureza das ações detidas por eles, não havendo necessária relação com o valor pago por tais ações. (...) Além disso, a sociedade limitada nem sempre oferece, do ponto de vista de um investidor, a proteção patrimonial adequada, especialmente levando em conta a tendência do judiciário brasileiro em classificar as limitadas de 'sociedades de pessoas', levando a uma maior exposição patrimonial dos sócios em situações em que há um interesse público envolvido (e.g. casos trabalhistas e de consumidor). Ou seja, não faz sentido pensar em *equity crowdfunding* em uma sociedade limitada". (PERRONI, Diogo; RAMOS, Pedro Henrique. *Mesmo com esforços, há barreiras para* equity crowdfunding. In: *CONJUR*, 9 abr. 2014. Disponível em: <http://www.conjur.com.br/2014-abr-09/mesmo-esforcos-cvm-brasil-barreiras-equity-crowdfunding?imprimir=1>. Acesso em 28 out. 2014).

tar recursos da "multidão" de investidores que acreditem em seus projetos. É preciso, assim, voltar olhares para o futuro.

Como paradigma, cita-se o caso dos Estados Unidos, onde o investimento coletivo através das plataformas de *crowdfunding* passou a receber tratamento diferenciado desde janeiro de 2012 (muito impulsionado pelos debates gerados após a crise de 2008), através do chamado "Jobs Act"[14] (sigla para *"Jumpstart Our Business Startups Act"*) – mais especificamente no seu Título III, que foi designado pertinentemente como "Crowdfund Act" (ou, na expressão completa, *"Capital Raising Online While Deterring Fraud and Unethical Non-Disclosure Act)"*.

Embora ainda também carente de regulamentação administrativa pela SEC (*Securities and Exchange* Comission),[15] órgão responsável pelo registro e autorização de emissão de valores mobiliários nos Estados Unidos, pode-se dizer de forma sintética que o Crowdfund Act, ao emendar a legislação norte-americana sobre mercado de capitais ("Securities Act" de 1933), passou a autorizar a realização oferta pública por meio dos *"funding portals"*, (portais eletrônicos que distribuem esses valores mobiliários), sem a necessidade de registro prévio e sem a intermediação de corretoras (*brokers*) desde que, dentre outras limitações:

a) o valor total dos títulos emitidos (captação a ser realizada) não exceda U$ 1.000.000,00 (um milhão de dólares) no período de 12 (doze) meses; e

b) cada investidor, individualmente, aporte até o limite de U$ 2.000,00 (dois mil dólares) ou 5% (cinco por cento) de sua renda anual, proporção essa que pode ser aumentada para até 10% (dez por cento) caso a renda anual do investidor seja maior ou igual a U$ 100.000,00 (cem mil dólares), desde que o valor total investido não exceda U$ 100.000,00 (cem mil dólares).

Note-se que não se trata do absoluto afastamento da ingerência do órgão estatal, uma vez que os *funding portals* também necessitam de registro[16] e submetem-se ao crivo da SEC, ficando, contudo, dispensado o registro prévio da distribuição dos valores mobiliários nas hipóteses acima descritas.

---

[14] ESTADOS UNIDOS DA AMÉRICA. *Jumpstart Our Business Startups Act – JOBS ACT*. Promulgado em 5 abr. 2012. Disponível em: http://www.gpo.gov/fdsys/pkg/BILLS-112hr3606enr/pdf/BILLS-112hr3606enr.pdf>. Acesso em 12 dez. 2014.

[15] Até a data de conclusão deste texto, a SEC não havia regulamentado o CROWDFUND Act, havendo, contudo, a perspectiva de que até o final de 2015 o faça, passando as regras a viger a partir do início do ano de 2016. Para acompanhamento: http://www.sec.gov/comments/s7-09-13/s70913.shtml.

[16] Com efeito, prevê a Sec. 4A do Securities Act de 1933: *"(a) REQUIREMENTS ON INTERMEDIARIES – A person acting as an intermediary in a transaction involving the offer or sale of securities for the account of others pursuant to section 4(6) shall (1) register with the commission as (A) a broker; or (B) a funding portal (...)"*.

Trata-se, portanto, de um modelo possível a inspirar a edição de normas no sistema pátrio, merecendo seu destaque e futuro acompanhamento.

4. Proteção ao investidor e *disclosure* nas operações de *equity crowdfunding*

Desde a edição do Jobs Act norte-americano em 2012, empresários, investidores e juristas do mundo todo voltam olhares para acompanhar o desenvolvimento e regulamentação da disciplina nos Estados Unidos – o que, conforme já se viu, também carece ainda da edição de normas administrativas mais específicas por parte da SEC.

Considerando-se tal momento histórico, pretende-se neste ponto sugerir uma breve reflexão sobre a necessária atenção ao dever de prestação clara, completa e correta de informações aos investidores, o que se mostra bastante sensível nas operações aqui em comento.

A importância do cumprimento do dever de *disclosure* na manutenção da higidez do mercado não é novidade na doutrina e legislação pátrias. Scalzilli e Spinelli,[17] ao analisarem a importância de se manter o mercado de capitais como um ambiente transparente e seguro, referem que "a confiança do investidor é um bem inestimável para o desenvolvimento do mercado de capitais".

Também para Calixto Salomão,[18] "não parece exagerado afirmar que o princípio da informação completa é central para o funcionamento e a própria existência do mercado de capitais". O autor refere ainda que estudos de Direito Comparado têm indicado uma correlação positiva entre importância e desenvolvimento do mercado de capitais em cada país e o grau de proteção do princípio da informação completa.

De outra banda, Otavio Yasbek[19] pondera que, embora de fato a informação esteja dentre as mais importantes formas de reduzir a insegurança dos agentes, ela, em especial no sistema de preços, não é necessariamente distribuída de forma igualitária, havendo discrepâncias na sua disponibilidade.

---

[17] SCALZILLI, João Pedro; SPINELLI, Luis Felipe. A Racionalidade econômica do combate ao *insider trading*: assimetria de informação e dano ao mercado. In: *Revista de Direito Mercantil, Industrial, Econômico e Financeiro*, n. 147, jul-set/2007. p. 43.
[18] SALOMÃO FILHO, Calixto. *O Novo Direito Societário*. 4. ed. São Paulo: Malheiros, 2011. p. 178.
[19] YASBEK, Otavio. *Regulação do Mercado Financeiro e de Capitais*. Rio de Janeiro: Elsevier, 2007. p. 42.

Por sua vez, ao abordar os efeitos da assimetria de informações no mercado, Luciano Timm[20] refere que, no mais das vezes, os agentes não atuam em ambientes de irrestrito acesso à informação, e que, quando há falhas no mercado, formam-se "caixas pretas" pela imperfeita circulação da informação. Ou seja, o acesso à informação implica em custos para as partes[21] e, portanto, informação é poder (e um recurso essencial aos agentes econômicos).

Trazendo tais observações para o que diz respeito às operações de *crowdfunding*, vale adicionar que – ao menos pela definição que hoje se tem na legislação norte-americana – os investidores são, por regra, não qualificados, conforme limitações já apontadas no tópico anterior. Acrescenta-se a isso o fato de que as motivações que impelem investidores no ambiente dos *funding portals* não raro se afastam da racionalidade,[22] revelando-se assim a importância da adoção de mecanismos que visem a reequilibrar a assimetria informacional entre as partes,[23] a fim de, em última análise, manter-se a higidez do mercado como um todo.[24]

No cenário brasileiro, pode-se dizer que o dever de transparência e prestação eficiente de informações resta acentuado por conta da extremamente protetiva legislação consumerista,[25] embora uma importante ressalva mereça ser realizada desde logo, na esteira do que preconiza o

---

[20] TIMM, Luciano. A matriz da análise econômica do direito para além do "eficientismo". In: ESTEVEZ, André; JOBIM, Marcio Felix (orgs.). *Estudos de Direito Empresarial – Homenagem aos 50 anos de docência do Professor Peter Walter Ashton*. São Paulo: Saraiva, 2012. p. 113.

[21] Em sentido análogo, Peter L. Bernstein referencia o seguinte dito, atribuído a autor desconhecido: *"The information you have is not the information you want. The information you want is not the information you need. The information you need is not the information you can obtain. The information you can obtain costs more than you want to pay"*. (BERNSTEIN, Peter L. *Against the Gods: The remarkable story of risk*. Nova Iorque: John Wiley & Sons, 1996. p. 202).

[22] Nesse sentido, Steinberg destaca o maior envolvimento emocional dos investidores nessa modalidade de financiamento: *"crowdfunding provides a better way to generate interest in projects and pre-orders up-front. Not only customers more emotionally invested in the development process, they're also more emotionally invested in the end result."* (STEINBERG, Scott. *The Crowdfunding Bible: How to raise Money for any startup, vídeo game, or project*. [s.l.]: John Kimmich, 2012. [eb]).

[23] Laczniak alerta que *"equity crowdfunding is fast arriving, and investing in startup companies will be more accessible than ever before. Smart investors – with a fundamental understanding of the new asset class – could possibly gain, but cavalier investors will almost certainly lose"*. (LACZNIAK, Stephen. *Investing in Equity Crowdfuding*. Edição do Autor, 2012. p. 45. [eb]).

[24] Para Peter L. Bernstein, *"a growing volume of research reveals that people yield to inconsistencies, myopia, and other forms of distortion throughout the process of decision-making. That may not matter much when the issue is whether one hits the jackpot on the slot machine or picks a lottery number that makes dreams come true. But the evidence indicates that these flaws are even more apparent in areas where the consequences are more serious."* (BERNSTEIN, Peter L. *Against the Gods: The remarkable story of risk*. Nova Iorque: John Wiley & Sons, 1996. p. 265).

[25] Sobre o tema: LÔBO, Paulo Luiz Netto. A informação como direito fundamental do consumidor. *Revista de Direito do Consumidor*, vol.37, São Paulo, jan./mar. 2001; CARPENA, Heloísa. O direito de escolha: garantindo a soberania do consumidor no mercado. *Revista de Direito do Consumidor*, vol. 51, São Paulo, jul./set. 2004; BARBOSA, Fernanda Nunes. Informação: direito e dever nas relações de consumo. Biblioteca de Direito do Consumidor – n. 37. São Paulo: Revista dos Tribunais, 2008.

Prof. Siegfried Kümpel:[26] o objetivo de proteção do consumidor no mercado de capitais deve ser entendido dentro do seu âmbito restrito de aplicação, sendo adequadas à proteção do consumidor tão somente as regulamentações que servem para a proteção individual, ou seja, normas que visam a melhorar a sua posição jurídica, restabelecendo o equilíbrio entre as partes. Por outro lado, destaca o autor, os deveres de conduta relacionados ao mercado de capitais não atraem a incidência das normas protetivas consumeristas, justamente porque visam à proteção da totalidade dos aplicadores, não objetivando portanto a melhora da posição jurídica de nenhum dos contratantes.

Contudo, reprisa-se que, embora no regramento brasileiro ainda não haja tal distinção, a tendência é que os aportes por meio das operações de *equity crowdfunding* sejam justamente sempre realizados por investidores não qualificados.

Observa-se que a redação do *crowdfund Act*, apesar de buscar grande diminuição dos custos de transação e da ingerência do Estado no que diz respeito aos requisitos prévios para a oferta pública de distribuição através dos portais eletrônicos, não indica a dispensa das *startups* e seus intermediadores de cumprir com o dever de *disclosure*. Pelo contrário, o próprio nome atribuído ao texto normativo designa, na expressão em inglês, a dissuasão de condutas que impliquem *"non-disclosure"* (*"Capital Raising Online While Deterring Fraud and Unethical Non-Disclosure Act"*).

Ao emendar o *Securities Act* de 1933, o *Crowdfund Act* passou a prever a obrigação aos *funding portals* de informar detalhadamente as características e riscos da operação, de forma a garantir que o investidor tenha pleno conhecimento do seu alcance, assim como do objeto social a ser perseguido e das partes envolvidas no negócio – empresa emissora, seus administradores e qualquer pessoa que dela detenha mais de 20% (vinte por cento) de participação societária.[27]

Similar posição adota a CVM no bojo da Instrução Normativa n. 400/2003, cujo art. 4º, ao dispensar o registro da oferta pública de distribuição para determinados valores mobiliários, conforme já se expôs acima, enfatiza que devem ser "sempre observados o interesse público, a adequada informação e a proteção ao investidor".

---

[26] KÜMPEL, Siegfried. Proteção do Consumidor no Direito Bancário e no Direito do Mercado de Capitais. In: *Revista de Direito do Consumidor*, vol. 52, out. 2004, p. 319.

[27] Securities Act, 1933, Sec. 4A(a): *"(3) provide such disclosures, including disclosures related to risks and other investor education materials, as the Com- mission shall, by rule, determine appropriate;*
(4) ensure that each investor– (A) reviews investor-education information, in accordance with standards established by the Commission, by rule; (B) positively affirms that the investor understands that the investor is risking the loss of the entire investment, and that the investor could bear such a loss; and (C) answers questions demonstrating– (i) an understanding of the level of risk generally applicable to investments in startups, emerging businesses, and small issuers; (ii) an understanding of the risk of illiquidity; and (iii) an understanding of such other matters as the Commission determines appropriate, by rule".

Em síntese, tem-se que a forçosa busca pela simplificação e diminuição dos custos de transação na distribuição de valores mobiliários por meio do sistema de *equity crowdfunding* não pode ser tomada como justificativa para que se ignore o dever de prestação adequada de informações, o que deve ser especialmente observado no desenvolvimento da matéria, evitando-se, assim, distorções.

5. Considerações conclusivas

A partir dos apontamentos acima realizados, as considerações finais deste texto hão de limitar-se a lançar o olhar para o futuro e identificar precipuamente a necessidade (e – por que não? – urgência) da edição de regramento próprio para as operações de *equity crowdfunding* de maneira a distingui-las das demais formas de distribuição de valores mobiliários hodiernamente sujeitas a registro perante a CVM.

Caso venha a legislação pátria alinhar-se ao modelo norte-americano, a tendência será de estabelecerem-se normas acerca do registro dos portais (que não corretoras) que intermedeiam a distribuição de valores mobiliários com o intuito de captar recursos para as *startups*, dispensando-se, por outro lado, certas formalidades em relação ao registro prévio dessas ofertas, especialmente para investimentos de menor monta.

No desenvolvimento da pesquisa, identificou-se que o grande impulso para a edição do JOBS Act nos Estados Unidos deu-se em razão da crise econômica de 2008, na tentativa de fomentar novos negócios, especialmente através da utilização da tecnologia da informação para captar a poupança pública e movimentar a economia. No Brasil, para além dos debates sobre a corrente desaceleração econômica, vale destacar que a própria Constituição Federal orienta à proteção e fomento às micro e pequenas empresas, o que vai ao encontro das premissas acima destacadas.

Por fim, constatou-se que a despeito da urgência na diminuição dos custos de transação e da ingerência do Estado no que diz respeito aos requisitos prévios para a oferta pública através dos portais eletrônicos, nada indica que se possam dispensar as *startups* e seus intermediadores de cumprir com o dever de *disclosure,* o que, pelo contrário, deve ser especialmente observado de acordo com as características particulares dessa operação.

Referências

BARBOSA, Fernanda Nunes. *Informação: direito e dever nas relações de consumo*. Biblioteca de Direito do Consumidor – n. 37. São Paulo: Revista dos Tribunais, 2008.

BERNSTEIN, Peter L. *Against the Gods: The remarkable story of risk*. Nova Iorque: John Wiley & Sons, 1996.

CASTELLS, Manuel. *A Sociedade em Rede*. Vol. I: A Era da Informação – Economia, Sociedade e Cultura. 9. ed. São Paulo: Paz e Terra, 2006.

CARPENA, Heloísa. O direito de escolha: garantindo a soberania do consumidor no mercado. In: *Revista de Direito do Consumidor*, vol. 51, São Paulo, jul./set. 2004.

EIZIRIK, Nelson; GAAL, Ariádna; PARENTE, Flávia; HENRIQUES, Marcus de Freitas. *Mercado de Capitais: Regime Jurídico*. 2. ed. Rio de Janeiro: Renovar, 2008.

ESTADOS UNIDOS DA AMÉRICA. *Jumpstart Our Business Startups Act – JOBS Act*, de 5 abr. 2012. Disponível em: <http://www.gpo.gov/fdsys/pkg/BILLS-112hr3606enr/pdf/BILLS-112hr3606enr.pdf>. Acesso em 12 dez. 2014.

ESTEVEZ, André; JOBIM, Marcio Felix (orgs.). *Estudos de Direito Empresarial – Homenagem aos 50 anos de docência do Professor Peter Walter Ashton*. São Paulo: Saraiva, 2012.

KÜMPEL, Siegfried. Proteção do Consumidor no Direito Bancário e no Direito do Mercado de Capitais. In: *Revista de Direito do Consumidor*, vol. 52, out. 2004.

LACZNIAK, Stephen. *Investing in Equity Crowdfuding*. Edição do Autor, 2012. [eb]

LÔBO, Paulo Luiz Netto. A informação como direito fundamental do consumidor. In: *Revista de Direito do Consumidor*, vol. 37, São Paulo, jan./mar. 2001.

PERRONI, Diogo; RAMOS, Pedro Henrique. Mesmo com esforços, há barreiras para equity crowdfunding. In: CONJUR, 9 abr. 2014. Disponível em: <http://www.conjur.com.br/2014-abr-09/mesmo-esforcos-cvm-brasil-barreiras-equity-crowdfunding?imprimir=1>. Acesso em 28 out. 2014.

SALGADO, Daniel de Resende. Do Investimento Coletivo ao Crime contra o Sistema Financeiro Nacional. In: *Revista dos Tribunais*, vol. 884, jun. 2009.

SALOMÃO FILHO, Calixto. *O Novo Direito Societário*. 4. ed. São Paulo: Malheiros, 2011.

SATIRO DE SOUZA JÚNIOR, Francisco (coord). *Mercado de capitais*. São Paulo: Saraiva, 2013. [eb]

SCALZILLI, João Pedro; SPINELLI, Luis Felipe. A Racionalidade econômica do combate ao insider trading: assimetria de informação e dano ao mercado. In: *Revista de Direito Mercantil, Industrial, Econômico e Financeiro*, n. 147, jul-set/2007.

——; ——. *Sociedade em Conta de Participação*. São Paulo: Quartier Latin, 2015.

SPINELLI, Luis Felipe; SCALZILLI, João Pedro; CORRADINI, Luiz Eduardo Malta; TELLECHEA, Rodrigo. Contrato de Investimento Coletivo como Modalidade de Sociedade em Conta de Participação. In: *Revista de Direito Bancário e do Mercado de Capitais. São Paulo: Revista dos Tribunais*, ano 16, vol. 61, jul-set/2013.

STEINBERG, Scott. The Crowdfunding Bible: How to raise Money for any startup, vídeo game, or project. [s.l.]: John Kimmich, 2012. [eb]

TARDE, Gabriel. *A Opinião e as Massas*. Tradução de Eduardo Brandão. 2. ed. São Paulo: Martins Fontes, 2005.

U.S. SUPREME COURT. *SEC v. Howey Co*. 328 U.S. 293 (1946). Disponível em: <https://supreme.justia.com/cases/federal/us/328/293/case.html>. Acesso em 25 nov. 2014.

VERÇOSA, Haroldo Malheiros Duclerc. A CVM e os contratos de investimento coletivo ("boi gordo" e outros). In: *Revista de Direto Mercantil, Industrial, Econômico e Financeiro*. São Paulo: Malheiros, v. 108, out/dez. 1997.

YASBEK, Otavio. *Regulação do Mercado Financeiro e de Capitais*. Rio de Janeiro: Elsevier, 2007.

— 6 —

Contratos empresariais: a utopia da tutela jurisdicional perfeita. Análise crítica de decisões do Superior Tribunal de Justiça

RICARDO LUPION[1]

Sumário: 1. Introdução ao tema; 2. Alegação de coação econômica (*Economic Duress*); 2.1. O caso; 2.2. Alegações da *Comcitrus*; 2.3. Alegações da Cargill; 2.4. Decisão do Tribunal de Justiça de São Paulo; 2.5. Decisão do Superior Tribunal de Justiça; 3. Contrato de longa duração. Rompimento unilateral e injustificado pela fabricante; 3.1. O Caso; 3.2. Alegações da Distribuidora Entre Rios; 3.3. Alegações da Ambev; 3.4. Decisão do Tribunal de Justiça de São Paulo; 3.5. Decisão do Superior Tribunal de Justiça; 4. Contrato de longa duração. Manutenção forçada da avença; 4.1. O Caso; 4.2. Alegações da Tavesa; 4.3. Alegações da GM; 4.4. Decisão do Tribunal de Justiça do Rio Grande do Sul; 4.5. Decisão do Superior Tribunal de Justiça; 5. Contrato por prazo determinado com cláusula de renovação automática. Denúncia de interruptiva da renovação; 5.1. O Caso; 5.2. Alegações da Distribuidora Santiago; 5.3. Alegações da Ambev; 5.4. Decisão do Tribunal de Justiça do Paraná; 5.5. Decisão do Superior Tribunal de Justiça; 5.6. Declaração de voto vencido; 6. Conclusões; Referências bibliográficas.

1. Introdução ao tema

O término dos contratos empresariais de longa duração é tema que transcende aos interesses particulares das partes envolvidas, porque pode causar impactos nas atividades da empresa que recebeu a denúncia contratual provocando a redução das suas atividades.[2]

---

[1] Pós-Doutorado pela Faculdade de Direito da Universidade de Lisboa. Mestrado e Doutorado em Direito pela Pontifícia Universidade Católica do Rio Grande do Sul (PUCRS). Professor de Direito Empresarial do Programa de Pós-Graduação em Direito (PPGDir) na Pontifícia Universidade Católica do Rio Grande do Sul (PUCRS). Coordenador do Curso de Especialização em Direito Empresarial da PUCRS. Advogado Empresarial. Porto Alegre, Rio Grande do Sul, Brasil. <ricardo.lupion@pucrs.br>

[2] A empresa não deve ser tomada como um fim em si mesma "pela finalidade de conferir lucro ao seu proprietário mediante o aumento da produção", na expressão de Menezes Cordeiro, "para enriquecer alguns diretores ambiciosos", segundo Jorge Lobo ou para proporcionar o máximo lucro compatível com um grau razoável de risco, conforme anotou Adolf Berle, conforme anotei em *Boa-fé*

A questão examinada pelos Tribunais refere-se à possibilidade de uma das partes por fim ao relacionamento contratual duradouro mediante o envio de notificação comunicativa do término do contrato que vigorava por prazo indeterminado.

De um lado, a empresa-denunciante sustenta a legalidade da sua conduta na existência de contrato por prazo indeterminado no qual normalmente há cláusula de denúncia a qualquer tempo por qualquer das partes e que pode ser resilido com base na referida previsão contratual e com fundamento no artigo 473 do Código Civil, segundo o qual, "a resilição unilateral, nos casos em que a lei expressa ou implicitamente o permita, opera mediante denúncia notificada à outra parte".

De outro, a empresa-denunciada, sustenta abuso de direito no exercício da denúncia terminativa da relação contratual, indenização por fundo de comércio e, principalmente, exiguidade de tempo para a recuperação dos investimentos realizados e para a reorganização da suas atividades empresariais.

Objetiva nos Contratos Empresariais. Contornos Dogmáticos dos Deveres de Conduta. Livraria do Advogado: Porto Alegre, 2010, p. 119 e seguintes. Ainda, no que se refere ao interesse social da empresa, duas são as teorias que podem explicá-lo: a contratualista, segundo a qual o interesse da empresa se resume aos interesses dos sócios e a institucionalista, para a qual esse interesse inclui interesses de outras partes envolvidas, além do interesse dos sócios, tema abordado em "Empresa Interesse social e função social Conteúdo e distinções". *Revista Direito Empresarial*, vol. maio/agosto, p. 141-164, 2012. "Na análise da importante e complexa problemática do 'interesse social' confrontam-se tradicionalmente as chamadas teorias institucionalistas e contratualistas. No essencial, para o *institucionalismo* (atendendo sobretudo à principal corrente – a da 'empresa em si') o interesse social vem a ser um *interesse comum, não apenas aos sócios mas também a outros sujeitos,* nomeadamente os trabalhadores (empregados da sociedade), os credores sociais e até a colectividade nacional. Para o *contratualistmo*, no essencial também (e desconsiderando a variante que sublinha os interesses dos 'sócios futuros' – próxima da doutrina institucionalista da 'pessoa [coletiva] em si'), o interesse da sociedade é o *interesse dos sócios enquanto tais* (não enquanto vendedores, mutuantes, assalariados da sociedade, etc). ABREU, Jorge Manuel Coutinho de. *Curso de Direito Comercial. Das Sociedades*. Vol. II. Almedina: Coimbra, 2002, p. 287. Sobre o tema consultar: CORREIA, António de Arruda Ferrer. *Lições de Direito Comercial*, vol. II; Lex: Lisboa, 1994. CORREIA, Luís Brito. *Direito Comercial*, vol. II. Associação Académica da Faculdade de Direito de Lisboa: Lisboa. ALBUQUERQUE, PEDRO de. "Direito de preferência dos sócios em aumentos de capital nas sociedades anônimas e por cotas. *Comentário ao Código das Sociedades Comerciais*. Almedina: Coimbra, 1992. ASCENÇÃO, José de Oliveira. *Lições de Direito Comercial: Sociedades Comerciais*. vol, IV, Lisboa, 1993. CARDOSO, J. Pires. *Sociedade Anônima (ensaio econômico)*. Empresa Nacional de Publicidade; Lisboa. ABREU, Jorge Manuel Coutinho de. *Da Empresarialidade. As Empresas no Direito*. Almedina: Coimbra, 1996. ABREU, José Manuel Coutinho de. "Deveres de cuidado e de lealdade dos administradores e interesse social". *Reformas do Código das Sociedades*. Almedina: Coimbra, 2007. LAMY FILHO, Alfredo. BULHÕES FRANÇA, Erasmo Valladão Azevedo e Novaes. *Conflito de interesses nas assembléias de S.A*. São Paulo: Malheiros, 1993. PEDREIRA, José Luiz. *A Lei das S.A: Pressupostos, elaboração, aplicação*. Rio de Janeiro: Renovar, 1996. SILVA, Alexandre Couto. *Responsabilidade dos Administradores de S/A: business judgment rule*. Rio de Janeiro: Elsevier, 2007. COMPARATO, Fabio Konder. *O poder de controle na sociedade anônima* / Fábio Konder Comparato e Calixto Salomão Filho. Rio de Janeiro: Forense, 2008. SERRA, Catarina. "Entre *Corporate Governance* e *Corporate Responsability*. Deveres fiduciários e 'interesse social iluminado'. *Congresso Direito das Sociedades em revista, I, Lisboa, 2010*. Almedina: Coimbra, 2010. FRADA, Manuel A. Carneiro da. "A *business judgment rule* no quadro dos deveres gerais dos administradores". *Nos 20 anos do Código das Sociedades Comerciais*, vol. III, Coimbra Editora: Coimbra, 2007. EIZIRIK, Nelson et alli. *Mercado de Capitais Regime Jurídico*. Rio de Janeiro: Renovar, 2008.

A seguir serão examinados alguns casos submetidos ao julgamento do Superior Tribunal de Justiça e as suas repercussões.

2. Alegação de coação econômica (*Economic Duress*)

2.1. O caso

Em 1992 a Comcitrus S/A (Comcitrus) celebrou contrato de prestação de serviços de industrialização de laranjas com a Cargilll Citrus Ltda. (Cargilll). Nos termos desse acordo, a Cargill deveria processar a fruta, transformando-a em suco e outros derivados. O contrato continha cláusula de exclusividade. A cada ano/safra contratado, poderiam as partes denunciá-lo. Sem denúncia, o contrato foi sendo renovado por mais um ano/safra.

Com a denúncia, se iniciaria o período de três anos de sua desativação, ao qual denominaram *phase-out* com a redução gradual dos volumes processados. Trata-se de estrutura contratual de blindagem e proteção para rupturas abruptas e traumáticas, impeditivas de readaptação ao mercado de atuação afetado pelo distanciamento decorrente da exclusividade.

O término escalonado do Contrato denominado de *phase-out* é um método de solução do contrato que consiste em um mecanismo de segurança econômico/negocial para as partes já que, com a denúncia do contrato, três anos após seu término seriam necessários para a cessação das relações negociais das partes, de molde a possibilitar o ajuste de cada qual à nova realidade. 20% no 1º ano, 40% no seguinte e 60%, no último ano de transição terminal do contrato.

Em 1999, na véspera de uma safra, a Cargill apresentou à Comcitrus a seguinte proposta: (1) dar início ao "'término escalonado" do Contrato pelo período de três anos, o chamado *phase out* conforme previsto no contrato; ou (2) assinar distrato do contrato então existente, para que a Cargill passasse a se relacionar diretamente com os produtores de laranja, que eram sócios da Comcitrus.

Pela assinatura do Distrato, a Cargill pretendia deixar de ser mera prestadora de serviços (a principal relação negocial estabelecida entre ambas através do contrato em questão), passando a ser compradora das laranjas produzidas por seus associados e fornecedores, remunerando-os pelo produto e lucro obtidos.

O Distrato foi assinado com alteração substancial da relação negocial mantida entre as partes: A Cargill passou a adquirir os produtos destinados à moagem diretamente dos produtores, atuando a Comcitrus como representante destes.

2.2. Alegações da Comcitrus

A Comcitrus propôs ação indenizatória em face da Cargill.

Afirma que, em 1999, a Cargill, aproveitando-se da supersafra que se avizinhava naquele ano, decidiu romper o vínculo contratual e coagir a Comcitrus a assinar um distrato, sem multa contratual ou qualquer outra compensação.

Caso a Comcitrus não aceitasse tais condições, a Cargill abandonaria o contrato e passaria a comprar as frutas que precisasse no mercado local, comportamento que lhe renderia economia mais que suficiente para pagar a multa contratual ou verba indenizatória a que estivesse exposta.

A coação irresistível, em suma, estava calcada no fato de que, acaso a Comcitrus não cedesse à pretensão da Cargill em resolver o contrato que mantinham, substituindo-o por outro que lhe era desfavorável, a Comcitrus estava sujeita à perda de toda a safra de laranja daquele ano porquanto não haveria tempo hábil para contratar nova empresa vez que estava à véspera da colheita, o que traria insolvência para si e seus associados e fornecedores. (coação econômica – *economic duress*).[3] Assim cedeu à coação da Cargill num primeiro instante para, ao depois, questionar o ato com o ajuizamento da ação judicial.

Assim, ante aquilo que considerou ser coação e abuso do poder econômico, a Comcitrus postulou a anulação do distrato e a consequente condenação da Cargill nas perdas e danos sofridos.

2.3. Alegações da Cargill

Caso a Comcitrus tivesse cedido à "ameaça" supostamente praticada pela Cargill, a Comcitrus teria, pelo menos, mais 3 anos de contrato absolutamente garantido pelo término escalonado do Contrato denominado de *phase-out*.

Há licitude nas negociações entabuladas entre as partes, pois o direito de qualquer das partes dar início ao período de *phase out* era expressamente previsto no contrato.

A assinatura do distrato pelas partes, seguido da assinatura de novos contratos nos quais a Comcitrus figurava como mandatária dos seus

---

[3] MEDINA, José Miguel Garcia. "Coação Econômica (Economic Duress). *Revista dos Tribunais*. vol. 902, p. 87-110, dezembro/2010.

acionistas, foi resultado de uma negociação comercial absolutamente lícita e normal.

Pela nova estrutura contratual, foram firmados contratos individuais com os acionistas da Comcitrus, cujas produções continuaram a ser integralmente repassadas à Cargill, com a vantagem de lhes ter sido assegurado um preço mínimo por caixa de laranja muito superior ao vigente no mercado.

Quando da celebração do distrato, a Comcitrus tornou-se mandatária e prestadora de serviços dos fornecedores de frutas, participando ativa e decisivamente, da nova estrutura contratual, ratificando, tacitamente, a sua manifestação de vontade

Ao respeitar os efeitos decorrentes do distrato e cumprir, voluntariamente, seu papel no âmbito da nova estrutura contratual, a Comcitrus convalidou sua vontade anterior supostamente viciada, renunciando às ações e exceções de que dispunha para questionar referido ato.

2.4. Decisão do Tribunal de Justiça de São Paulo[4]

O Acórdão julgou improcedente a ação para reconhecer o regular exercício de direito da Cargill.

Não havia risco de perda de safra. A super safra de 1999 e das vindouras estavam garantidas nos termos constantes do contrato em vigor até o ano de 2007 pela implantação do mecanismo de *phase-out*.

A aceitação da primeira proposta da Cargill, qual fosse, de que a relação negocial fosse substancialmente alterada, passando a Cargill a adquirir os produtos destinados à moagem diretamente dos produtores, passando a Comcitrus atuar como representante destes resultou da conveniência da direção da Comcitrus após a sua análise e das projeções futuras.

Os produtores de laranja foram beneficiados com o novo contrato que firmaram com a Cargill, posto que na safra daquele ano a caixa de laranja de estava avaliada entre R$ 1,00 e R$ 1,50 e, pelo novo contrato recebiam o preço certo correspondente a US$ 3,00, quantia esta muito superior, considerando-se o câmbio da época, além da possibilidade de participação no lucro.

Quase todos os sócios da Comcitrus que antes forneciam a sua produção de laranjas à Comcitrus, e esta remetia à Cargill para industrialização, adotaram a nova estrutura contratual e contrataram o fornecimento de laranjas diretamente com a Cargill, concluiu o relator em seu voto.

---

[4] TJSP. Apelação Cível nº 968808- 0/1, 31ª Câmara de Direito Privado, rel. Des. Paulo Ayrosa, j. em 05/06/2007.

2.5. Decisão do Superior Tribunal de Justiça[5]

O Superior Tribunal de Justiça manteve a decisão do Tribunal de Justiça de São Paulo.

O contexto de crise é prenhe de pressões típicas do comércio, as quais os empresários estão, ou deveriam estar acostumados.

Com efeito, as pressões e o *stress* nas relações contratuais negociais, sobretudo de longa duração, são intrínsecas à atividade empresarial. Por isso é que os precedentes dos Tribunais atinentes à coação como vício da vontade geralmente não tratam de questões negociais, mas, sim, e predominantemente, de matéria sucessória, de Direito de Família e de obrigações constituídas por pessoas físicas.[6]

Difícil, ademais, o reconhecimento da coação como causa de anulação de atos negociais, mormente praticados por pessoas jurídicas.

É contraditório reconhecer, tal como pretende a Comcitrus, a anulabilidade do distrato ao mesmo tempo em que se mantém a validade do negócio jurídico que lhe foi conexo, assegurando os efeitos da opção que a Cargill concedeu em favor de terceiros (para beneficiar os sócios da Comcitrus).

Mais que isso, a procedência do pedido indenizatório significaria onerar a Cargill duplamente: Estaria ela obrigada a pagar o sobre preço em relação ao valor da laranja adquirida dos sócios da Comcitrus e, além disso, estaria vinculada a um contrato cujo distrato era condição para este sobre preço.

3. Contrato de longa duração.
Rompimento unilateral e injustificado pela fabricante

3.1. O Caso

Em 1978, a Distribuidora de Bebidas Entre Rios (Distribuidora Entre Rios) celebrou com a Companhia de Bebidas das Américas (Ambev) contrato de revenda e distribuição da cerveja Brahma, com área delimitada e exclusiva, renovado o contrato, por prazo indeterminado, até fevereiro de 1996.

---

[5] STJ. REsp n°. 1.018.296 – SP, 3ª. Turma, rel. Min. Nancy Andrighi, j. em 23/03/2010.

[6] "Raros os atos humanos que se praticam com espontaneidade, desvinculados de qualquer causa extrínseca. Todos vivemos sob o império de circunstâncias mais ou menos opressivas. Entretanto, só quando a pressão se reveste de anomalia se pode falar em coação, no sentido jurídico". (MONTEIRO, Washington de Barros. "Curso de Direito Civil", rev. e atual. Ana Cristina de Barros Monteiro França Pinto, Vol. 1, São Paulo, Saraiva, 41ª ed., 2007, p. 248).

A Distribuidora Entre Rios, pelo contrato, tinha o direito de comercializar os produtos fabricados pela Ambev no território contratual e poderia fazer uso das marcas, rótulos, sinais de propaganda e modelo industrial de vasilhames de propriedade da Ambev.

Essa era a única atividade exercida pela Distribuidora Entre Rios.

Para atender aos seus compromissos contratuais, a Distribuidora Entre Rios construiu instalações conforme *layout* definido pela Ambev, adquiriu equipamentos e veículos, contratou pessoal especializado para cumprir a sua principal tarefa de difundir, revender e distribuir produtos fabricados pela Ambev.

Pelo contrato, ficou estabelecido que a Distribuidora Entre Rios, por sua conta e risco, deveria efetuar a revenda e distribuição dos produtos fabricados pela Ambev, no território contratual.

O contrato foi firmado por prazo indeterminado com possibilidade de resilição unilateral e imotivada por qualquer das partes mediante o envio de notificação de denúncia de uma das partes à outra. O contrato foi sendo renovado de tempos em tempos até que em 1996 a Ambev exerceu o seu direito de resilição unilateral e imotivada mediante notificação de denúncia enviada à Distribuidora Entre Rios.

3.2. Alegações da Distribuidora Entre Rios

A denúncia unilateral e imotivada do contrato deve ser considerada um ato ilícito porque a cláusula de que a permite é leonina por patente desequilíbrio causado pela resilição unilateral na medida em que permitirá à AmBev se apropriar da clientela, cadastro e fundo de comércio, sem indenizar a Distribuidora Entre Rios.

Pede indenização por perda de fundo de comércio, ressarcimento da indenização paga aos empregados em razão do término do contrato e indenização por dano moral, posto que o cancelamento ocorrido deixou os sócios da Distribuidora Entre Rios sem trabalho, que tiveram que começar do zero.

3.3. Alegações da Ambev

Alega que a resilição estava prevista no contrato e poderia ser efetuada por qualquer das partes e, portanto não pode ser considerada um ato ilícito.

Alega que a Distribuidora Entre Rios não sofreu solução de continuidade nas suas atividades porque continuou no mesmo ramo de negócio, passando a trabalhar com a Schincariol, nada havendo que reparar a título de perda do fundo do comércio.

3.4. Decisão do Tribunal de Justiça de São Paulo[7]

Reconheceu que o contrato firmado entre a Ambev e a Distribuidora Entre Rios possui todas as características do contrato de adesão.[8] Concluiu que, quando da contratação, não houve liberdade Distribuidora Entre Rios que apenas aderiu às disposições preexistentes e impostas pela Ambev, não se lhe dando a possibilidade de discussão sobre o estabelecido no contrato.

Embora indubitável o direito da Ambev de resilir o contrato, reconheceu a Distribuidora Entre Rios o direito de receber indenização pelos danos causados, exceto lucros cessantes porque não considerou ilícita a denúncia do contrato.

Entendeu que a Ambev se beneficiou do trabalho desenvolvido pela Distribuidora Entre Rios por longos anos que suportou as despesas de organização exigida pela própria Ambev e com a captação de clientela, em trabalho diuturno e exaustivo da Distribuidora Entre Rios no território contratual, que também se sujeitava às intempéries da economia e até da falta de produto, por vezes. A Distribuidora Entre Rios captou clientela com promoções, com empréstimos de utensílios e máquinas para eventos e festas, arcando até, depois de certo tempo, com os gastos de publicidade e propaganda.

A Ambev denunciou o contrato unilateral e injustificadamente para atender à sua conveniência mercadológica para assumir diretamente a comercialização dos produtos no território contratual, locupletando-se da atividade mercantil da Distribuidora Entre Rios.

A lei repudia o enriquecimento sem causa e não há negar-se direito à indenização, quando constatado o desequilíbrio contratual representado pelo pesado ônus à Distribuidora Entre Rios e enriquecimento ilícito, por aproveitamento de trabalho anterior, pela Ambev, que ao fim, denuncia o contrato por que não lhe convém mais continuar com a avença e fica com toda a clientela angariada mediante atuação da Distribuidora Entre Rios.

---

[7] TJSP. Apelação Cível nº 122.337-4/2-00, 7ª Câmara de Direito Privado, rel. Des. Oswaldo Breviglieri, j. em 08/05/2002.

[8] "O contrato de adesão não encerra novo tipo contratual ou categoria autônoma de contrato, mas somente técnica de formação do contrato, que pode ser aplicada a qualquer categoria ou tipo contratual, sempre que seja buscada a rapidez, na conclusão do negócio, exigência das economias de escala". GRINOVER, Ada Pellegrini *et alii*. *Código Brasileiro de Defesa do Consumidor*. Rio de Janeiro: Forense Universitária, 1991, p. 383. Orlando Gomes refere que os contratos de adesão distinguem-se por três traços característicos: "1) a uniformização; 2) a predeterminação; 3) a rigidez. [....] O traço distintivo dominante é o preestabelecimento, por uma das partes, das cláusulas dos contratos a serem estipulados em série (...)". GOMES, Orlando. *Contratos*. Rio de Janeiro: Editora Forense, 1996, p. 118.

O término do contrato ocorreu após quase 20 anos de relacionamento por sucessivos contratos com prazo certo, para depois tornar-se por prazo indeterminado, quando lícito era a Distribuidora Entre Rios imaginar que depois de todo aquele seu trabalho diuturno, na obtenção e manutenção de clientela, embora houvesse no contrato cláusula de resilição a qualquer tempo e por qualquer das partes, tal situação perduraria, pois não dera causa, de modo algum ao rompimento e nem feriria o código de normas que lhe foi imposto pela Ambev.[9]

---

[9] Em caso idêntico ao ora examinado, aliás, envolvendo a mesma fabricante (Ambev), com intenso relacionamento comercial entre as empresas na distribuição exclusiva de bebidas durante mais de vinte anos com denúncia unilateral e imotivada da Ambev de contrato de adesão caracterizado por flagrante padronização redacional e pública e notória superioridade econômica da Ambev, o entendimento de que era lícito à Distribuidora considerar que o contrato, embora por prazo indeterminado, perduraria, foi justificado em longo e extenso voto vencido do Min. Luis Felipe Salomão, do qual se destaca a seguinte passagem: "Da *supressio* (*Verwirkung*, do direito germânico) e da *surrectio*. Não fosse pelas razões já expostas, ainda assim o acórdão ora recorrido deveria ser mantido, porquanto a relação jurídica ora analisada está encoberta pela *supressio*, teoria oriunda da boa-fé, que reduz a eficácia do direito em razão da inércia do titular no decorrer do tempo, ou, ainda, "o comportamento da parte, que se estende por longo período de tempo ou se repete inúmeras vezes, porque incompatível com o exercício do direito". Ou seja, a *supressio* inibe o exercício de um direito, até então reconhecido, pelo seu não exercício, se presente, de outra parte, a boa-fé do contratante. Por outro lado, e em direção oposta à *supressio*, mas com ela intimamente ligada, tem-se a teoria da surrectio, cujo desdobramento é a aquisição de um direito pelo decurso do tempo, pela expectativa legitimamente despertada. Sobre o tema, valho-me, uma vez mais, do magistério de Judith Martins-Costa: "Por igual atua a boa-fé como limite ao exercício de direitos subjetivos nos casos indicados sob a denominação de *supressio*. Segundo recente acórdão do Tribunal de Justiça do RS, esta 'constitui-se em limitação ao exercício de direito subjetivo que paralisa a pretensão em razão da boa-fé objetiva'. Exige-se, para a sua configuração, "(I) o decurso de prazo sem exercício do direito com indícios objetivos de que o direito não mais seria exercido e (II) desequilíbrio, pela ação do tempo, entre o benefício do credor e o prejuízo do devedor". Diferentemente da *supressio*, que indica o encobrimento de uma pretensão, coibindo-se o exercício do direito em razão do seu não exercício, por determinado período de tempo, com a consequente criação da legítima expectativa, à contraparte, de que o mesmo não seria utilizado, outra figura, a *surrectio*, aponta para o nascimento de um direito como efeito, no tempo, da confiança legitimamente despertada na contraparte por determinada ação ou comportamento. Assim ocorreu ao examinar-se lide decorrente de contrato de locação, que previa a resilição unilateral, mediante prévio aviso de 60 (sessenta) dias à contraparte, por carta protocolada que expressasse o poder extintivo da denúncia contratual, contemplando, outrossim, a possibilidade de renovação do contrato, desde que, por meio de carta protocolada, a parte interessada assim expressasse sua vontade com antecedência mínima de 60 (sessenta) dias. Por um período superior a 12 (doze) anos, as partes vinham prorrogando a avença, sempre mediante o recurso à formalidade do envio de cartas. Em certa ocasião, contudo, em resposta ao pedido de prorrogação feita pelo locatário, respondeu a locadora que não pretendia renová-lo. O debate centrou-se na argumentação, do lado do locatário, do "direito à automaticidade" da prorrogação; de outro, por parte da locadora, da legitimidade de sua pretensão a resilir a avença.A decisão, embora considerando caber razão à locadora, no sentido da inocorrência da 'automaticidade' da prorrogação contratual, uma vez terem as partes sempre observado o requisito da forma contratualmente prevista, entendeu, porém, obstado o poder formativo extintivo de resilição (denúncia contratual), apontando, consequentemente, ao nascimento do direito à prorrogação pelo fato de, no período imediatamente anterior ao *dies ad quem* do prazo contratual, ter a locadora imposto ao locatário a realização de despesas com reformas no prédio, levando-o a acreditar que não romperia, inopinadamente, uma tradição de 12 (doze) anos no sentido da continuidade da relação contratual. Nos fundamentos do acórdão está o princípio da boa-fé objetiva, como proteção à confiança traída". (Diretrizes Teóricas do novo CC brasileiro. São Paulo: Saraiva, 2003, p. 217-219) Com efeito, resta claro nos autos que o comportamento reiterado da recorrente, consistente na prorrogação contratual iterativa, por duas décadas, somando-se a isso os elevados investimentos realizados pela autora em razão da aderência ao "Projeto Excelência 2.000",

O rompimento do contrato, após alguns quinquênios de investimento, que passará a Ambev, a custo zero, e que se beneficiará de todo o trabalho desenvolvido, sem possibilidade da Distribuidora Entre Rios reaver o dispêndio havido, leva à obrigação, é certo, à indenização.

A Constituição Federal consagra a livre concorrência, mas reprime o abuso do poder econômico que visa a dominação dos mercados, a eliminação da concorrência e ao aumento arbitrário dos lucros. A ordem constitucional, embora assegure a livre iniciativa, possibilita a intervenção do Estado para evitar as distorções provocadas pelo abuso do poder econômico, em que o poder mais forte supera o agente econômico mais fraco, concluiu o relator em seu voto.

3.5. Decisão do Superior Tribunal de Justiça[10]

O Superior Tribunal de Justiça reformou a decisão do Tribunal de Justiça de São Paulo.

O entendimento manifestado pela Turma julgadora, alinhado com precedentes da Corte, foi no sentido de que não constitui ato ilícito, gerador do dever de indenizar, quando há disposição contratual assegurando às partes interromper o negócio de distribuição de bebidas, após atingido o termo final do contrato, não havendo, pois, que se falar em cláusula abusiva ou potestativa.

A cláusula que autoriza ambas as partes a notificar a outra se considerar não ter interesse na continuação do negócio, não foi considerada abusiva, nem potestativa pois, o pacto que põe as partes em igualdade de condições afasta qualquer possibilidade de prática abusiva.

É princípio básico do direito contratual de relações continuativas que nenhum vínculo é eterno, não podendo nem mesmo o Poder Judiciário impor a sua continuidade quando uma das partes já manifestou a sua vontade de nela não mais prosseguir.

Ora, no caso, como me pareceu claro, não se pode dizer que a cláusula que autoriza qualquer das partes interromper a continuação do negócio, mediante prévia notificação, possa incluir-se entre as chamadas cláusulas potestativas ou abusivas, considerando que às contratantes está

---

a um só tempo, enfraqueceu o direito de resilição unilateral da ré e gerou legítima expectativa na autora de que aquela não mais acionaria a cláusula 13ª, que permitia a qualquer dos contratantes a resilição imotivada do contrato mediante denúncia. A denúncia vazia realizada pela recorrente consubstancia, deveras, quebra da confiança, decorrente esta de uma realidade criada por ela própria, mediante comportamento que sinalizava, de fato, a continuidade da avença, ao menos durante um prazo razoável para a recuperação dos investimentos, ou até aonde alcança a expressão "Excelência 2.000". (STJ. REsp nº. 1.112.796 – PR, 4ª. Turma, rel. Ministro Honildo Amaral de Mello Castro (Desembargador convocado do TJ/AP), j. em 10/08/2010.

[10] STJ. REsp nº. 493.159 – SP, 3ª. Turma, rel. Min. Castro Filho, j. em 19/10/2006.

assegurado não mais continuar o negócio. Se existe disposição contratual válida, não manchada por abuso de qualquer natureza, é impertinente buscar analogia para impor indenização pela interrupção do contrato.

Cumprindo o que dispõe o contrato para a interrupção do negócio, não se há de aplicar a analogia. Assim, o exercício da faculdade prevista no contrato afasta direito de indenização.

4. Contrato de longa duração. Manutenção forçada da avença

4.1. O Caso

Em 01/01/1973, a Tavesa Veículos Ltda. (Tavesa) firmou com a General Motors do Brasil Ltda (GM) Contrato de Concessão de Vendas e Serviços de Veículo a motor, tornando-se concessionária exclusiva no território contratual.

O contrato foi firmado para vigorar por prazo indeterminado.

A avença vigorou por mais de trinta anos até que no ano de 2006 a GM notificou a Tavesa para pôr fim ao relacionamento contratual, apontando como motivos para a resolução do contrato, o baixo desempenho da Tavesa nas vendas de veículos e peças, bem como o protesto de 107 títulos emitidos pela GM e vendas pela web sem repasses à Fabricante (GM), concedendo o prazo de 120 dias para a extinção das relações e das operações da concessionária (Tavesa).[11]

A Tavesa ajuizou ação cautelar em face de GM para a manutenção do vínculo contratual em razão da exiguidade do prazo de 120 dias para a desativação das suas atividades, tendo-se em conta que o relacionamento durou por mais de trinta anos.

4.2. Alegações da Tavesa

A Tavesa alegou que a rescisão do contrato é nula, configurando abuso do poder econômico e exercício arbitrário de posição dominante, em face do que dispõem os arts. 21, 22 e 30, todos da Lei nº 6.729/79.[12]

---

[11] Lei 6279, 28/11/1979. Art. 22. Dar-se-á a resolução do contrato: I – por acordo das partes ou força maior; II – pela expiração do prazo determinado, estabelecido no início da concessão, salvo se prorrogado nos termos do artigo 21, parágrafo único; III – por iniciativa da parte inocente, em virtude de infração a dispositivo desta Lei, das convenções ou do próprio contrato, considerada infração também a cessação das atividades do contraente. § 1º A resolução prevista neste artigo, inciso III, deverá ser precedida da aplicação de penalidades gradativas. § 2º Em qualquer caso de resolução contratual, as partes disporão do prazo necessário à extinção das suas relações e das operações do concessionário, nunca inferior a cento e vinte dias, contados da data da resolução.

[12] Art. 21. A concessão comercial entre produtor e distribuidor de veículos automotores será de prazo indeterminando e somente cessará nos termos desta Lei. Parágrafo único. O contrato poderá ser

Pleiteou a concessão de liminar para impor à GM a continuidade do contrato, nos seus exatos termos, até o final da demanda principal a ser proposta, abstendo-se a GM de nomear outra concessionária para a região de exclusividade, sob pena de multa.

4.3. Alegações da GM

A GM sustentou que é descabida a manutenção forçada do contrato de concessão, pois configuraria violação ao princípio da autonomia da vontade e da liberdade de contratar.

Afirmou, ademais, que ocorrendo o rompimento de uma relação contratual, as partes podem até ficar sujeitas a eventuais perdas e danos, mas não podem ser obrigadas a continuar a contratação.

4.4. Decisão do Tribunal de Justiça do Rio Grande do Sul[13]

O Tribunal manteve a decisão de primeira instância que suspendeu a rescisão extrajudicial, restaurando-se a contratação nos termos do *status quo ante*.

A prudência e a segurança das relações jurídicas devem ser objeto de relevante zelo nesses casos, pelo simples fato de a lei atribuir ônus muito maior às empresas concedentes causadoras dos motivos de desfazimento do contrato.

Inconteste o fato da notificação extrajudicial, rescindindo o contrato de concessão, indiscutível também se torna o risco de grave dano a que exposta a Tavesa, motivo pelo qual, em nome da prudência e do bom

---

inicialmente ajustado por prazo determinado, não inferior a cinco anos, e se tornará automaticamente de prazo indeterminado se nenhuma das partes manifestar à outra a intenção de não prorrogá-lo, antes de cento e oitenta dias do seu termo final e mediante notificação por escrito devidamente comprovada.

Art . 22. Dar-se-á a resolução do contrato: I – por acordo das partes ou força maior; II – pela expiração do prazo determinado, estabelecido no início da concessão, salvo se prorrogado nos termos do artigo 21, parágrafo único; III – por iniciativa da parte inocente, em virtude de infração a dispositivo desta Lei, das convenções ou do próprio contrato, considerada infração também a cessação das atividades do contraente. § 1º A resolução prevista neste artigo, inciso III, deverá ser precedida da aplicação de penalidades gradativas. § 2º Em qualquer caso de resolução contratual, as partes disporão do prazo necessário à extinção das suas relações e das operações do concessionário, nunca inferior a cento e vinte dias, contados da data da resolução.

Art . 30. A presente Lei aplica-se às situações existentes entre concedentes e concessionários, sendo consideradas nulas as cláusulas dos contratos em vigor que a contrariem. § 1º As redes de distribuição e os concessionários individualmente continuarão a manter os direitos e garantias que lhes estejam assegurados perante os respectivos produtores por ajustes de qualquer natureza, especialmente no que se refere a áreas demarcadas e quotas de veículos automotores, ressalvada a competência da convenção da marca para modificação de tais ajustes. § 2º As entidades civis a que se refere o art. 17, inciso II, existentes à data em que esta Lei entrar em vigor, representarão a respectiva rede de distribuição.

[13] TJRS. Apelação nº 70018012658, 17ª Câmara Cível, rel. Des. Ergio Roque Menine, j. em 28/02/2007.

senso, se justifica a manutenção do contrato diante da hipossuficiência econômica da Tavesa frente à poderosa multinacional GM, que simplesmente é a maior indústria automobilística do planeta.

Ademais, não se pode fechar os olhos ao provável destino da Tavesa a partir da suspensão do fornecimento de veículos e peças por parte da GM da qual a Tavesa é concessionária exclusiva há anos. Muito possivelmente, o fato da GM não mais fornecer veículos e peças vai gerar a bancarrota da Tavesa, sem falar nos nefastos efeitos sociais que daí decorrem, como, obviamente, nos empregos diretos e indiretos.

Vale ainda ressaltar que o perigo da demora que justificou a concessão de liminar está relacionado ao exíguo prazo de 120 dias da notificação extrajudicial, à toda evidência inviável para propiciar discussão sobre a nulidade da pretendida resolução contratual.

Relevante é também trazer à tona o longo relacionamento comercial de muitos anos que perdura entre as partes, o que, por si só, já é suficiente a não autorizar o rompimento contratual abrupto e unilateral, pois, no mínimo, demonstra, pelo decorrer de décadas, a seriedade da Tavesa. Não se está, com isso, negando o direito à rescisão, que, sabidamente, decorre da própria autonomia contratual, mas, sim, da rescisão pelo modo como levada a efeito, porquanto os motivos apontados como justificativos da rescisão extrajudicial serão questionados perante a Justiça.

Aliás, a motivação especificada na notificação extrajudicial é uma afirmação unilateral da GM. Sendo assim, se é direito da GM rescindir a relação contratual, não se pode negar que à Tavesa socorre também o direito constitucional de estar em juízo discutindo esta pretensão.

E enquanto se discute em juízo, alternativa não resta que não a de manter o contrato em seus termos. Nisto reside o poder de cautela do Poder Público, através do Judiciário. O Estado-Juiz pode sim interferir na relação entre as partes. Não para substituir suas vontades, mas para preservar direitos e buscando minimizar, tanto quanto possível, os efeitos nefastos que a ação unilateral de uma das partes pode gerar à outra.

Apenas para um exercício, a GM, que efetuou a rescisão extrajudicial, poderia se colocar no lugar da Tavesa. Imagine-se ela, uma empresa que se organizou e existiu pela razão única de um contrato mantido durante décadas, regulando um relacionamento comercial (saliente-se, indubitavelmente o mais importante, o essencial para o seu empreendimento) cujo qual venha a ser rescindido de uma hora para outra. Sim, romper um contrato sem o qual a sua existência como empresa simplesmente perde o objeto, em 120 dias, significa rompê-lo da noite para o dia, tendo-se em conta que o relacionamento que perdurou por mais de 30 anos.

Como já se viu e tem dito e repetido a Tavesa, desde a propositura da cautelar, em primeira instância, pretende a continuidade do contrato denunciado, alegando que seria grave o impacto social provocado pela sua "abrupta" suspensão, de um relacionamento que se trata de "mais do que um simples contrato", levando em conta seu longo período de vigência (mais de trinta anos) e as responsabilidades dele decorrentes. Afirmou que os prejuízos financeiros provocados por esta ruptura seriam de difícil ou impossível reparação. Com todas estas assertivas não há como discordar, concluiu o Relator em seu voto.

4.5. Decisão do Superior Tribunal de Justiça[14]

O Superior Tribunal de Justiça reformou a decisão do Tribunal de Justiça do Rio Grande do Sul.

Embora o comportamento exigido dos contratantes deva pautar-se pela da boa-fé contratual,[15] tal diretriz não obriga as partes a manterem-se vinculadas contratualmente *ad aeternum*, mas indica que as controvérsias nas quais o direito ao rompimento contratual tenha sido exercido de forma desmotivada, imoderada ou anormal, resolvem-se, se for o caso, em perdas e danos.

Em realidade, o princípio da boa-fé objetiva impõe aos contratantes um padrão de conduta pautada na probidade, "assim na conclusão do contrato, como em sua execução", dispõe o art. 422 do Código Civil de 2002.

Essa linha não implica que os contratos devam ser mantidos contra a vontade dos contraentes, salvo, é bem verdade, e em situações excepcionais, contratos de evidente cunho social, como os relativos à saúde, transporte, por exemplo, ou, ainda, naqueles em que um dos contratantes exerça o monopólio sobre bens e serviços essenciais.[16]

A boa-fé contratual não quer dizer que os contratos devam ser mantidos a todo custo, sem observância da vontade das partes. "A opção de contratar e manter-se em um contrato é expressão máxima da autonomia da vontade, que não desapareceu, é evidente. Porém, deve-se ter em

---

[14] STJ. REsp nº 966.163 – RS, 3ª. Turma, rel. Min. Luis Felipe Salomão, j. em 26/10/2010.

[15] Art. 422. Os contratantes são obrigados a guardar, assim na conclusão do contrato, como em sua execução, os princípios de probidade e boa-fé.

[16] Sobre o tema da classificação dos contratos segundo o objeto contratado, bens essenciais, úteis e supérfluos. A utilidade existencial do bem e os interesses existenciais e interesses patrimoniais das partes, bem como a função que o contrato exerce como instrumento de satisfação de necessidades básicas do contratante, como critérios para distinguir contratos (contratos para atender necessidades existenciais devem ser diferenciados daqueles para utilização ou aquisição de bens não essenciais à pessoa humana) consultar excelentes textos de AGUIAR JUNIOR. Ruy Rosado de. "Contratos relacionais, existenciais e de lucro" *Revista Trimestral de Direito Civil*. vol. 45, págs. 91/111. NEGREIROS, Teresa. *Teoria do Contrato: Novos Paradigmas*. Rio de Janeiro. Renovar, 2002.

mente que, partindo-se do fato de que há um contrato de longa data, a faculdade de distrato exercida de forma disfuncional, anormal, imoderada ou distanciada da boa-fé e dos bons costumes comerciais, pode acarretar danos a outrem que devem ser reparados em sua plenitude".

Com estes fundamentos, o Superior Tribunal de Justiça revogou a liminar concedida em primeira instância que determinada o prosseguimento do contrato denunciado pela GM.

5. Contrato por prazo determinado com cláusula de renovação automática. Denúncia de interruptiva da renovação

5.1. O Caso

Em 30 de julho 1984 a Distribuidora de Bebidas Santiago Ltda (Distribuidora Santiago) firmou com a Indústria de Bebidas Antártica Polar Ltda. (antecessora comercial da Cia. de Bebidas da América – AMBEV) contrato de distribuição exclusiva de bebidas e produtos fabricados pela então Indústria de Bebidas Antártica Polar Ltda.

O último contrato foi firmado pelas partes para vigorar pelo prazo de um ano, a contar de 26 de janeiro de 1996, podendo ser prorrogado por igual período e assim sucessivamente, caso não fosse denunciado por qualquer das partes com a antecedência mínima de sessenta dias.

O contrato foi prorrogado em 26 de janeiro dos anos de 1997 e 1998, mas em 03 de junho de 1998, a Ambev efetuou a notificação interruptiva da renovação automática e comunicou a Distribuidora Santiago da sua intenção de não renovar a relação negocial que restou finda em 25 de janeiro de 1999.

Portanto, houve intenso relacionamento comercial entre as empresas por mais de duas décadas em consequência de contratos de distribuição de bebidas firmados desde o ano de 1984 que perdurou até que a indústria de bebidas promoveu a denúncia do contrato, encerrado em 25 de janeiro de 1999 por força da notificação extrajudicial interruptiva de renovação automática efetuada pela Ambev.

5.2. Alegações da Distribuidora Santiago

A Distribuidora Santiago, temendo danos provenientes do abrupto rompimento da avença, ajuizou medida cautelar inominada e obteve liminar que determinou o prosseguiu do contrato de distribuição dos produtos da Ambev por decisão confirmada pelo Tribunal de Justiça do Paraná de que a suspensão abrupta do fornecimento faz razoável a providência cautelar a que se o mantenha até o julgamento da demanda. No curso da ação indenizatória, a liminar foi revogada pelo juiz de primeiro grau, dado o longo tempo decorrido da sua concessão, cuja decisão monocrática foi confirmada pelo Tribunal de Justiça e, portanto, o relacionamento comercial ficou encerrado.

Na ação indenizatória, a Distribuidora Santiago alegou que sofreu prejuízos pelo rompimento desmotivado do contrato e que a resilição unilateral é possível com a responsabilidade do denunciante (no caso a Ambev) em relação aos investimentos que a Distribuidora Santiago realizou. A obrigatoriedade da indenização, diante da rescisão unilateral, desmotivada e lesiva à Distribuidora Santiago é irrefutável, sob pena de enriquecimento ilícito proporcionado à nova distribuidora por ato direto da Ambev.

5.3. Alegações da Ambev

A Ambev sustentou regularidade do término do prazo do contrato em razão da licitude da cláusula contratual interruptiva da renovação automática, já que tal direito está assegurado a ambas as partes e pode ser exercido a qualquer tempo, por qualquer das partes.

Quanto à indenização pleiteada, a denúncia do contrato procedida com a antecedência sete meses constitui exercício regular de direito, sendo tempo suficiente para a Distribuidora Santiago reorganizar as suas atividades.

5.4. Decisão do Tribunal de Justiça do Paraná[17]

Antes de relatar o julgamento do mérito pelo Tribunal de Justiça do Paraná, importante destacar três pontos importantes temas, também apreciados no julgamento, relacionados aos contratos empresariais.

O primeiro deles refere-se à incidência do Código de Defesa de Consumidor no relacionamento contratual entre a Ambev e a Distribuidora Santiago. O Tribunal concluiu que não têm incidência na espécie, por óbvio, as normas do Código de Defesa do Consumidor, pois é flagrante a inexistência de relação de consumo entre as partes, que firmaram contrato de distribuição, espécie de contrato de concessão mercantil, considerado na doutrina como contrato atípico e complexo, cujas obrigações são estabelecidas pelas próprias partes.

Com apoio em Humberto Theodoro Júnior e Adriana Nandim Theodoro de Mello[18] o Tribunal afastou a incidência das regras do Código

---

[17] TJPR. 6ª Câmara Cível. Agravo Instrumento. nº 77.562-4, rel. Des. Newton Luz, j. 29.09.99.

[18] "Apontamentos Sobre a Responsabilidade Civil na Denúncia dos Contratos de Distribuição, Franquia e Concessão Comercial", *Revista dos Tribunais*, vol. 790, p. 11–44.

de Defesa do Consumidor no contrato de distribuição porque as vendas realizadas entre o fabricante e o distribuidor não configuram operação de consumo, e sim avença entre profissionais em perfeitas condições de analisar a conveniência de cada uma de suas cláusulas, de negociá-las na medida do possível, de recusá-las ou de vir mesmo a não contratar.[19]

O segundo refere-se à impossibilidade de aplicação analógica da Lei 6729/79 aos contratos de distribuição porque a atipicidade do contrato de distribuição de bebidas exclui a possibilidade da aplicação analógica da Lei nº 6.729/79 que regula relações comerciais específicas entre as produtoras e as distribuidoras de veículos automotores de via terrestre, cujas disposições nenhuma relação possuem com o contrato de distribuição de bebidas que, por ausência da lei específica, é regido pelas disposições normativas dos contratos em geral.

Na orientação jurisprudencial do Superior Tribunal de Justiça, a concessão comercial entre produtores e distribuidores de veículos automotores de via terrestre é regida por diploma legal – "[...] que estatui conjunto normativo particularmente distinto do direito comum, criando significativas restrições à autonomia da vontade, que não se hão de estender a situações nele não previstas".[20]

O terceiro e último, refere-se à impossibilidade da manutenção forçada do contrato por decisão judicial. No curso da ação principal, a Ambev obteve a revogação da decisão liminar que havia determinado o prosseguimento do contrato pelo desaparecimento de um dos requisitos fundamentais para sua concessão, qual seja, o *periculum in mora* porque decorridos três anos.

A decisão monocrática, confirmada pelo Tribunal de Justiça do Paraná,[21] afirmou que os contratos por tempo indeterminado não são eternos embora sejam perenes em sua existência e, por via de consequência, a rescisão é um direito, cujos prejuízos decorrentes dela devem ser apurados, se existentes. Não pode o Estado Juiz intervir nas partes substituindo ou afastando o elemento volitivo, essência dos contratos.

Considerando que entre a concessão da liminar e a sua revogação decorreram mais de três anos, houve modificação na situação fática da Distribuidora Santiago, de modo que não se verifica a possibilidade de decretação de sua ruína (desaparecimento do *periculum in mora*), hipótese que serviu de fundamento para a concessão da medida liminar.

Efetivamente não cabe ao Judiciário suprir a vontade das partes além do que por elas pretendido. Neste sentido, não mais havendo a

---

[19] GARCIA, Ricardo Lupion. *Obra Citada*. Porto Alegre: Livraria do Advogado, 2011, págs. 64/71.
[20] STJ. Agravo Regimental nº. 43.329-3-SP, 3ª Turma, rel. Min. Eduardo Ribeiro, j. em 15/03/1994.
[21] TJPR, Agr. Inst. nº 124.430-2, 6ª Câmara Cível, rel. Des. Jair Ramos Braga, j. 23.04.03

intenção de uma das partes na continuidade do contrato, como é o caso da Ambev, nada mais resta do que rescindi-lo.

Aos contratos aplica-se a autonomia da vontade das partes em que "ninguém será obrigado a fazer ou deixar de fazer alguma coisa senão em virtude de lei" (art. 5, II da CF). Assim sendo, não se poderia obrigar a Ambev a manter o contrato com a Distribuidora Santiago.

No mérito, o Tribunal, com apoio em Messineo,[22] entendeu que o contrato firmado entre as partes é nitidamente de adesão porque as cláusulas e condições da pactuação foram estabelecidas unilateralmente pela Ambev sem a possibilidade da Distribuidora discuti-las ou modificá-las. Isto se conclui não só pela flagrante padronização redacional, como também pela sujeição da aderente, notadamente a partir de meados de 1.995, às condições de produtividade e resultados do – "Projeto Excelência 2.000", impostas pela indústria de bebidas, de pública e notória superioridade econômica.

Por ter estado voltada durante mais de vinte anos exclusivamente à atividade comercial de distribuição de bebidas e produtos fabricados pela Ambev, o Tribunal assegurou indenização à Distribuidora Santiago por perdas e danos, inclusive morais, lucros cessantes e fundo de comércio.

Neste novo milênio, a aplicação dos princípios da obediência irrestrita ao pactuado e da autonomia da vontade deve ser vista sempre sob a ótica dos princípios gerais da boa-fé e da igualdade entre os contratantes, com observância, especialmente, do poderio econômico das partes envolvidas.

Afinal, definitivamente, a liberdade de pactuar não mais autoriza o abuso de direito, efeito odioso a ser estancado pela intervenção judicial no contrato, em resgate do imprescindível equilíbrio entre as partes.

Com apoio na doutrina de Márcio Mello Casado, o Tribunal admitiu a intervenção judicial no contrato[23] para reconhecer que, não obstante

---

[22] "Contrato de adesão é aquele no qual todas as cláusulas são previamente estipuladas por uma das partes, de modo que a outra, no geral mais fraca, ante a necessidade de contratar, não tem poderes para debater as condições, nem introduzir modificações, no esquema proposto. Este último contraente aceita tudo em bloco ou recusa tudo por inteiro". MESSINEO, Francesco. *Doctrina general del contrato*. Buenos Aires : Ediciones Jurídicas Europa-América, vol. I, p. 440, 1986.

[23] "Não é possível que continuemos com a visão individualista do Século XIX, onde imperava o dogma da vontade individual soberana. Hoje o Estado intervém nas relações entre os particulares, visando à estruturação de um bem-estar social. Houve a constatação de que a liberdade contratual, a qual pressupõe uma igualdade de partes, é uma utopia favorecedora dos grupos economicamente mais fortes. Desta forma, temos que levar em conta, ao analisarmos o negócio jurídico, o seu desenvolvimento útil e justo. Caso esta evolução não seja adequada, ou melhor, fuja do normal, sendo lesiva a uma das partes, é mais do que admissível que o contrato possa ser revisto por um terceiro que não fez parte da manifestação de vontade, o Poder Judiciário. O conceito de lesão leva em conta uma anormal desproporção entre preço e valor, somada a um exame dos atos do sujeito ativo da lesão e das circunstâncias em que se encontrava o sujeito passivo da mesma. Não é possível aferir-

a existência de cláusula contratual impeditiva da renovação automática da avença, o seu exercício, pela Ambev, causou prejuízos à Distribuidora Santiago, que devem ser indenizados.

A denúncia vazia do contrato de distribuição pela Ambev com concessão de prazo incapaz de evitar prejuízos à Distribuidora Santiago gera graves consequências e prejuízos, concluiu o Tribunal.

5.5. Decisão do Superior Tribunal de Justiça[24]

O Superior Tribunal de Justiça reformou a decisão do Tribunal de Justiça do Paraná.

Concluiu que a decisão determinará a insegurança jurídica no instituto dos contratos, com seriíssimas repercussões das atividades comerciais na sociedade brasileira, atribuindo-se a um contrato comercial natureza de irrescindibilidade diante da sanção de penalidades, não obstante previsão contratual

O contrato entre duas pessoas jurídicas é rescindível, observados os termos estipulados. Cumpridos os prazos avençados, realizada a notificação prevista contratualmente, não há que se falar em cláusula abusiva e ensejadora das indenizações pleiteadas.

A cessação de atividade de distribuição de bebidas, cujo contrato vigeu por muitos anos, ao término do prazo contratual, reveste-se de exercício de um direito, bilateralmente assegurado às partes, não se revestindo, portanto, de nenhuma abusividade que pudesse gerar as indenizações buscadas pela Distribuidora Santiago.

5.6. Declaração de voto vencido

Durante o julgamento, o Min. Luis Felipe Salomão proferiu voto vencido mantendo a decisão do Tribunal de Justiça do Paraná e, consequentemente, a indenização pelo término do contrato. A seguir, os fundamentos do voto vencido.

A verdade é que a liberdade de contratar perdeu operância paulatinamente, na medida em que a atividade comercial da Distribuido-

---

mos a lesividade de um negócio por simples cálculos aritméticos, temos que considerar os elementos subjetivos da relação obrigacional. O elemento objetivo da lesão é a desproporção dos valores negociados, ou seja, o preço real da coisa e o preço pago. O elemento subjetivo diz respeito à condição dos contratantes. O lesado vê-se minorizado perante a outra parte, pois esta é que dita as regras, é ela que determina as condições do contrato, normalmente por deter o poder econômico." CASADO, Márcio Mello. "Considerações sobre a lesão nos contratos" *Revista Jurídica*. São Paulo: IOB Informações Objetivas e Publicações Jurídicas Ltda, v. 44, p. 33–43, 1996.

[24] STJ. REsp n°1.112.796 – PR, 4ª. Turma, rel. Min. Honildo Amaral de Mello Castro (Desembargador convocado do TJ/AP), j. em 10/08/2010.

ra Santiago era limitada pela exclusividade imposta pela Ambev, assim como pelo condicionamento da Distribuidora Santiago no que tange a padronizações e customizações somente aproveitáveis na relação comercial existente entre os litigantes.

Vale dizer, todo o aparato pertencente à Distribuidora Santiago – imóveis, vasilhames, veículos, programas de controle de estoque, qualificação laboral dos funcionários – era serviente unicamente aos interesses da Ambev, tudo instrumentalizado por contrato-padrão que a ele aderia a Distribuidora Santiago ou simplesmente encerrava suas atividades.

Outra opção não lhe era dada, não podendo, por isso, cogitar-se verdadeiramente de liberdade contratual. Se esta existiu em sua plenitude, foi somente no início, quando do implemento do negócio, há mais de vinte anos, vindo gradativamente perdendo forças pelas peculiaridades existentes na relação comercial.

De fato, se após vinte anos de relação contratual a Distribuidora Santiago não mais possuía, genuinamente, nenhuma liberdade de contratação, somando-se a isso a aderência deste ao plano de excelência criado pela Ambev – o qual gerou investimentos comprovadamente elevados por parte da concessionária –, encontra-se bem caracterizado o repudiado *venire contra factum proprium* a conduta da Ambev em rescindir o contrato sem justificativa plausível, apenas por desinteresse comercial, "agraciando" a Distribuidora Santiago, que verdadeiramente era sua parceira comercial, com exíguo prazo de seis meses para a reestruturação de uma empresa que, por duas décadas, serviu-lhe de distribuidora.

Tal conduta não enxerga, absolutamente, nenhuma função social nem no contrato nem na empresa que, a seguir o comando contratual levado a efeito pela Ambev, não teria outro destino senão a bancarrota.

A existência da cláusula contratual que previa a possibilidade de rescisão desmotivada por qualquer dos contratantes não tem relevância, por si só, para afastar e justificar o ilícito de se rescindir unilateralmente e imotivadamente um contrato de tão longa data.

Muito pelo contrário, considerar cláusulas desse jaez como inteiramente válidas, sem adaptá-las a realidade, parece um retrocesso, retorno a tempos cujos paradigmas eram pautados pela fantasiosa igualdade formal entre os contratantes – dogma do Estado liberal há muito superado –, tempos em que o poder estatal somente intervinha nas relações particulares para garantir a execução forçada do *pacta sunt servanda*.

Efetivamente, a possibilidade de denúncia "por qualquer das partes" gera uma falsa simetria entre os contratantes, um sinalagma cuja distribuição obrigacional é apenas aparente. Para se verificar a equidade derivada da cláusula, na verdade, devem ser investigadas as consequências da rescisão desmotivada do contrato, e, assim, descortina-se a falácia de se afirmar que a resilição unilateral era garantia recíproca na avença.

A resilição unilateral para a Ambev, hoje uma potência no seguimento na América Latina, não acarretaria maiores danos, porquanto esta poderia facilmente arregimentar novos distribuidores.

Porém, a resilição unilateral para a Distribuidora Santiago, parte incontroversamente mais frágil na relação, significa o encerramento da empresa.

Na relação jurídica existente entre os ora litigantes não há, definitivamente, a igualdade econômica, tampouco liberdade contratual plena, sem as quais não se pode cogitar da manutenção de cláusula que, a despeito de apregoar uma igualdade entre os contraentes, acaba por possibilitar abusos do poder econômico.

Não se quer com esse posicionamento afirmar que os contratos devem ser mantidos a todo custo, sem observância da vontade das partes. A opção de contratar e manter-se em um contrato é expressão máxima da autonomia da vontade, que não desapareceu, é evidente. Porém, deve-se ter em mente que, partindo-se do fato de que há um contrato de longa data, a faculdade de distrato exercida de forma disfuncional, anormal, imoderada ou distanciada da boa-fé e dos bons costumes comerciais, pode acarretar danos a outrem que devem ser reparados em sua plenitude.

Com efeito, deve-se considerar que, muito embora a celebração de um contrato seja, em regra, livre, o distrato é um ônus, que pode, por vezes, configurar abuso de direito.

Valendo-se do magistério de Judith Martins-Costa,[25] o voto vencido sustentou, ainda, que a relação jurídica entre a Ambev e a Distribuido-

---

[25] Por igual atua a boa-fé como limite ao exercício de direitos subjetivos nos casos indicados sob a denominação de ´supressio´. Segundo recente acórdão do Tribunal de Justiça do RS, esta 'constitui-se em limitação ao exercício de direito subjetivo que paralisa a pretensão em razão da boa-fé objetiva'. Exige-se, para a sua configuração, "(I) o decurso de prazo sem exercício do direito com indícios objetivos de que o direito não mais seria exercido e (II) desequilíbrio, pela ação do tempo, entre o benefício do credor e o prejuízo do devedor". Diferentemente da ´supressio´, que indica o encobrimento de uma pretensão, coibindo-se o exercício do direito em razão do seu não exercício, por determinado período de tempo, com a consequente criação da legítima expectativa, à contraparte, de que o mesmo não seria utilizado, outra figura, a ´surrectio´, aponta para o nascimento de um direito como efeito, no tempo, da confiança legitimamente despertada na contraparte por determinada ação ou comportamento. Assim ocorreu ao examinar-se lide decorrente de contrato de locação, que previa a resilição unilateral, mediante prévio aviso de 60 (sessenta) dias à contraparte, por carta protocolada que expressasse o poder extintivo da denúncia contratual, contemplando, outrossim, a possibilidade de renovação do contrato, desde que, por meio de carta protocolada, a parte interessada assim expressasse sua vontade com antecedência mínima de 60 (sessenta) dias. Por um período superior a 12 (doze) anos, as partes vinham prorrogando a avença, sempre mediante o recurso à formalidade do envio de cartas. Em certa ocasião, contudo, em resposta ao pedido de prorrogação feita pelo locatário, respondeu a locadora que não pretendia renová-lo. O debate centrou-se na argumentação, do lado do locatário, do "direito à automaticidade" da prorrogação; de outro, por parte da locadora, da legitimidade de sua pretensão a resilir a avença.A decisão, embora considerando caber razão à locadora, no sentido da inocorrência da 'automaticidade' da prorrogação

ra Santiago está encoberta pela *supressio*, teoria oriunda da boa-fé, que reduz a eficácia do direito em razão da inércia do titular no decorrer do tempo, ou, ainda, o comportamento da parte, que se estende por longo período de tempo ou se repete inúmeras vezes, porque incompatível com o exercício do direito.

Ou seja, a *supressio* inibe o exercício de um direito, até então reconhecido, pelo seu não exercício, se presente, de outra parte, a boa-fé do contratante. Por outro lado, e em direção oposta à *supressio*, mas com ela intimamente ligada, tem-se a teoria da *surrectio*, cujo desdobramento é a aquisição de um direito pelo decurso do tempo, pela expectativa legitimamente despertada.

Restou claro que o comportamento reiterado da Ambev, consistente na prorrogação contratual iterativa, por duas décadas, somando-se a isso os elevados investimentos realizados pela Distribuidora Santiago em razão da aderência ao "Projeto Excelência 2.000", a um só tempo, enfraqueceu o direito de resilição unilateral da Ambev e gerou legítima expectativa na Distribuidora Santiago de que Ambev não mais acionaria a cláusula 13ª, que permitia a qualquer dos contratantes a resilição imotivada do contrato mediante denúncia.

A denúncia vazia realizada pela Ambev consubstancia, deveras, quebra da confiança, decorrente esta de uma realidade criada por ela própria, mediante comportamento que sinalizava, de fato, a continuidade da avença, ao menos durante um prazo razoável para a recuperação dos investimentos, ou até aonde alcança a expressão "Excelência 2.000".

6. Conclusões

O estudo de casos demonstrou a possibilidade e legalidade do término dos contratos empresariais de longa duração, pois é "princípio do direito contratual de relações continuativas que nenhum vínculo é eterno. Se uma das partes manifestou sua vontade de rescindir o contrato – previsão bilateral – não pode o Poder Judiciário impor a sua continuidade".[26]

---

contratual, uma vez terem as partes sempre observado o requisito da forma contratualmente prevista, entendeu, porém, obstado o poder formativo extintivo de resilição (denúncia contratual), apontando, consequentemente, ao nascimento do direito à prorrogação pelo fato de, no período imediatamente anterior ao ´dies ad quem´ do prazo contratual, ter a locadora imposto ao locatário a realização de despesas com reformas no prédio, levando-o a acreditar que não romperia, inopinadamente, uma tradição de 12 (doze) anos no sentido da continuidade da relação contratual. Nos fundamentos do acórdão está o princípio da boa-fé objetiva, como proteção à confiança traída. MARTINS-COSTA, Judith. *Diretrizes Teóricas do novo CC brasileiro*. São Paulo: Saraiva, 2003, p. 217-219.

[26] STJ, 4ª T., Agravo de Instrumento nº 988.736 (AgRg). Min. Aldir Passarinho Júnior, j. em 23.09.08. Resp nº 534.105/MT, Relator o Ministro Cesar Asfor Rocha, DJ de 19/12/03

Os procedentes judiciais do Superior Tribunal de Justiça demonstram que o Poder Judiciário não pode impor a manutenção forçada de um contrato porque se trata de uma questão negocial entre as partes e diz respeito à autonomia das pessoas de, voluntariamente, aderirem ou se manterem vinculadas ao contrato.

Quanto aos contratos de longa duração, também se verificou que o argumento da sua longevidade não pode ser utilizado para impedir o seu término, ao contrário, quando mais longo o contrato, maior foi o tempo de diluição dos investimentos realizados e de apropriação dos resultados (lucros) pelas empresas.

A falta de interesse de uma das partes para renovar o contrato e declarar o seu término, "ainda que amparada unicamente no interesse de obter maior lucro – não constitui ato ilícito, gerador do dever de indenizar"[27] e a redução das atividades da outra parte e, eventualmente, a sua cessação não pode gerar direitos indenizatórios, sendo certo que, eventualmente caracterizado o abuso da rescisão, por isso responderá quem o tiver praticado, mas tudo será resolvido no plano indenizatório.[28]

Enfim, os precedentes judiciais examinados demonstram que os contratos empresariais devem ser interpretados segundo as suas características próprias, pois são firmados por empresários no exercício de suas atividades profissionais na linha do entendimento do enunciado nº 25 da I Jornada de Direito Comercial, segundo o qual "nas relações empresariais, deve-se presumir a sofisticação dos contratantes e observar a alocação de riscos por eles acordada".[29]

Referências bibliográficas

ABREU, Jorge Manuel Coutinho de. *Da Empresarialidade. As Empresas no Direito*. Almedina: Coimbra, 1996.

——. Curso de Direito Comercial. Das Sociedades. Vol.II. Almedina: Coimbra, 2002.

——. "Deveres de cuidado e de lealdade dos administradores e interesse social". *Reformas do Código das Sociedades*. Almedina: Coimbra, 2007.

---

[27] STJ, 3ª T., REsp nº 766.012-RJ. Min. Humberto Gomes de Barros, j. em 23.08.05

[28] STJ, 3ª T., REsp nº 1.250.596-SP. Min. Nancy Andrighi, j. em 03.11.11

[29] "A interpretação a ser atribuída aos contratos empresariais externos (não de sociedade) não se iguala àquela atribuída aos contratos comuns, ao menos quando se tem por pressuposto a realização de contratos vinculados ao exercício da empresa, sujeitos a elementos como risco e lucro, partícipes da configuração da atividade empresarial e firmados entre profissionais. A estabilidade dos contratos e do mercado é importante elemento ser cotejado com a própria idéia de função social do contrato. A interferência do Estado na fixação de seu conteúdo deve ser vista com cautela, e atuação do Poder Judiciário orientada pelos elementos característicos deste tipo de contrato e da função por ele desempenhada." RIBEIRO, Marcia Carla e AGUSTINHO, Eduardo. "Fundamentos para a interpretação dos contratos empresariais: aspectos jurídicos e econômicos". *Revista de Direito Mercantil*. Vol. 151/152, p. 75

AGUIAR JUNIOR. Ruy Rosado de. "Contratos relacionais, existenciais e de lucro" *Revista Trimestral de Direito Civil*. vol. 45, p. 91/111.

ALBUQUERQUE, PEDRO de. "Direito de preferência dos sócios em aumentos de capital nas sociedades anônimas e por cotas. *Comentário ao Código das Sociedades Comerciais*. Almedina: Coimbra, 1992.

ANTUNES, José A. Engrácia. "Contratos Comerciais e Noções Fundamentais". *Direito e Justiça*. Lisboa: Revista da Faculdade de Direito da Universidade Católica Portuguesa, 2007, vol. Especial.

ARAUJO, Fernando. *Teoria Económica do Contrato*. Almedina: Coimbra, 2007.

ASCENÇÃO, José de Oliveira. *Lições de Direito Comercial: Sociedades Comerciais*. vol, IV, Lisboa, 1993.

AZEVEDO, Antonio Junqueira de. "Princípios do Novo Direito Contratual e Desregulação do Mercado, Direito de Exclusividade nas Relações Contratuais de Fornecimento, Função Social do Contrato e Responsabilidade Aquiliana do Terceiro que Contribui para Inadimplemento Contratual". *Revista dos Tribunais*, nº 750.

——. "Insuficiências, deficiências e desatualização do Projeto de Código Civil na questão da boa-fé objetiva nos contratos". *Revista Trimestral de Direito Civil*. São Paulo: Revista dos Tribunais, vol. 1.

——. "A boa-fé na formação dos contratos". *Revista de Direito do Consumidor*, nº 3. São Paulo: Revista dos Tribunais.

CARDOSO, J. Pires. *Sociedade Anônima (ensaio econômico)*. Empresa Nacional de Publicidade; Lisboa.

COMPARATO, Fabio Konder. *O poder de controle na sociedade anônima* / Fábio Konder Comparato e Calixto Salomão Filho. Rio de Janeiro: Forense, 2008.

CORREIA, António de Arruda Ferrer. *Lições de Direito Comercial*, vol. II; Lex: Lisboa, 1994.

CORREIA, Luís Brito. *Direito Comercial*, vol. II. Associação Académica da Faculdade de Direito de Lisboa: Lisboa.

CASADO, Márcio Mello. "Considerações sobre a lesão nos contratos" *Revista Jurídica*. São Paulo: IOB Informações Objetivas e Publicações Jurídicas, v. 44, p. 33–43, 1996.

EIZIRIK, Nelson *et alli*. *Mercado de Capitais Regime Jurídico*. Rio de Janeiro: Renovar, 2008.

FRADA, Manuel A. Carneiro da. "A *business judgment rule* no quadro dos deveres gerais dos administradores". *Nos 20 anos do Código das Sociedades Comerciais*, vol. III, Coimbra Editora: Coimbra, 2007.

FORGIONI, Paula A. "Interpretação dos negócios empresariais". *Contratos empresariais: Fundamentos e Princípios dos Contratos Empresariais* / Wanderley Fernandes, coordenador. São Paulo: Saraiva, 2007.

GARCIA, Ricardo Lupion. *Boa-fé Objetiva nos Contratos Empresariais*. Contornos Dogmáticos dos Deveres de Conduta. Livraria do Advogado: Porto Alegre, 2010.

——. "Empresa Interesse social e função social Conteúdo e distinções". *Revista Direito Empresarial*, vol. maio/agosto, p. 141-164, 2012.

GOMES, Orlando. *Contratos*. Rio de Janeiro: Editora Forense, 1996

GRINOVER, Ada Pellegrini *et alii*. *Código Brasileiro de Defesa do Consumidor*. Rio de Janeiro: Forense Universitária, 1991.

LAMY FILHO, Alfredo. BULHÕES FRANÇA, Erasmo Valladão Azevedo e Novaes. *Conflito de interesses nas assembléias de S.A*. São Paulo: Malheiros, 1993.

LEÃES, Luiz Gastão Paes de Barros. "A disciplina do direito de empresa no novo código civil brasileiro". *Revista de Direito Bancário e do Mercado de Capitais*, vol. 21, p. 48

——. "Denúncia de contrato de franquia por tempo indeterminado" *Revista dos Tribunais*, vol. 719, p. 83.

MARTINS-COSTA, Judith. *Diretrizes Teóricas do novo CC brasileiro*. São Paulo: Saraiva, 2003

MEDINA, José Miguel Garcia Medina. "Coação Econômica (Economic Duress). *Revista dos Tribunais*. vol. 902, p. 87-110, dezembro/2010.

MENEZES CORDEIRO, Antônio Manuel da Rocha e. *Da Boa Fé no Direito Civil*. Lisboa: Livraria Almedina, 1983.

MESSINEO, Francesco. *Doctrina general del contrato*. Buenos Aires : Ediciones Jurídicas Europa-América, vol. I, 1986.

NEGREIROS, Teresa. *Teoria do Contrato: Novos Paradigmas*. Rio de Janeiro. Renovar, 2002.

PEDREIRA, José Luiz Bulhões. *A Lei das S.A: Pressupostos, elaboração, aplicação*. Rio de Janeiro: Renovar, 1996.

RIBEIRO, Marcia Carla Pereira. "A importância da cláusula compromissória nos contratos empresariais como fortalecimento das relações negociais". *Revista de Arbitragem e Mediação*, vol. 28, p. 161.

RIBEIRO, Marcia Carla e AGUSTINHO, Eduardo. "Fundamentos para a interpretação dos contratos empresariais: aspectos jurídicos e econômicos". *Revista de Direito Mercantil*. Vol. 151/152, p. 75

SERRA, Catarina. "Entre *Corporate Governance* e *Corporate Responsability*. Deveres fiduciários e 'interesse social iluminado'. *Congresso Direito das Sociedades em revista, I, Lisboa, 2010*. Almedina: Coimbra, 2010.

SILVA, Alexandre Couto. Responsabilidade dos Administradores de S/A: *business judgment* rule. Rio de Janeiro: Elsevier, 2007.

THEODORO JUNIOR, Humberto e MELLO, Adriana Nandim Theodoro de. "Apontamentos Sobre a Responsabilidade Civil na Denúncia dos Contratos de Distribuição, Franquia e Concessão Comercial", *Revista dos Tribunais*, vol. 790, p. 11–44.

——. "O regime do contrato (típico) de agência e distribuição (representação comercial) no novo código civil em cotejo com A situação jurídica do contrato (atípico) de concessão comercial. Indenizações cabíveis na extinção da relação contratual". *Revista dos Tribunais*, vol. 825, p. 35.

Capítulo III

RECUPERAÇÃO DE EMPRESAS

— 7 —

Inovações e controvérsias da Lei Complementar nº 147/2014 em matéria falimentar

ANDRÉ FERNANDES ESTEVEZ[1]

Sumário: 1. Considerações introdutórias; 2. Classificação de credores; 3. Remuneração do administrador judicial; 4. Composição da assembleia geral de credores; 5. Votação de plano de recuperação judicial em assembleia; 6. Sistemática da recuperação judicial com base em plano especial; 7. Conclusão; Bibliografia.

1. Considerações introdutórias

A legislação falimentar pátria já sofreu inúmeras modificações ao longo dos 165 anos em que passou a ser regulada por normas brasileiras.[2]

Entre as modificações normativas, apenas como exemplo, surgiu o Decreto nº 917/1890 que veio a substituir as regras falimentares contidas no Código Comercial de 1850. O objetivo de sua criação era o de "moralizar" a matéria,[3] mas foi integralmente substituído após meros doze anos frente à acusação de que propiciou "maiores fraudes e abusos",[4] de forma a provocar "clamores das associações comerciais, e da imprensa".[5]

O Direito Falimentar encontra-se atualmente regulado pela Lei nº 11.101/2005. Embora trate-se de legislação recente, o diploma legal passa por críticas e por propostas legislativas para sua modificação, em espe-

---

[1] Professor de Direito Empresarial na PUCRS. Doutorando em Direito Comercial pela USP. Mestre em Direito Privado pela UFRGS. Advogado. E-mail: andre@estevez.adv.br.

[2] Anteriormente ao Código Comercial de 1850, o Direito Falimentar era regulado pelas Ordenações Filipinas de Portugal.

[3] REQUIÃO, Rubens. *Curso de direito falimentar*. 17. ed. São Paulo: Saraiva, 1998, p. 23.

[4] AFONSO NETO, Augusto. *Princípios de Direito Falimentar*. São Paulo: Max Limonad, 1962, p. 56.

[5] VAMPRÉ, Spencer. *Tratado elementar de direito comercial*. Rio de Janeiro: F. Briguiet & Cia, 1922. vol. I, p. 42.

cial nos debates dos projetos de Código Comercial que tramitam na Câmara (PL 1572/2011) e no Senado (PLS 487/2013), simultaneamente.

Ao lado dos debates sobre as modificações do Direito Falimentar, em 07/08/2014 foi publicada a Lei Complementar n° 147/2014, que tem por objetivo tratar de diversos aspectos atinentes às *microempresas* e *empresas de pequeno porte*. Entre as variadas modificações legislativas, houve alteração nos artigos 24, 26, 41, 45, 48, 68, 71, 72 e 83 da Lei n° 11.101/2005.[6] Trata-se do Projeto de Lei Complementar (PLP) n° 237/2012, que foi apresentado em 19/12/2012. Após a curta tramitação, "parte substancial dos especialistas em direito concursal não participou do debate parlamentar e apenas tomou conhecimento das alterações na Lei de Recuperação de Empresas após a promulgação da LC 147/14".[7]

As mudanças provocaram resultados heterodoxos, configurando, em alguns aspectos, evidentes retrocessos. O objetivo deste estudo centra-se na análise das inovações e controvérsias implementadas pela Lei Complementar n° 147/2014 na Lei de Falências e Recuperação de Empresas (LFRE).[8]

Dentre as mutações, constam alguns temas de menor complexidade ou interesse, como a alteração de requisitos subjetivos que autorizam o pedido de recuperação judicial (art. 48), a nova composição do comitê de credores (art. 26) e concessão de prazo adicional em eventual parcelamento em favor do devedor por créditos contra a Fazenda Pública ou INSS (art. 68). Desta forma, centra-se a análise no que diz respeito a classificação de credores (art. 83), remuneração do administrador judicial (art. 24), composição da assembleia geral de credores (art. 41) e plano de recuperação judicial (arts. 45, 71 e 72), temas estes que possuem maior relevância acadêmica e repercussão acentuada no desenvolvimento de casos concretos.

2. Classificação de credores

A Lei Complementar n° 147/2014 impôs a criação de forma não convencional de classificação de credores.

A tradição brasileira sempre impôs que os créditos fossem classificados conforme a *natureza* da relação creditícia, desimportando a *qualidade subjetiva* ostentada pelo *credor*. Portanto, uma pessoa natural poderia,

---

[6] Anote-se que a sensação empírica foi de absoluta surpresa de professores e doutrinadores com as modificações introduzidas.

[7] CAVALLI, Cássio. *Impactos da Lei Complementar 147/14 no direito concursal brasileiro*. Disponível em http://www.cassiocavalli.com.br/?p=479. Acessado em 02/02/2015 às 23:00

[8] Referida anteriormente como Lei n° 11.101/2005.

exemplificativamente, ser credora trabalhista ou quirografária, bem como mesclar simultaneamente ambas as hipóteses. Para tanto, o foco centrava-se na análise de cada relação de crédito, e não na pessoa do credor.

A novidade está no art. 83, IV, "d", que assim dispõe:

Art. 83. A classificação dos créditos na falência obedece à seguinte ordem:
IV – créditos com privilégio especial, a saber:
d) aqueles em favor dos microempreendedores individuais e das microempresas e empresas de pequeno porte de que trata a Lei Complementar nº 123, de 14 de dezembro de 2006.

Originalmente, o PLP nº 237/2012 previa a renumeração dos incisos do art. 83 da Lei de Falências para afirmar que os "créditos de microempresas e empresas de pequeno porte" ficariam em segundo lugar na ordem de classificação concursal, imediatamente após os créditos decorrentes de legislação do trabalho e acidentários trabalhistas e antes dos créditos com garantia real. A redação definitiva impôs a classificação dos créditos de *microempreendedores, microempresas* e *empresas de pequeno porte* como créditos com *privilégio especial*.

Curiosamente, o crédito com *privilégio especial* envolve benefício atrelado a certo *bem*, como se observa no art. 963 do Código Civil[9] e nos mais variados exemplos constantes no art. 964 da mesma lei,[10] embora a Lei Complementar nº 147/2014 não refira a existência de nenhum bem relacionado ao crédito do microempreendedor, microempresa ou empresa de pequeno porte. A impressão que surge é de que se utilizou o conceito de *privilégio especial* para uma acepção leiga e não técnica de *muito privilegiado*.

Pela nova redação, não interessa propriamente qual é a *natureza da relação* havida entre as partes. Basta que o credor seja *microempreededor individual, microempresa* ou *empresa de pequeno porte* que deverá ser classificado o respectivo montante como *privilegiado especial*.

---

[9] CC – Art. 963. O privilégio especial só compreende os bens sujeitos, por expressa disposição de lei, ao pagamento do crédito que ele favorece; e o geral, todos os bens não sujeitos a crédito real nem a privilégio especial.

[10] CC – Art. 964. Têm privilégio especial: I – sobre a coisa arrecadada e liquidada, o credor de custas e despesas judiciais feitas com a arrecadação e liquidação; II – sobre a coisa salvada, o credor por despesas de salvamento; III – sobre a coisa beneficiada, o credor por benfeitorias necessárias ou úteis; IV – sobre os prédios rústicos ou urbanos, fábricas, oficinas, ou quaisquer outras construções, o credor de materiais, dinheiro, ou serviços para a sua edificação, reconstrução, ou melhoramento; V – sobre os frutos agrícolas, o credor por sementes, instrumentos e serviços à cultura, ou à colheita; VI – sobre as alfaias e utensílios de uso doméstico, nos prédios rústicos ou urbanos, o credor de aluguéis, quanto às prestações do ano corrente e do anterior; VII – sobre os exemplares da obra existente na massa do editor, o autor dela, ou seus legítimos representantes, pelo crédito fundado contra aquele no contrato da edição; VIII – sobre o produto da colheita, para a qual houver concorrido com o seu trabalho, e precipuamente a quaisquer outros créditos, ainda que reais, o trabalhador agrícola, quanto à dívida dos seus salários.

A presença de critérios díspares pode gerar extrema complexidade e não é novidade no Direito. Apenas como exemplo, em matéria processual civil, Piero Calamandrei criticava a divisão do processo civil em conhecimento, execução e cautelares por afirmar que se geravam espécies de gêneros diferentes. Criticou o critério asseverando que seria como dividir o mundo entre homens, mulheres e europeus.[11]

A nova formatação foi corretamente classificada por Gilberto Deon Corrêa Júnior, Luís Felipe Spinelli e Rodrigo Tellechea como "qualitativamente esdrúxula" e "sistematicamente devastadora",[12] isto porque parte de um danoso voluntarismo legislativo que parece desprovido de técnica.

Em outros ordenamentos jurídicos admite-se a *qualidade subjetiva do devedor* como *critério* para a formação de *comitês*, não propriamente para a classificação do credor, como ocorre na França com as *instituições financeiras*[13] e na Itália com as divisões em credores com "posição jurídica e interesses econômicos homogêneos".[14] Contudo, não é habitual, no Brasil e no exterior, que os créditos sejam *classificados* com base neste critério.

A necessidade de classificar o crédito conforme a *qualidade* da *pessoa do credor* pode gerar confusões naturais. Veja-se que um determinado credor *microempresa* poderia possuir um crédito contra uma massa falida em razão de prestação de serviços. Admitindo-se que este crédito seria classificado originalmente como *quirografário*, após a LC nº 147/2014 passa a ser considerado *privilegiado especial*. Por outro lado, se nove pessoas naturais e uma microempresa adquirirem dez unidades de um empreendimento residencial, as pessoas naturais serão classificadas com *privilégio geral*,[15] enquanto que apenas a microempresa será classificada como *privilegiada especial*. Como os créditos com privilégio especial são pagos com precedência aos créditos com privilégio geral, tecnicamente é possível que as pessoas naturais nada recebam em certa falência de incorporador em razão dos imóveis residenciais que adquiriram para fixar domicílio.

---

[11] Conceito trazido pelo autor Piero Calamandrei e aderido pelos juristas Ovídio Araújo Baptista da Silva e Teori Albino Zavascki. Ver: CALAMANDREI, Piero. *Introduccíon al estúdio sistemático de las providencias cautelares*. Trad. Santiago Sentis Melendo. Buenos Aires: Editorial Bibliográfica Argentina, 1945.

[12] CORRÊA JÚNIOR, Gilberto Deon; SPINELLI, Luís Felipe; TELLECHEA, Rodrigo. *Mudanças feitas pela LC 147 no instituto de falência são questionáveis*. Conjur. Disponível em http://www.conjur.com.br/2014-set-22/mudancas-feitas-lc-147-instituto-falencia-sao-questionaveis. Acessado em 19/01/2015 às 02:15

[13] SAINT-ALARY-HOUIN, Corinne. *Droit des entreprises en difficulté*. 6. ed. Paris: Montchrestien, 2009. p. 545.

[14] PACCHI, Stefania. Il concordato fallimentare in BERTACCHINI, Elisabetta; GUALANDI, Laura; PACCHI, Stefania; PACCHI, Gaetano; SCARSELLI, Giuliano. *Manuale di Diritto Fallimentare*. Milão: Giuffrè, 2007. p. 363.

[15] Lei nº 4.591/1964 – Art. 43, III.

No entanto, a microempresa poderá, eventualmente, receber a totalidade do seu crédito, formando injustificada prioridade.

Ao lado das hipóteses mencionadas, uma microempresa pode ser credora hipotecária em parte da dívida, restando o saldo sem cobertura. Até 2014, o saldo coberto pela garantia real, seria classificado como "crédito com garantia real até o limite do valor do bem gravado",[16] já "os saldos dos créditos não cobertos pelo produto da alienação dos bens vinculados ao seu pagamento" seriam considerados quirografários.[17] Após a LC nº 147/2014, parece provável que se vá considerar como crédito com garantia real este que pertence à microempresa, embora a dualidade de critérios possa suscitar fundadas dúvidas. Isso porque não é muito fácil e lógico de explicar porque um dos dois critérios deve se sobrepor ao outro (garantia real ou privilegiado especial). Por outro lado, o saldo de um crédito com garantia real em favor de microempresa deve ser classificado como privilegiado especial. Ocorre que a ausência de modificação da redação do art. 83, VI, pode suscitar novas controvérsias face à literalidade da disposição que permanece a afirmar que o saldo deverá ser classificado como quirografário.

Nova dúvida surge ao constatar-se que um crédito trabalhista foi cedido para uma microempresa. Dispõe o art. 83, §4º da LFRE que "os créditos trabalhistas cedidos a terceiros serão considerados quirografários". O objetivo desta disposição foi de evitar danosa especulação sobre créditos de natureza trabalhista[18] e parece ser este o sentido a ser mantido atualmente. De toda forma, a Lei agora dispõe que os créditos de microempresas serão privilegiados especiais, não importando propriamente a natureza da relação. A literalidade das duas disposições (art. 83, IV, e

---

[16] Lei nº 11.101/2005 – Art. 83, II.

[17] Lei nº 11.101/2005 – Art. 83, VI, "b".

[18] Francisco Satiro de Souza Júnior sustenta que "A proibição de cessão dos créditos trabalhistas já se verifica em âmbito não concursal, sob o fundamento de que poderia o trabalhador, premido pela necessidade, transferir seus direitos creditícios por valor irrisório, prejudicando-se e a seus dependentes. A novidade da Lei 11.101/2005 vem no tratamento diferenciado à questão: fica expressamente autorizada a cessão, mas com a perda do caráter privilegiado do crédito. Em vista da aparente ineficiência do dispositivo quanto à proteção do trabalhador, há que se vislumbrar na norma uma função, ainda que secundária, de preservação dos interesses da comunhão de credores e, eventualmente, de preservação da atividade empresária, diante da eventual transferência do poder de decisão dos credores trabalhistas.
No regime da Lei 11.101/2005, os trabalhadores compõem uma das três classes da Assembleia de Credores, que tem por função, entre outras, aprovar ou rejeitar o plano de recuperação judicial, indicar o nome do gestor judicial, a constituição do Comitê de Credores, bem como a indicação de seus membros, a aprovação de outras formas de realização de ativo em caso de falência etc. Esse poder de decião pode ser valioso nas mãos (indiretas) do próprio devedor, interessado em reaver de alguma forma a ingerência no destino dos ativos de sua empresa, ou mesmo de um concorrente seu, a quem pode interessar inclusive certificar-se de que não haverá continuidade da atividade do falido.", como consta em SOUZA JÚNIOR, Francisco Satiro *in* SOUZA JÚNIOR, Francisco Satiro de; PITOMBO, Antônio Sérgio A de Moraes (Coord.). *Comentários à lei de recuperação de empresas e falência*. 2. ed. São Paulo: RT, 2007. p. 363.

art. 83, § 4º) parece conflitar, entendendo-se mais adequado manter o sentido teleológico, com a manutenção do crédito cedido como quirografário, não como privilegiado especial.

Passados os problemas iniciais de classificação, surgem novas questões atinentes ao *momento* em que o credor deve estar configurado como microempreendedor, microempresa ou empresa de pequeno porte.

A LFRE dispõe no art. 9º, II, que no procedimento de habilitação deverá constar "o valor do crédito, atualizado até a *data* da *decretação da falência* ou do *pedido de recuperação judicial*, sua origem e classificação". Visto que interessa o montante do crédito nesta data, pode-se inferir que a classificação também deverá ser a presente para a mesma data. Isso nunca foi uma preocupação, porque não ocorria problemas de *mutação* da *relação* havida entre credor e devedor. Por vezes surgia apenas certa dúvida sobre a classificação em razão de controvérsias doutrinárias e jurisprudenciais como ocorre com os honorários advocatícios.[19]

Atualmente, a condição de *microempresa* do credor deve ser aferida conforme o momento para o qual deve ser atualizado o crédito, não sendo aplicável o período em que postula-se a habilitação ou em que é julgado o incidente de habilitação. Definir a exata data em que alguém possui a referida *condição* de *microempresa* é essencial, já que determinada pessoa jurídica pode perder e adquirir tal qualidade diversas vezes ao longo do tempo em razão de requisitos como faturamento no ano-calendário,[20] além de poder ser proibida de se beneficiar de tratamento jurídico diferenciado por participar outra pessoa jurídica em seu capital social, participar de outra pessoa jurídica, entre muitas outras hipóteses.[21]

---

[19] Decisão que admite crédito de honorários advocatícios como equiparado ao crédito trabalhista: STJ, 3ª Turma, REsp nº 1.377.764/MS, Rel. Min. Nancy Andrighi, julgado em 20/08/2013; Em sentido diverso, segue decisão que admite crédito de honorários advocatícios como privilegiado geral: TJRS, 6ª Câmara Cível, Apelação Cível nº 70047704556, Rel. Des. Giovanni Conti, julgado em 20/03/2014.

[20] LC nº 123/2006 – Art. 3º Para os efeitos desta Lei Complementar, consideram-se microempresas ou empresas de pequeno porte, a sociedade empresária, a sociedade simples, a empresa individual de responsabilidade limitada e o empresário a que se refere o art. 966 da Lei no 10.406, de 10 de janeiro de 2002 (Código Civil), devidamente registrados no Registro de Empresas Mercantis ou no Registro Civil de Pessoas Jurídicas, conforme o caso, desde que: I – no caso da microempresa, aufira, em cada ano-calendário, receita bruta igual ou inferior a R$ 360.000,00 (trezentos e sessenta mil reais); e II – no caso da empresa de pequeno porte, aufira, em cada ano-calendário, receita bruta superior a R$ 360.000,00 (trezentos e sessenta mil reais) e igual ou inferior a R$ 3.600.000,00 (três milhões e seiscentos mil reais). Art. 18-A. O Microempreendedor Individual – MEI poderá optar pelo recolhimento dos impostos e contribuições abrangidos pelo Simples Nacional em valores fixos mensais, independentemente da receita bruta por ele auferida no mês, na forma prevista neste artigo. § 1º Para os efeitos desta Lei Complementar, considera-se MEI o empresário individual a que se refere o art. 966 da Lei no 10.406, de 10 de janeiro de 2002 (Código Civil), que tenha auferido receita bruta, no ano-calendário anterior, de até R$ 60.000,00 (sessenta mil reais), optante pelo Simples Nacional e que não esteja impedido de optar pela sistemática prevista neste artigo.

[21] LC nº 123/2006 – Art. 3º, § 4º Não poderá se beneficiar do tratamento jurídico diferenciado previsto nesta Lei Complementar, incluído o regime de que trata o art. 12 desta Lei Complementar, para

Admitir que a classificação do crédito seja modificada a cada vez que certo credor adquire ou perde a qualidade de microempreendedor, microempresa ou empresa de pequeno porte simplesmente tornaria inviável o procedimento se houver efetiva verificação. Na ausência de real e reiterada conferência ao longo do procedimento sobre a condição do credor, se abriria a possibilidade para infindáveis e indesejáveis comportamentos oportunistas, em especial em recuperações judiciais, na medida em que o credor poderia escolher em qual grupo de credores desejaria votar, face à nova redação do art. 41 que será oportunamente analisada.

Partindo da premissa que a classificação do credor exemplificativamente como *microempresa* deve ser verificada para a data em que for decretada a falência ou distribuído o pedido de recuperação judicial, natural que se afirme que as modificações introduzidas pela LC nº 147/2014 somente seriam aplicáveis para novas falências decretadas e novos pedidos de recuperação judicial, não devendo incidir sobre procedimentos concursais já iniciados ao tempo do início da vigência da reforma legislativa.

Futuramente, a jurisprudência terá que se encarregar em estabelecer os critérios para que, exemplificativamente, um credor demonstre que se enquadra na condição de *microempresa*. Isto porque um dos requisitos para que o credor assim seja qualificado é o seu faturamento, que deveria ser provado em juízo, além de outros requisitos, inclusive societários, como a participação em outras sociedades. No entanto, a efetiva demonstração pode causar certo embaraço ao próprio credor, seja pelo relativo e saudável sigilo que recai sobre sua contabilidade,[22] seja pela

---

nenhum efeito legal, a pessoa jurídica: I – de cujo capital participe outra pessoa jurídica; II – que seja filial, sucursal, agência ou representação, no País, de pessoa jurídica com sede no exterior; III – de cujo capital participe pessoa física que seja inscrita como empresário ou seja sócia de outra empresa que receba tratamento jurídico diferenciado nos termos desta Lei Complementar, desde que a receita bruta global ultrapasse o limite de que trata o inciso II do caput deste artigo; IV – cujo titular ou sócio participe com mais de 10% (dez por cento) do capital de outra empresa não beneficiada por esta Lei Complementar, desde que a receita bruta global ultrapasse o limite de que trata o inciso II do caput deste artigo; V – cujo sócio ou titular seja administrador ou equiparado de outra pessoa jurídica com fins lucrativos, desde que a receita bruta global ultrapasse o limite de que trata o inciso II do *caput* deste artigo; VI – constituída sob a forma de cooperativas, salvo as de consumo; VII – que participe do capital de outra pessoa jurídica; VIII – que exerça atividade de banco comercial, de investimentos e de desenvolvimento, de caixa econômica, de sociedade de crédito, financiamento e investimento ou de crédito imobiliário, de corretora ou de distribuidora de títulos, valores mobiliários e câmbio, de empresa de arrendamento mercantil, de seguros privados e de capitalização ou de previdência complementar; IX – resultante ou remanescente de cisão ou qualquer outra forma de desmembramento de pessoa jurídica que tenha ocorrido em um dos 5 (cinco) anos-calendário anteriores; X – constituída sob a forma de sociedade por ações. XI – cujos titulares ou sócios guardem, cumulativamente, com o contratante do serviço, relação de pessoalidade, subordinação e habitualidade.

[22] CC – Art. 1.190. Ressalvados os casos previstos em lei, nenhuma autoridade, juiz ou tribunal, sob qualquer pretexto, poderá fazer ou ordenar diligência para verificar se o empresário ou a sociedade empresária observam, ou não, em seus livros e fichas, as formalidades prescritas em lei. Art. 1.191. O juiz só poderá autorizar a exibição integral dos livros e papéis de escrituração quando necessária para resolver questões relativas a sucessão, comunhão ou sociedade, administração ou gestão à con-

possibilidade de exigir-se a exibição de informações sensíveis, como o atual faturamento, em procedimentos que partem da premissa de ampla publicidade de atos e informações em feitos que possuem frequentemente centenas ou milhares de interessados.

Considerando que a classificação ora em debate permite a mudança da *classe* de credores em que será computado o voto em eventual assembleia de credores, o que será visto com mais detalhe oportunamente, a recusa do credor em exibir as informações, longe de ser mera *faculdade*, tem o potencial de gerar comportamento oportunista para lesar o devedor e toda a coletividade de credores, impondo que haja interesse público no correto enquadramento.

3. Remuneração do administrador judicial

A LFRE estabelece um valor máximo de remuneração ao administrador judicial, informando que nenhum administrador pode receber mais do que 5% do valor devido aos credores em recuperação judicial, nem mais do que 5% do valor de venda dos bens em falência.[23]

Na prática, o que se observa é a fixação do limite de 5% de remuneração ao administrador em falências e percentual mais reduzido em recuperações, conforme o porte da atividade e a capacidade de pagamento apresentada pelo devedor.[24] Em falências com pequeno montante de ativos realizáveis,[25] é comum observar-se a fixação de honorários que ultrapassam o limite de 5%. Isto porque é necessário remunerar o admi-

---

ta de outrem, ou em caso de falência. § 1º O juiz ou tribunal que conhecer de medida cautelar ou de ação pode, a requerimento ou de ofício, ordenar que os livros de qualquer das partes, ou de ambas, sejam examinados na presença do empresário ou da sociedade empresária a que pertencerem, ou de pessoas por estes nomeadas, para deles se extrair o que interessar à questão. § 2º Achando-se os livros em outra jurisdição, nela se fará o exame, perante o respectivo juiz.

[23] Lei nº 11.101/2005 – Art. 24. O juiz fixará o valor e a forma de pagamento da remuneração do administrador judicial, observados a capacidade de pagamento do devedor, o grau de complexidade do trabalho e os valores praticados no mercado para o desempenho de atividades semelhantes. § 1º Em qualquer hipótese, o total pago ao administrador judicial não excederá 5% (cinco por cento) do valor devido aos credores submetidos à recuperação judicial ou do valor de venda dos bens na falência.

[24] Apenas como exemplos: 1. TJRS, 5ª Câmara Cível, Agravo nº 70059046458, Rel. Desa. Isabel Dias Almeida, julgado em 30/04/2014 – recuperação judicial – fixou honorários em 2% sobre passivo estimado em R$ 4.500.000,00. 2. TJRS, 5ª Câmara Cível, Agravo de Instrumento nº 70055369144, Rel. Des. Jorge Luiz Lopes do Canto, julgado em 17/09/2013 – recuperação judicial – fixou honorários em 3% sobre passivo estimado em R$ 7.368.000,00. 3. TJRS, 5ª Câmara Cível, Agravo de Instrumento nº 70049323447, Rel. Des. Romeu Marques Ribeiro Filho, julgado em 08/08/2012 – recuperação judicial – fixou honorários em 2% sobre passivo estimado em R$ 15.000.000,00

[25] Centra-se naqueles casos em que há valores resultantes da venda de ativos inferiores a dez salários mínimos, por vezes inferiores a um salário mínimo nacional.

nistrador judicial com dignidade para que haja interesse em administrar outras falências.

A LC nº 147/2014 incluiu o § 5º no art. 24 para afirmar que "a remuneração do administrador judicial fica reduzida ao limite de 2% (dois por cento), no caso de microempresas e empresas de pequeno porte". A redação não distingue recuperação judicial de falência, impondo o mesmo limite para ambos os casos.

A partir deste momento, se um devedor, microempresa, desejar promover pedido de recuperação judicial em razão de passivo de R$ 100.000,00,[26] os honorários do administrador ficarão limitados a R$ 2.000,00, embora se exija o exercício de tarefas bastante complexas.[27] Talvez possa se afirmar que se fará um sacrifício da remuneração do administrador judicial para proteger a microempresa e a empresa de pequeno porte que elegeu o procedimento. Admita-se a controversa premissa de que a jurisprudência não amoldará este limite à realidade concreta e que a regra é adequada em feitos recuperatórios. Todavia, nada justifica a limitação criada de forma diferenciada para as falências, visto que não há benefício ao devedor.[28] Os credores poderiam vir a ser beneficiados em razão do percentual reduzido de remuneração do administrador, na medida em que sobra maior quantia para fatiar entre os titulares dos créditos, mas não há justificativa plausível para que sejam beneficiados por ser um devedor microempresa ou empresa de pequeno porte e prejudicados por não ocorrerem tais hipóteses.

Desta forma, parece destituída de sentido a reforma legislativa no tópico atinente à remuneração do administrador judicial.

4. Composição da assembleia geral de credores

O PLP nº 237/2012 não previa, originalmente, nenhuma alteração relativa à composição dos *grupos*[29] de credores em assembleia. No entanto, a redação final modificou o art. 41 da LFRE para criar o grupo dos "titulares de créditos enquadrados como microempresa ou empresa de pequeno porte" (art. 41, IV). Agora, além dos três grupos de credores já existentes,[30] surge o quarto grupo composto exclusivamente por micro-

---

[26] E poderia ser um número substancialmente menor.

[27] Ver art. 22 da Lei de Falências.

[28] Mesmo no raro caso em que o devedor é autorizado a permanecer em funcionamento após a falência (Lei de Falências, art. 99, XI), não será o titular deste benefício, mas sim os credores.

[29] A lei menciona que o art. 41 contém *classes*. O problema é de nomenclatura, já que a *classe* é composta de *classes*, ocorrendo problema terminológico. Por esta razão usa-se a palavra *grupo*.

[30] Lei nº 11.101/2005 – Art. 41. A assembleia-geral será composta pelas seguintes classes de credores: I – titulares de créditos derivados da legislação do trabalho ou decorrentes de acidentes de trabalho;

empresas e empresas de pequeno porte. Não resta muito claro porque o *microempreendedor* foi alijado de participar do mesmo grupo, visto que tal dissociação não foi feita na classificação dos credores.

Cássio Cavalli critica a segregação das microempresas e das empresas de pequeno porte em *grupo* autônomo para fins de votação em assembleia, porque "esta classe é delimitada pela qualidade do credor e não pela espécie de crédito, nem pela homogeneidade de interesses dos credores, conforme seria recomendável".[31] Além de concordar com a ponderação, parece que a criação legislativa apresenta desvio de resultados.

Empiricamente, não se observa que os credores microempresas e empresas de pequeno porte não recebem atenção aos seus interesses, isso porque normalmente costumam possuir flexibilidade para aprovar planos de recuperação e costumam ter interesses associados como a continuidade no fornecimento de produtos ou serviços ao devedor.

Até a LC nº 147/2014, um credor *microempresa* era classificado habitualmente como quirografário,[32] e suas posições mais flexíveis serviam como contraste a credores habitualmente mais rígidos, como as *instituições financeiras*,[33] para a formação das maiorias. Desta forma, partindo-se das premissas mencionadas, as novas disposições tem potencial de proteger e fortalecer credores diversos das microempresas e das empresas de pequeno porte.

5. Votação de plano de recuperação judicial em assembleia

A LFRE criou diversas disposições buscando evitar que se formassem maiorias que controlassem a assembleia, seja para aprovar, seja para rejeitar o plano.

Exemplificando, o voto da classe dos trabalhadores conta-se por cabeça – e não por valor de crédito – para evitar que se forme maioria pelo valor desproporcional dos créditos que devem ter os altos executivos e os trabalhadores de *chão de fábrica*.[34] Assim, admitido o valor do crédito

---

II – titulares de créditos com garantia real; III – titulares de créditos quirografários, com privilégio especial, com privilégio geral ou subordinados.

[31] CAVALLI, Cássio. Impactos da Lei Complementar 147/14 no direito concursal brasileiro. Disponível em http://www.cassiocavalli.com.br/?p=479. Acessado em 02/02/2015 às 23h.

[32] Salvo casos pontuais.

[33] As divergências são habituais em pontos como percentual de deságio, período de carência, entre outros pontos.

[34] MAMEDE, Gladston. *Direito Empresarial brasileiro*. 3. ed. São Paulo: Atlas, 2009, vol. IV. p. 111: "Essa regra da proporcionalidade é excepcionada nas deliberações sobre o plano de recuperação judicial, momento no qual os credores são chamados para decidir se aceitam ou não a proposta apresentada pelo devedor para a superação da crise econômico-financeira da empresa. Para tais deliberações, especificamente, os titulares de créditos derivados da legislação do trabalho ou decorrentes

como base para voto trabalhista, teríamos um voto valendo, possivelmente, por dezenas de outros.

Os credores com garantia real e quirografários, por exemplo, são submetidos ao sistema de dupla maioria de votação (por cabeça e por crédito).[35] Desta forma, evita-se que um grande credor possa, sozinho, aprovar o plano de recuperação judicial na sua classe. Novamente, trata-se de uma forma de evitar a condução da recuperação judicial pela minoria.

A LFRE divide os credores em classes para fins de votação e aprovação do plano de recuperação judicial. Assim, "o objetivo da divisão dos credores reunidos em Assembleia em classes é o de impedir distorções na formação da vontade da comunhão".[36]

Como se observa, o legislador buscou distribuir o poder entre os credores, de forma a evitar o controle do resultado por um só credor ou por apenas uma classe de credores sobrepondo-se ao interesse dos demais. Cesare Vivante afirmava há um século que o acordo judicial de uma maioria de credores servia justamente para evitar "que o capricho ou a má vontade de poucos impeça uma composição equitativa, que pode evitar muitos desastres ao comerciante, aos seus credores e à economia geral".[37]

Observou-se que os credores são divididos atualmente em quatro grupos autônomos para votar planos de recuperação judicial. O quarto grupo recém criado dos credores enquadrados como microempresa ou empresa de pequeno porte passa a votar exclusivamente por cabeça,

---

de acidentes de trabalho, por força do artigo 45, §2°, da Lei 11.101/05, votam por cabeça (voto *per capita*), independentemente do valor de seu crédito: a cada um corresponde um voto, tenha direito a R$ 300,00 ou a R$ 30.000,00. Andou bem o legislador nessa previsão. Essa deliberação decidirá entre o deferimento de um plano de recuperação para a empresa ou a declaração de sua falência, como deixa claro o artigo 73, III, da Lei 11.101/05. É razoável esperar que a classe dos trabalhadores organize a sua avaliação e sua deliberação sobre o plano de recuperação tendo por referência a manutenção da produção e, com ela, dos postos de trabalho. Essa percepção do problema da empresa e de uma solução para o mesmo poderia ser comprometida sobremaneira se empregados com altos salários, como altos executivos, ostentando seus créditos vultosos, pudessem se sobrepor nas deliberações a dezenas ou mesmo centenas de trabalhadores de *chão de fábrica*, cujos baixos salários determinariam um esvaziamento quase completo de seu poder de deliberação.".

[35] LOBO, Jorge *in* TOLEDO, Paulo Fernando Campos Salles de; ABRAÃO, Carlos Henrique (Coord). *Comentários à lei de recuperação de empresas*. 3. ed. São Paulo: Saraiva, 2009. p. 120; na Alemanha também se utiliza o sistema de dupla maioria na apuração da maioria em assembleia-geral de credores (COROTTO, Suzana. *Modelos de reorganização empresarial brasileiro e alemão*. Porto Alegre: SAFE, 2009. p. 108); o Direito francês também adota o sistema de dupla maioria (JEANTIN, Michel; CANNU, Paul Le. *Droit Commercial: entreprises en difficulté*. 7. ed. Paris: Dalloz, 2007. p. 577); em sentido oposto, no Direito italiano se calcula a maioria exclusivamente pelo valor dos créditos (FIALE, Aldo. *Diritto Fallimentare*. 16. ed. Nápoles: Simone, 2008. p. 338).

[36] COELHO, Fábio Ulhoa. *Comentários à nova Lei de Falências e de recuperação de empresas*. 3. ed. São Paulo: Saraiva, 2005. p. 105.

[37] VIVANTE, Cesare. *Instituições do direito comercial*. 2. ed. Sorocaba: Minelli, 2007. p. 453.

desconsiderando-se o valor de cada crédito. Adotar idêntica sistemática aplicável ao crédito trabalhista não fornece especial proteção como ocorreria se fosse adotado o sistema de dupla maioria. Ademais, o crédito trabalhista tem uma justificativa específica e lógica para aderir ao cômputo de votos *apenas* por cabeça, ao passo que não se identifica sustentação sistemática para o quarto grupo usar a mesma formatação.

Em novo problema, surgem dúvidas sobre critérios de aprovação de planos em recuperações judiciais. Em síntese, caso cada um dos quatro grupos aprove o plano, e sejam observadas as demais regras pertinentes, o juiz *deve* conceder a recuperação judicial.[38] Considerando-se a complexidade de requisitos e a importância do resultado para o devedor e para todos aqueles que dele dependem, criou-se requisitos alternativos mais flexíveis (*cram down*) em que o magistrado *poderá* conceder a recuperação.

Dentre os requisitos de *cram down* previstos na LFRE, constava desde antes da LC nº 147/2014 que dos três grupos de credores, precisava-se da "aprovação de 2 (duas) das classes de credores nos termos do art. 45 desta Lei ou, caso haja somente 2 (duas) classes com credores votantes, a aprovação de pelo menos 1 (uma) delas".[39] Isto porque a *única* classe que houvesse rejeitado, até o limite de mais de 1/3 de credores favoráveis,[40] não importaria em rejeição do plano,[41] conforme art. 58 da LFRE.

Com a LC nº 147/2014, criou-se a quarta classe de credores, mas não modificou-se a redação do art. 58, gerando dúvida se é *necessária* a aprovação em três de quatro classes ou se é *admissível* a rejeição em duas classes de quatro, sem prejudicar a aprovação do plano. Frente à controvérsia originada na doutrina, a II Jornada de Direito Comercial aprovou enunciado em que afirma a possibilidade de existir mais de uma classe que rejeite o plano para fins de concessão da recuperação judicial.[42] Naturalmente, a jurisprudência terá que enfrentar a matéria nos próximos anos.

Conclui-se que o ponto mais importante de uma recuperação judicial, a votação do plano, passa a ser alvo de regras mais confusas, que podem trazer nefastos resultados no momento mais sensível de tais procedimentos concursais.

---

[38] Entre os requisitos, observam-se aqueles constantes no art. 45 da LFRE.
[39] LFRE – Art. 58, II.
[40] Com votação por cabeça ou dupla maioria, conforme o caso.
[41] LFRE – Art. 58, III – na classe que o houver rejeitado, o voto favorável de mais de 1/3 (um terço) dos credores, computados na forma dos §§ 1º e 2º do art. 45 desta Lei.
[42] Este autor participou dos debates mencionados na II Jornada de Direito Comercial, em Brasília. Contudo, ao momento que foi escrito este breve texto, não haviam sido publicados oficialmente os resultados do evento.

6. Sistemática da recuperação judicial com base em plano especial

A LC nº 147/2014 introduziu substancial modificação nas recuperações judiciais baseadas em *plano especial*, que se *faculta* às microempresas e empresas de pequeno porte.[43]

Pela sistemática anterior, apenas poderiam ser submetidos ao plano especial os credores quirografários[44] e o plano apenas poderia prever parcelamento do débito em trinta e seis parcelas mensais, iguais e sucessivas, com juros de 12% ao ano e correção monetária.[45] Na medida em que a hipótese de recuperação era extremamente restrita e bem delimitada, o mecanismo de rejeição do plano também era simplificado.[46] Exigia-se que mais da metade de todos os credores, calculando-se apenas por valor de crédito, apresentassem objeção para convolar a recuperação judicial em falência. Qualquer percentual inferior de objeções importaria em aprovação do plano.[47]

A atual redação do art. 71 da Lei de Falências impõe estruturais modificações admitindo que abranja "todos os créditos existentes na data do pedido, ainda que não vencidos, excetuados os decorrentes de repasse de recursos oficiais, os *fiscais* e os previstos nos §§ 3º e 4º do art. 49".[48] Além de inovar para permitir os mais variados créditos para esta modalidade de recuperação judicial, como trabalhista e garantia real, pela primeira vez a LFRE trata de crédito de *natureza fiscal* de forma expressa. Até o momento, a Lei de Falências mencionava em duas passagens sobre "execuções de natureza fiscal"[49] e "causas ... fiscais"[50] para tratar de

---

[43] Lei 11.101/2005 – Art. 70, § 1º.

[44] Com exceções.

[45] Lei nº 11.101/2005 – Art. 71. O plano especial de recuperação judicial será apresentado no prazo previsto no art. 53 desta Lei e limitar-se á às seguintes condições: I – abrangerá exclusivamente os créditos quirografários, excetuados os decorrentes de repasse de recursos oficiais e os previstos nos §§ 3º e 4º do art. 49 desta Lei; II – preverá parcelamento em até 36 (trinta e seis) parcelas mensais, iguais e sucessivas, corrigidas monetariamente e acrescidas de juros de 12% a.a. (doze por cento ao ano); (os incisos foram transcritos com a redação antiga). Carlos Klein Zanini sustenta que a redação da Lei "parece de fácil interpretação" e que não permite a "redução do passivo quirografário por meio de pagamentos mais céleres", como consta em ZANINI, Carlos Klein *in* SOUZA JÚNIOR, Francisco Satiro de; PITOMBO, Antônio Sérgio A de Moraes (Coord.). Comentários à lei de recuperação de empresas e falência. 2. ed. São Paulo: RT, 2007. p. 325.

[46] COELHO, Fábio Ulhoa. *Comentários à nova Lei de Falências e de recuperação de empresas*. 3. ed. São Paulo: Saraiva, 2005. p. 184: "Como dito, o procedimento da recuperação judicial da microempresa ou empresa de pequeno porte é bastante simplificado. A Assembléia Geral dos Credores, por exemplo, não será convocada para deliberar sobre o plano especial, cabendo sua aprovação ou rejeição exclusivamente ao juiz".

[47] Ressalva-se o cumprimento dos demais requisitos legais.

[48] Lei nº 11.101/2005 – Art. 71, I.

[49] Lei nº 11.101/2005 – Art. 6º, § 7º.

[50] Lei nº 11.101/2005 – Art. 76.

suspensão e competência de processos, não de classificação, admissão ou exclusão em recuperações.

Cumpre observar que *crédito tributário* e *crédito fiscal* não são sinônimos. Exemplificativamente, assinala Leandro Paulsen que o crédito fiscal é gênero com as espécies creditórias *tributárias* e *não tributárias*. A dívida tributária pode ser fruto do não pagamento de certo tributo, como o IRPJ. A não tributária pode derivar de atos de improbidade administrativa. Por isso, "a execução fiscal também se presta para a cobrança da dívida ativa não tributária".[51]

Na medida em que a Lei menciona por vezes débitos *fiscais* e em outros momentos débitos *tributários*, surge evidente dificuldade doutrinária. Exemplificativamente, Eduardo Secchi Munhoz sustenta que "a lei atual deixou de fora do processo de falência e de recuperação judicial os débitos tributários".[52] Francisco Satiro de Souza Júnior utiliza o título "créditos fiscais e parafiscais" e refere-se apenas aos créditos "tributários".[53] Luiz Inácio Vigil Neto afirma que não era possível no regime anterior à LFRE a cobrança de "multas *fiscais*" em "processo falimentar" e que em relação à "recuperação judicial" esta discussão perde objeto porque "a concessão do regime recuperatório, judicial ou extrajudicial não produz efeitos jurídicos em relação aos *créditos tributários*".[54] Vera Helena de Mello Franco e Rachel Sztajn referem os privilégios do Direito Tributário e mencionam o *parcelamento tributário* como benefício oriundo do PL nº 245/2004 que trata de parcelamento de créditos *tributários* e *não tributários*.[55] Mauro Rodrigues Penteado informa que as *execuções fiscais* não são suspensas pelo deferimento da recuperação judicial e esclarece que "a cobrança judicial desses *créditos tributários* não é sujeita a concurso de credores ou habilitação em falência e concordata (recuperação judicial)".[56] Luís Felipe Spinelli, Rodrigo Tellechea e João Pedro Scalzilli assinalam que a recuperação extrajudicial não pode abarcar "créditos

---

[51] PAULSEN, Leandro. *Curso de Direito Tributário completo*. 5. ed. Porto Alegre: Livraria do Advogado, 2013. p. 351. Tal conclusão pode ser extraída, igualmente da Lei de Execuções Fiscais, conforme consta na Lei nº 6.830/1980, arts. 2º e 4º.

[52] MUNHOZ, Eduardo Secchi in SOUZA JÚNIOR, Francisco Satiro de; PITOMBO, Antônio Sérgio A de Moraes (Coord.). *Comentários à lei de recuperação de empresas e falência*. 2. ed. São Paulo: RT, 2007. p. 283.

[53] SOUZA JÚNIOR, Francisco Satiro *in* SOUZA JÚNIOR, Francisco Satiro de; PITOMBO, Antônio Sérgio A de Moraes (Coord.). *Comentários à lei de recuperação de empresas e falência*. 2. ed. São Paulo: RT, 2007. p. 366.

[54] VIGIL NETO, Luiz Inácio. *Teoria falimentar e regimes recuperatórios*. Porto Alegre: Livraria do Advogado, 2008. p. 96.

[55] FRANCO, Vera Helena de Mello; SZTAJN, Rachel. *Falência e Recuperação da Empresa em Crise: comparação com as posições do Direito europeu*. Rio de Janeiro: Elsevier, 2008. p. 247.

[56] PENTEADO, Mauro Rodrigues *in* SOUZA JÚNIOR, Francisco Satiro de; PITOMBO, Antônio Sérgio A de Moraes (Coord.). *Comentários à lei de recuperação de empresas e falência*. 2. ed. São Paulo: RT, 2007. p. 141-142.

de natureza *tributária*" e complementam que "com exceção dos créditos trabalhistas e por acidente de trabalho (créditos trabalhistas em geral), temos a *mesma* relação de credores que não se sujeitam à recuperação judicial".[57] Como se percebe, é generalizado na doutrina comercialista o uso de crédito fiscal e tributário de forma indistinta.

A LC nº 147/2014 utiliza nomenclatura tecnicamente adequada, mas o conjunto legislativo gera evidentes dificuldades. São três os regimes recuperatórios, a saber: (a) recuperação judicial; (b) recuperação judicial com base em plano especial; (c) recuperação extrajudicial. Para compreender as distinções, serão revistos cada um dos modelos, de forma sucinta e sistemática.

A *recuperação judicial* não possui disposição específica a indicar se estão excluídos dos procedimentos os créditos fiscais ou apenas os tributários. Infere-se pelo art. 6º, § 7º, da LFRE[58] que não são suspensas pelo procedimento as execuções fiscais, presumindo-se que não estejam abrangidos por esta via processual concursal os *créditos fiscais*.[59] O art. 57 da mesma Lei[60] não contribui nesta conclusão porque exige para a concessão da recuperação que seja apresentada "certidão negativa de débitos *tributários*".

Na atual redação da Lei de Falências trazida pela LC nº 147/2014, a *recuperação judicial com base em plano especial* textualmente afirma que não são abrangidos os créditos *fiscais*.[61]

Por fim, a LFRE exclui expressamente de participar da recuperação extrajudicial apenas os *créditos de natureza tributária*, nada mencionando sobre os créditos *não tributários*,[62] induzindo à compreensão de tratar-se de nova confusão conceitual.

---

[57] SPINELLI, Luís Felipe; TELLECHEA, Rodrigo; SCALZILLI, João Pedro. *Recuperação extrajudicial de empresas*. São Paulo: Quartier Latin, 2013. p. 128-129.

[58] Lei 11.101/2005 – Art. 6º A decretação da falência ou o deferimento do processamento da recuperação judicial suspende o curso da prescrição e de todas as ações e execuções em face do devedor, inclusive aquelas dos credores particulares do sócio solidário. § 7º As execuções de natureza fiscal não são suspensas pelo deferimento da recuperação judicial, ressalvada a concessão de parcelamento nos termos do Código Tributário Nacional e da legislação ordinária específica.

[59] Portanto, tributários e não tributários.

[60] Lei nº 11.101/2005 – Art. 57. Após a juntada aos autos do plano aprovado pela assembléia-geral de credores ou decorrido o prazo previsto no art. 55 desta Lei sem objeção de credores, o devedor apresentará certidões negativas de débitos tributários nos termos dos arts. 151, 205, 206 da Lei no 5.172, de 25 de outubro de 1966 – Código Tributário Nacional.

[61] Lei nº 11.101/2005 – Art. 71. O plano especial de recuperação judicial será apresentado no prazo previsto no art. 53 desta Lei e limitar-se á às seguintes condições: I – abrangerá todos os créditos existentes na data do pedido, ainda que não vencidos, excetuados os decorrentes de repasse de recursos oficiais, os fiscais e os previstos nos §§ 3º e 4º do art. 49;

[62] Art. 161. O devedor que preencher os requisitos do art. 48 desta Lei poderá propor e negociar com credores plano de recuperação extrajudicial. § 1º Não se aplica o disposto neste Capítulo a titulares de créditos de natureza tributária, derivados da legislação do trabalho ou decorrentes de acidente de trabalho, assim como àqueles previstos nos arts. 49, § 3º, e 86, inciso II do caput, desta Lei.

Esclarecidos os créditos incluídos no procedimento, o plano de recuperação especial admite formulações mais complexas. Isso porque ao lado da modificação do tratamento dos juros e da correção monetária no pagamento em trinta e seis parcelas, a inovação legislativa passa a admitir expressamente "a proposta do abatimento do valor das dívidas".[63] Ocorre que o método de aprovação do plano na modalidade especial é simplificado porque não admitiria margem de manobra na formação do plano recuperatório. A partir de agora, permite-se que haja maior complexidade no modelo de pagamento, mesclando dois dos mais habituais instrumentos da recuperação judicial.[64] Considerando que é comum que credores não participem de processos recuperatórios e que os não participantes também são computados para fins de formação de maioria em prol da aprovação,[65] este torna-se elemento facilitador de aprovação do plano. No entanto, considerar que o plano agora deve ser aprovado por cada uma das classes de credores,[66] sob pena de rejeição e a impossibilidade de deliberação e modificação do plano em assembleia, bem como qualquer outra válvula de escape torna o mecanismo extremamente arriscado, mesmo que haja diligente e prévia negociação com todos os credores.

---

[63] Lei n° 11.101/2005 – Art. 71, II.

[64] Prazo e desconto.

[65] Para a concessão da concordata exigiam-se requisitos especiais em 1850, os quais deveriam ser atendidos, sob pena de decretação da falência. Para a assembleia de credores não excluídos do cálculo os ausentes. Com o famoso caso do Visconde de Mauá, logo se percebeu a inaptidão da norma, o que obrigou à sua posterior modificação: "Para ser válida a concordata, o art. 847, alínea terceira, exigia que fosse concedida por credores que representassem pelo menos a maioria em número, independentemente de seu comparecimento à assembléia, e dois terços do valor de todos os créditos sujeitos aos efeitos da concordata. Esse preceito tornou-se famoso, pois impediu que o Visconde de Mauá – exemplo edificante do espírito empresarial dos brasileiros – obtivesse concordata de seus credores. Tendo sofrido grande infortúnio em seus negócios, o que levou à falência seu poderoso império econômico – não pôde reunir na assembléia os 3.000 credores dispersos pelo mundo a fora, tornando-se impossível consequentemente sua concordata. Esse acontecimento levou-o a representar ao Parlamento, em 1879, expondo a iniquidade do preceito legal. Precipitou-se, então, o movimento de revisão da Terceira Parte do Código, resultando na Lei n° 3.065, de 1882. Para a concessão da concordata exigia-se, daí por diante, a maioria dos credores que comparecessem à assembléia, tornando então exequível a concordata por abandono.", como consta em REQUIÃO, Rubens. *Curso de direito falimentar*. 17. ed. São Paulo: Saraiva, 1998. p. 22. A partir do inusitado caso do Visconde de Mauá, foi elaborada a Lei n° 3.065 de 06/05/1882, a qual modificou o critério de formação da maioria para fins de aprovação da concordata, como consta em FARIA, Bento de. *Direito Comercial IV: falência e concordatas*. Rio de Janeiro: A. Coelho Branco F. Editor, 1947. t. 1. p. 38. O problema que derivou na "injustiça" do caso Visconde de Mauá foi inversamente posto na Lei n° 11.101/2005, porque o não voto dos ausentes importava em incremento do grupo em favor da rejeição ao plano e atualmente importam em cômputo equivalente à concordância.

[66] Lei n° 11.101/2005 – Art. 72. Caso o devedor de que trata o art. 70 desta Lei opte pelo pedido de recuperação judicial com base no plano especial disciplinado nesta Seção, não será convocada assembleia-geral de credores para deliberar sobre o plano, e o juiz concederá a recuperação judicial se atendidas as demais exigências desta Lei. Parágrafo único. O juiz também julgará improcedente o pedido de recuperação judicial e decretará a falência do devedor se houver objeções, nos termos do art. 55, de credores titulares de mais da metade de qualquer uma das classes de créditos previstos no art. 83, computados na forma do art. 45, todos desta Lei.

7. Conclusão

A LC n° 147/2014, no aspecto de Direito Falimentar, teve o propósito de fortalecer o microempreendedor, a microempresa e a empresa de pequeno porte em procedimentos concursais.

Embora haja nobreza no propósito, a ausência de cuidados para a formação de um conjunto harmônico e técnico criou resultados de difícil elucidação nas futuras prováveis controvérsias judiciais.

A classificação de credores como privilegiado especial em razão da qualidade do credor em vez da natureza da relação creditória, além de assistemático, é censurável por diversos ângulos.

No mesmo sentido, a limitação de remuneração do administrador judicial, a nova composição da assembleia-geral de credores, os novos critérios de votação de plano de recuperação judicial e a nova sistemática da recuperação com base em plano especial são alvo de severa crítica em razão da ausência de soluções adequadas e a criação de novos problemas para nada solucionar.

O conjunto das inovações da LC n° 147/2014 em matéria falimentar faz crer que houve retrocesso na LFRE que testará desnecessariamente a jurisprudência ao longo dos próximos anos.

Bibliografia

AFONSO NETO, Augusto. *Princípios de Direito Falimentar*. São Paulo: Max Limonad, 1962.

CALAMANDREI, Piero. *Introduccíon al estúdio sistemático de las providencias cautelares*. Trad. Santiago Sentis Melendo. Buenos Aires: Editorial Bibliográfica Argentina, 1945.

CAVALLI, Cássio. *Impactos da Lei Complementar 147/14 no direito concursal brasileiro*. Disponível em http://www.cassiocavalli.com.br/?p=479. Acessado em 02/02/2015 às 23:00.

COELHO, Fábio Ulhoa. Comentários à nova Lei de Falências e de recuperação de empresas. 3. ed. São Paulo: Saraiva, 2005.

COROTTO, Suzana. Modelos de reorganização empresarial brasileiro e alemão. Porto Alegre: SAFE, 2009.

CORRÊA JÚNIOR, Gilberto Deon; SPINELLI, Luís Felipe; TELLECHEA, Rodrigo. *Mudanças feitas pela LC 147 no instituto de falência são questionáveis*. Conjur. Disponível em http://www.conjur.com.br/2014-set-22/mudancas-feitas-lc-147-instituto-falencia-sao-questionaveis. Acessado em 19/01/2015 às 02:15.

FARIA, Bento de. *Direito Comercial IV: falência e concordatas*. Rio de Janeiro: A. Coelho Branco F. Editor, 1947. t. 1.

FIALE, Aldo. *Diritto Fallimentare*. 16. ed. Nápoles: Simone, 2008.

FRANCO, Vera Helena de Mello; SZTAJN, Rachel. Falência e Recuperação da Empresa em Crise: comparação com as posições do Direito europeu. Rio de Janeiro: Elsevier, 2008.

JEANTIN, Michel; CANNU, Paul Le. *Droit Commercial: entreprises en difficulté*. 7. ed. Paris: Dalloz, 2007.

MAMEDE, Gladston. *Direito Empresarial brasileiro*. 3. ed. São Paulo: Atlas, 2009, vol. IV.

PACCHI, Stefania. Il concordato fallimentare in BERTACCHINI, Elisabetta; GUALANDI, Laura; PACCHI, Stefania; PACCHI, Gaetano; SCARSELLI, Giuliano. *Manuale di Diritto Fallimentare*. Milão: Giuffrè, 2007.

PAULSEN, Leandro. *Curso de Direito Tributário completo*. 5. ed. Porto Alegre: Livraria do Advogado, 2013.

REQUIÃO, Rubens. *Curso de direito falimentar*. 17. ed. São Paulo: Saraiva, 1998.

SAINT-ALARY-HOUIN, Corinne. *Droit des entreprises en difficulté*. 6. ed. Paris: Montchrestien, 2009.

SPINELLI, Luís Felipe; TELLECHEA, Rodrigo; SCALZILLI, João Pedro. *Recuperação extrajudicial de empresas*. São Paulo: Quartier Latin, 2013.

SOUZA JÚNIOR, Francisco Satiro de; PITOMBO, Antônio Sérgio A de Moraes (Coord.). *Comentários à lei de recuperação de empresas e falência*. 2. ed. São Paulo: RT, 2007.

TOLEDO, Paulo Fernando Campos Salles de; ABRAÃO, Carlos Henrique (Coord). *Comentários à lei de recuperação de empresas*. 3. ed. São Paulo: Saraiva, 2009. p. 120.

VAMPRÉ, Spencer. *Tratado elementar de direito comercial*. Rio de Janeiro: F. Briguiet & Cia, 1922, vol. I.

VIGIL NETO, Luiz Inácio. *Teoria falimentar e regimes recuperatórios*. Porto Alegre: Livraria do Advogado, 2008.

VIVANTE, Cesare. *Instituições do direito comercial*. 2. ed. Sorocaba: Minelli, 2007.

—8—

10 anos de Recuperação Judicial no Brasil: pode-se falar em (in)eficácia do instituto?

LAÍS MACHADO LUCAS[1]

Sumário: 1. Introdução; 2. Da Evolução do Decreto-Lei 7.661/1946 para a Lei 11.101/2005; 3. Considerações acerca da Recuperação Judicial; 4. Pontos de tensão em relação à Recuperação Judicial; 5. Pode-se falar em (in)eficácia da Recuperação Judicial?; 6. Considerações finais; Referências bibliográficas.

1. Introdução

No ano de 2005, foi promulgada a Lei 11.101,[2] que passou a integrar o ordenamento jurídico brasileiro para regular a recuperação judicial, a extrajudicial e a falência do empresário e da sociedade empresária. Referida lei, no momento da sua gestação e logo após a sua vigência, fomentava grandes expectativas entre os operadores do direito justamente por trazer ao cenário jurídico brasileiro a inovadora possibilidade de "recuperação judicial e/ou extrajudicial de empresários e sociedades empresárias", o que até então não era possível na legislação anterior, qual seja, o Decreto-Lei 7.661/1946, que contemplava somente o instituto da concordata como alternativa à falência do empresário. No ano de aniversário de 10 anos da lei, é natural que surjam questionamentos sobre o seu desempenho, especialmente sobre o atingimento das expectativas em relação aos institutos da recuperação judicial e extrajudicial de empresas. A presente pesquisa foi motivada pela recente publicação de matéria jornalística, em jornal e revista de grande circulação no país, que revela que somente 01% das empresas que pediram recuperação no Brasil des-

---

[1] Doutorando em Direito pela Universidade Federal do Rio Grande do Sul (UFRGS). Mestre em Direito pela Pontifícia Universidade Católica do Rio Grande do Sul (PUCRS). Especialista em Direito Civil pela Universidade Federal do Rio Grande do Sul (UFRGS). Professora de Direito Empresarial da PUCRS. Advogada.

[2] Disponível na íntegra em http://www.planalto.gov.br/ccivil_03/_ato2004-2006/2005/lei/l11101.htm

de 2005 conseguiram voltar a operar normalmente.[3] A partir deste dado surge o questionamento sobre a efetividade da legislação e de seus objetivos. Pretende-se, com a análise mais apurada dos objetivos da lei e da forma de processamento destas recuperações, verificar se existe ou não ineficácia do instituto (do ponto de vista da previsão legislativa) e quais são as possíveis causas deste dado alarmante (se podem ser imputadas à legislação ou a outros fatores alheios a esta). Tendo em vista a amplitude de temas que poderiam ser objeto do estudo das formas de recuperação previstas na Lei, para que possa haver um pouco mais de aprofundamento no tema central deste artigo, opta-se por focar na recuperação judicial, deixando-se para estudos vindouros o desenvolvimento deste tema quanto as recuperações extrajudicial e plano especial para Micro e Pequenas Empresas. Não se pretende com esta breve pesquisa chegar-se a conclusões definitivas, mas sim, fomentar o debate sobre a utilização da recuperação judicial pelos empresários.

2. Da Evolução do Decreto-Lei 7.661/1946 para a Lei 11.101/2005

Em 9 de fevereiro de 2005, foi promulgada a Lei 11.101, que "regula a recuperação judicial, a extrajudicial e a falência do empresário e da sociedade empresária". Esta legislação substituiu o Decreto-Lei 7.661 de 1946, trazendo importantes novidades no que tange a previsão de novos institutos, bem como nos objetivos que devem ser perseguidos por uma legislação falimentar.

Segundo o Parecer 534 de 2004,[4] de relatoria do Senador Ramez Tebet, que traz a exposição de motivos para a nova legislação, a edição da Lei 11.101/2005 se justifica pelas "numerosas e profundas" alterações das práticas comerciais havidas no Brasil nas últimas seis décadas. A legislação da década de 40, muito embora tenha sido de grande valia durante seu tempo de vigência, não se conforma mais com o cenário econômico atual. Veja-se que o Decreto Lei 7.661/1946 é contemporâneo à Conferência de Bretton Woods,[5] ponto de partida da ordem capitalista no pós-guerra, marcada por três fortes características: a) paridade dólar-ouro; b) restrita movimentação internacional de capitais financeiros; e

---

[3] Por exemplo, http://exame.abril.com.br/revista-exame/edicoes/1056/noticias/a-intencao-era-boa; e http://economia.estadao.com.br/noticias/geral,so-1-das-empresas-sai-da-recuperacao-judi-cial-no-brasil-imp-,1085558

[4] Disponível para consulta em http://redir.stf.jus.br/paginadorpub/paginador.jsp?docTP=TP&docID=580933

[5] Sobre este assunto HOLANDA, Francisco Uribam Xavier de. *Do Liberalismo ao Neoliberalismo*. 2 ed. Porto Alegre: EDIPUCRS, 2001, p. 93 e seguintes.

c) atuação do Fundo Monetário Internacional (FMI) como "emprestador" internacional de última instância.

A ordem capitalista vigente vivencia cenário distinto em relação a essas três características, na medida em que hoje se verifica uma intensa flutuação das moedas internacionais em curto espaço de tempo, adicionando-se a isso o surgimento do Euro; movimento de capitais e recursos financeiros com mínimas barreiras; e crescentes críticas em relação existência e forma de atuação do FMI. Ademais, outros fatores passam a compor este novo cenário econômico e, por consequência, requisitar do ordenamento jurídico soluções mais precisas, como por exemplo, a utilização de composições societárias complexas a fim de otimizar a organização da atividade empresarial, a tendência de algumas empresas de eliminar o ativo físico, novas formas contratuais para regular as relações de posse e propriedade e sistema de garantias obrigacionais que proliferam outras modalidades de contratação.[6]

As carências do Decreto-Lei 7.661/1946 o impediram, no aspecto técnico-jurídico, de continuar sendo a solução legislativa brasileira para as empresas em crise. Um dos motivos que justificam este impedimento é o fato do referido Decreto-Lei conferir ao devedor somente as alternativas da falência ou da concordata, para o enfrentamento das crises econômico financeiras. Esta última, que mais interessa a análise para o comparativo com o objeto deste trabalho, era concedida ao devedor quando o juiz verificava que a crise enfrentada pelo mesmo possuía natureza financeira e não econômica,[7] sendo assim, imposto aos credores um regime de financiamento das dívidas do devedor.

A concordata apresentava alguns problemas delicados, tais como, (a) a pouca – ou nenhuma – participação dos credores no processo de concessão da mesma, já que as informações sobre a crise financeira eram fornecidas exclusivamente pelo devedor para o juiz, e cabia a este, sozinho, decidir pela concessão ou não do pedido; (b) o engessamento da forma de recuperação do devedor, que se limitava a moratória de suas dívidas, independentemente do seu problema ser ou não "prazo para pagamento" de suas obrigações; (c) e a limitação do regime de concordata aos créditos quirografários, que não eram o "verdadeiro" problema

---

[6] Parecer 534 de 2004, disponível em http://redir.stf.jus.br/paginadorpub/paginador.jsp?docTP=TP&docID=580933

[7] Segundo Luiz Inácio Vigil Neto, "a gestão econômica pode, nesse contexto, ser entendida como a que demonstra o resultado da atividade produtiva (ganho ou perda – lucro ou prejuízo – sucesso ou fracasso, etc.). A gestão financeira é a que demonstra as entradas e saídas do caixa da empresa (o dinheiro da empresa), ou seja, os seus ativos líquidos. Por isso, uma empresa poderá estar muito bem na condição econômica de seu negócio, mas carecer de moeda corrente para a administração de seu fluxo de caixa, estando, dessa forma, apenas em crise financeira." (VIGIL NETO, Luiz Inácio. *Teoria Falimentar e Regimes Recuperatórios*: estudos sobre a Lei n. 11.101/05. Porto Alegre: Livraria do Advogado, 2008, p. 69)

financeiro das empresas, sendo este, na maioria das vezes os créditos de natureza trabalhista, fiscal e com garantia real.[8]

Somando-se a nova dinâmica e necessidades da ordem econômica atual, com as limitações do Decreto Lei e, acrescendo-se a esses fatores uma tendência mundial de reformulação de legislações falimentares através do *Principles and Guidelines for Effective Insolvency and Creditor Rights Systems*,[9] surge a Lei 11.101/2005.

Ademais dos novos institutos jurídicos contemplados pela lei, a saber, as recuperações judicial, extrajudicial e plano especial para Micro e Pequenas Empresas, o novo diploma legislativo chamou muito a atenção da comunidade jurídica pelos seus detalhados objetivos. Os mesmos foram assim dispostos na exposição de motivos da Lei: 1) Preservação da empresa; 2) Separação dos conceitos de empresa e empresário; 3) Recuperação das sociedades e empresários recuperáveis; 4) Retirada do mercado de sociedades e empresários não recuperáveis; 5) Proteção aos trabalhadores; 6) Redução do custo de crédito no Brasil; 7) Celeridade e eficiência dos processos judiciais; 8) Segurança jurídica; 9) Participação ativa dos credores; 10) Maximização do valor dos ativos do falido; 11) Desburocratização da recuperação de microempresas e empresas de pequeno porte; e 12) Rigor na punição de crimes relacionados à falência e à recuperação judicial.

Percebe-se o entusiasmo e crença do legislador no instituto da recuperação já pela leitura da exposição de motivos da Lei. Não é por acaso o objetivo da preservação da empresa desponta como o primeiro da lista. Aliás, permite-se fazer um adendo, no sentido de que a preservação da empresa não é somente um objetivo da legislação falimentar, mas sim um princípio que deve ser buscado por todo o ordenamento jurídico, quando se está diante da temática empresarial.[10] Isso porque, a empresa,

---

[8] VIGIL NETO, Luiz Inácio. *Teoria Falimentar e Regimes Recuperatórios*: estudos sobre a Lei n. 11.101/05. Porto Alegre: Livraria do Advogado, 2008, p. 68-70.

[9] "(...) são princípios e diretrizes estabelecidos pelo Banco Mundial em resposta às crises dos mercados emergentes ocorridas nos anos 90. Eles representam um consenso internacional a respeito das melhores práticas a serem adotadas pelos sistemas mundiais de insolvência e o padrão necessário para medir seus graus de eficiência. Compõem uma ampla iniciativa global em prol da reforma convergente das leis de insolvência com o objetivo de promover mais certeza nos resultados dos processos de insolvência, permitir uma acurada identificação dos riscos por agentes financiadores, estimular o cuidado com o endividamento e promover o tratamento adequado de devedores e credores em situações de crise econômico-financeira. Até o ano de 2004, os *Principles and Guidelines* foram utilizados para auxiliar a reforma de leis concursais em aproximadamente 24 países em todo mundo (...)". (SPINELLI, Luis Felipe; TELLECHEA, Rodrigo; SCALZILLI, João Pedro. *Recuperação Extrajudicial de Empresas*. São Paulo: Quartier Latin, 2013, p. 31)

[10] O princípio da preservação da empresa está presente em vários dispositivos da legislação falimentar, mas nenhum é mais contundente que o artigo 47: "A recuperação judicial tem por objetivo viabilizar a superação da situação de crise econômico-financeira do devedor, a fim de permitir a manutenção da fonte produtora, do emprego dos trabalhadores e dos interesses dos credores, promovendo, assim, a preservação da empresa, sua função social e o estímulo à atividade econômica."

enquanto unidade produtiva, gera riquezas, postos de trabalho, arrecadação de tributos, desenvolve tecnologia, contribui para o equilíbrio da concorrência e do mercado de consumo, entre outros benefícios direitos e indiretos.[11] Assim, é interesse do Estado e de todos os seus partícipes o bom e perene desenvolvimento das empresas. O próprio princípio da preservação da empresa serve como sustento para os demais objetivos destacados da lei falimentar, na medida em que somente as empresas que possuem sérias chances de recuperação – e mediante esta – poderão cumprir com os papeis aqui designados. A retirada do mercado daquelas empresas que não possuem mais condições de operação é medida necessária, eis que os custos da recuperação de uma empresa acabam por recair sobre toda a sociedade, devido a um encadeamento complexo de relações econômicas e sociais.[12] Salienta-se, ainda o interesse do legislador na participação ativa dos credores, especialmente no que tange à recuperação, pois a aprovação do plano será tarefas desses, bem como a preocupação com as Micro e Pequenas Empresas,[13] protagonistas do cenário econômico brasileiro.

Incumbe agora verificar a concreção destes objetivos no tratamento legislativo dispensado à recuperação judicial de empresas. Para isso, far-se-á uma exposição das previsões legislativas sobre o instituto.

3. Considerações acerca da Recuperação Judicial

O ato de recuperar uma empresa, segundo a ciência da administração é "o conjunto de incisivas e multifacetadas ações corretivas ne-

---

[11] Alexandre Nazzarini defende que o princípio da preservação da empresa "dá uma nova característica à empresa, deslocando-a de uma condição limitada ao interesse de seus sócios, para elevar ao patamar de interesse público, ou seja, passa a ser considerada como uma instituição e não mais uma relação de natureza contratual. Deixa de ter dependência da vontade dos sócios para, no caso, passar a atender outros interesses (a função social, os empregados, os credores, etc) que se sobrepõem ao interesse dos sócios". Complementa esclarecendo que "daí o fundamento de outro princípio, ou seja, da 'separação dos conceitos de empresa e de empresário', que, no dizer do Senador Ramez Tebet, assim, separa-se a empresa de quem a controla, seja pessoa natural ou jurídica". (LAZZARINI, Alexandre Alves. Reflexões Sobre a Recuperação Judicial de Empresas. In: DE LUCCA, Newton; DOMINGUES, Alessandra de Azevedo. *Direito Recuperacional – Aspectos Teóricos e Práticos*. São Paulo: Quartier Latin, 2009, p. 124-125).

[12] Neste sentido, Fabio Ulhoa Coelho, que exemplifica a situação com o caso hipotético de um banco, credor de uma empresa em recuperação, que como forma de pagamento de seus créditos receberá participação societária desta empresa. Em sendo infrutífera esta recuperação, o banco sofrerá o prejuízo dos valores emprestados e certamente isso impactará nas taxas de juros praticadas, já que os bancos calcularão um "spread" específico para embutir em seus juros. (COELHO, Fabio Ulhoa. *Curso de Direito Comercial*. v. 3, 14 ed., São Paulo: Saraiva, 2013, p. 398-399)

[13] Segundo dados do Instituto Brasileiro de Geografia e Estatística, de 2012, 99% das empresas formalmente constituídas no Brasil são de Micro e Pequeno Porte; as mesmas geram 20% do total do Produto Interno Bruto Brasileiro e 60% das vagas de emprego. Dados disponíveis em http://www.brasil.gov.br/economia-e-emprego/2012/02/o-mapa-das-micro-e-pequenas-empresas.

cessárias para rapidamente restaurar os indicadores de desempenho de uma organização, sem as quais esta caminharia à insolvência em futuro previsível".[14] Certo que boa parte dessas ações corretivas a que se refere o conceito serão cunhadas pelos administradores, contadores e economistas envolvidos com uma empresa em crise, mas não poderia o ordenamento jurídico ficar à margem da realidade de suas empresas e não se envolver com seus momentos de necessidades. Os objetivos lançados pela legislação falimentar brasileira, expostos no tópico anterior, não deixam dúvidas acerca do interesse do Estado em preservar as suas empresas – aquelas que efetivamente merecem e tem perspectivas de se recuperarem –, criando mecanismos de auxílio as mesmas em casos de insolvência. Obviamente, como referido, também são objetivos da legislação brasileira a preservação do mercado como um todo, protegendo, inclusive, interesses para além da empresa, tais como os interesses dos trabalhadores e a persecução de redução do custo de crédito.

A recuperação judicial é considerada, por alguma doutrina, como sucessora da concordata prevista no Decreto-Lei 7.661/1946. De fato, existem similitudes entre os institutos que, em uma análise mais superficial, podem fazer o leitor crer que a recuperação judicial nada mais é do que uma concordata com nova roupagem e procedimento, ainda mais quando, como destaca Mauro Penteado,[15] o plano de recuperação judicial prevê como forma de recuperação somente a moratória de dívidas. São de certa forma inevitáveis as comparações, até porque, ambos institutos de aproximam quando se tornam alternativa à falência do devedor.

Entretanto, existem diferenças estruturais entre a recuperação judicial e a concordata que distanciam esses institutos e evidenciam a evolução perfectibilizada na legislação vigente, no que tange o objetivo de preservação da empresa e de maior participação dos credores no processo de recuperação da empresa em crise. Nas palavras de Rachel Sztajn,[16] há um novo "espírito" que permeia a legislação:

(...) agora a organização empresária é repensada, remodelada e, sua continuidade, sob mesma ou outra administração, é entendida como resgate ou manutenção da atividade econômica que pode durar, exequível sem custos mais acentuados. Manter empregos, estimular a atividade econômica, fomentar a produção de bens e serviços, devem ser des-

---

[14] LEMOS, Eduardo. Viabilizando a Recuperação Sem ou Além da Lei. In: TOLEDO, Paulo Fernando Campos Salles de; SATIRO, Francisco. *Direito das Empresas em Crise*: Problemas e Soluções. São Paulo: Quartier Latin, 2012, p. 79-80.

[15] PENTEADO, Mauro Rodrigues. In: SATIRO, Francisco; PITOMBO, Antônio Sérgio A. de Moraes. *Comentários à Lei de Recuperação de Empresas e Falência – Lei 11.101/2005 – Artigo por Artigo*. 2. ed. São Paulo: Revista dos Tribunais, 2007, p. 84-86.

[16] SZTAJN, Rachel. In: SATIRO, Francisco; PITOMBO, Antônio Sérgio A. de Moraes. *Comentários à Lei de Recuperação de Empresas e Falência – Lei 11.101/2005 – Artigo por Artigo*. 2. ed. São Paulo: Editora Revista dos Tribunais, 2007, p. 221.

tacados como elementos informadores da análise mediante a qual se proporá, ou não, a reorganização, ou seja, a recuperação da empresa em crise.

Conforme já referido anteriormente, a concordata era requerida pelo devedor, com base em informações prestadas por este, ao juiz, que decidia favoravelmente, desde que preenchidos os requisitos para a concessão da mesma. Assim, constituía a concordata uma espécie de "favor" legal, concedido exclusivamente pelo poder judiciário, mesmo que contrário ao interesse dos credores. Retoma-se também que a concordata só permitia uma modalidade de benesse para o devedor, que era a concessão de moratória para o pagamento de suas dívidas, desde que oriundas de créditos quirografários.

A recuperação judicial nos apresenta um procedimento mais acurado. O pedido de recuperação continua sendo de exclusividade do devedor,[17] que deverá apresentar ao juiz competente para o processamento da ação, as causas do seu estado de crise econômica e/ou financeira, fundamentação acerca da pertinência da recuperação para a sua situação, bem como o requerimento de concessão de processamento do regime recuperatório. Além disso, deverá o devedor apresentar os documentos previstos no artigo 51[18] da Lei. O juiz analisará os aspectos formais da petição inicial e o cumprimento das exigências de documentação, para decidir se há condições de deferimento ou não.

---

[17] Deverão ser observados os requisitos de legitimidade do artigo 48.

[18] Art. 51. A petição inicial de recuperação judicial será instruída com: I – a exposição das causas concretas da situação patrimonial do devedor e das razões da crise econômico-financeira; II – as demonstrações contábeis relativas aos 3 (três) últimos exercícios sociais e as levantadas especialmente para instruir o pedido, confeccionadas com estrita observância da legislação societária aplicável e compostas obrigatoriamente de: a) balanço patrimonial; b) demonstração de resultados acumulados; c) demonstração do resultado desde o último exercício social; d) relatório gerencial de fluxo de caixa e de sua projeção; III – a relação nominal completa dos credores, inclusive aqueles por obrigação de fazer ou de dar, com a indicação do endereço de cada um, a natureza, a classificação e o valor atualizado do crédito, discriminando sua origem, o regime dos respectivos vencimentos e a indicação dos registros contábeis de cada transação pendente; IV – a relação integral dos empregados, em que constem as respectivas funções, salários, indenizações e outras parcelas a que têm direito, com o correspondente mês de competência, e a discriminação dos valores pendentes de pagamento; V – certidão de regularidade do devedor no Registro Público de Empresas, o ato constitutivo atualizado e as atas de nomeação dos atuais administradores; VI – a relação dos bens particulares dos sócios controladores e dos administradores do devedor; VII – os extratos atualizados das contas bancárias do devedor e de suas eventuais aplicações financeiras de qualquer modalidade, inclusive em fundos de investimento ou em bolsas de valores, emitidos pelas respectivas instituições financeiras; VIII – certidões dos cartórios de protestos situados na comarca do domicílio ou sede do devedor e naquelas onde possui filial; IX – a relação, subscrita pelo devedor, de todas as ações judiciais em que este figure como parte, inclusive as de natureza trabalhista, com a estimativa dos respectivos valores demandados. § 1º Os documentos de escrituração contábil e demais relatórios auxiliares, na forma e no suporte previstos em lei, permanecerão à disposição do juízo, do administrador judicial e, mediante autorização judicial, de qualquer interessado. § 2º Com relação à exigência prevista no inciso II do caput deste artigo, as microempresas e empresas de pequeno porte poderão apresentar livros e escrituração contábil simplificados nos termos da legislação específica. § 3º O juiz poderá determinar o depósito em cartório dos documentos a que se referem os §§ 1º e 2º deste artigo ou de cópia destes.

Deferido o processamento da recuperação judicial, o juiz, na mesma decisão, determinará as providências do artigo 52.[19] Esta decisão é e suma importância não só pelo seu conteúdo de deferimento da recuperação, mas por ser o marco inicial do prazo de 60 (sessenta) dias para apresentação do plano de recuperação judicial.

O plano de recuperação judicial será apresentado pelo devedor para apreciação pelos credores. Aqui se verifica claramente a presença do objetivo "9", listado anteriormente, qual seja a ativa participação dos credores. Assume o juiz, neste caso, o papel de "sancionador" e eleva-se a recuperação judicial ao patamar de negócio jurídico privado, bilateral, firmado entre partes.[20] Isso porque, cabe ao devedor e aos seus credores realinharem – via plano de recuperação – o novo formato de cumprimento das obrigações existentes. Nesta linha, Alexandre Alves Lazzarini defende ser a recuperação mais que um processo judicial, mas sim um processo "negocial-empresarial, pois seu sucesso dependerá primordialmente não da tutela judicial, mas da capacidade da empresa em crise em

---

[19] Art. 52. Estando em termos a documentação exigida no art. 51 desta Lei, o juiz deferirá o processamento da recuperação judicial e, no mesmo ato: I – nomeará o administrador judicial, observado o disposto no art. 21 desta Lei; II – determinará a dispensa da apresentação de certidões negativas para que o devedor exerça suas atividades, exceto para contratação com o Poder Público ou para recebimento de benefícios ou incentivos fiscais ou creditícios, observando o disposto no art. 69 desta Lei; III – ordenará a suspensão de todas as ações ou execuções contra o devedor, na forma do art. 6º desta Lei, permanecendo os respectivos autos no juízo onde se processam, ressalvadas as ações previstas nos §§ 1º, 2º e 7º do art. 6º desta Lei e as relativas a créditos excetuados na forma dos §§ 3º e 4º do art. 49 desta Lei; IV – determinará ao devedor a apresentação de contas demonstrativas mensais enquanto perdurar a recuperação judicial, sob pena de destituição de seus administradores; V – ordenará a intimação do Ministério Público e a comunicação por carta às Fazendas Públicas Federal e de todos os Estados e Municípios em que o devedor tiver estabelecimento. § 1º O juiz ordenará a expedição de edital, para publicação no órgão oficial, que conterá: I – o resumo do pedido do devedor e da decisão que defere o processamento da recuperação judicial; II – a relação nominal de credores, em que se discrimine o valor atualizado e a classificação de cada crédito; III – a advertência acerca dos prazos para habilitação dos créditos, na forma do art. 7º, § 1º, desta Lei, e para que os credores apresentem objeção ao plano de recuperação judicial apresentado pelo devedor nos termos do art. 55 desta Lei. 2º Deferido o processamento da recuperação judicial, os credores poderão, a qualquer tempo, requerer a convocação de assembleia-geral para a constituição do Comitê de Credores ou substituição de seus membros, observado o disposto no § 2º do art. 36 desta Lei. § 3º No caso do inciso III do *caput* deste artigo, caberá ao devedor comunicar a suspensão aos juízos competentes. § 4º O devedor não poderá desistir do pedido de recuperação judicial após o deferimento de seu processamento, salvo se obtiver aprovação da desistência na assembleia-geral de credores.

[20] Em sentido contrário a esta afirmação, importa referir a doutrina de Jorge Lobo, que defende ser a recuperação judicial um instituto de Direito Econômico. Entende o doutrinador que não se trata de instituto de Direito Privado, eis que existem casos na lei falimentar que o plano é imposto aos credores, contra a vontade destes, quando, por exemplo, o juiz decide homologar o plano, desde que preenchidas as condições do artigo 58. A defesa pelo Direito Econômico, nas palavras do autor, se dá "(pela recuperação judicial) ser uma técnica, um instrumento, um meio de o Estado privilegiar, principalmente, o interesse comum econômico, de produtividade da economia, e de sua economicidade, pondo em segundo plano, no dizer de Radbruch, a justa equiparação entre as pessoas diretamente interessadas em determinadas relações econômicas". LOBO, Jorge. Recuperação Judicial da Empresa. In: OLIVEIRA, Fatima Bayma de. Recuperação de Empresas – Uma Multipla Visão da Nova Lei. São Paulo: Pearson Prentice Hall, 2006, p. 21-23.

negociar com seus credores, mostrando a eles a existência da possibilidade de superar a referida crise".[21]

O devedor poderá fazer constar no plano de recuperação obrigações vencidas e vincendas e valer-se de qualquer das formas previstas no artigo 50[22] para sua recuperação. Importante referir que as "ideias" de recuperação trazidas pela lei não são taxativas, podendo o devedor apresentar qualquer outra que entenda mais pertinente ou viável para a sua condição, desde que não fira os requisitos gerais de validade[23] impostos pela legislação civil brasileira, bem como limitações previstas na própria lei falimentar, a saber, prazo superior a 1 (um) ano para pagamento dos créditos derivados da legislação do trabalho ou decorrentes de acidentes de trabalho vencidos até a data do pedido de recuperação judicial e prazo superior a 30 (trinta) dias para o pagamento, até o limite de 5 (cinco) salários-mínimos por trabalhador, dos créditos de natureza estritamente salarial vencidos nos 3 (três) meses anteriores ao pedido de recuperação judicial. Ainda deve o devedor observar duas situações que impõem limitação ao plano, sendo a primeira no caso do plano prever a alienação de bens onerados com gravames, o titular da garantia deve anuir com a supressão ou substituição da mesma e, no caso de dívidas entabuladas em moeda estrangeira, sua conversão para a moeda nacional depende de expressa autorização do titular do crédito.

Apresentado o plano, os credores terão prazo de 30 (trinta) dias para manifestar as suas objeções em relação ao mesmo. Passado este prazo, sem qualquer manifestação, presume-se aprovado o plano. Havendo manifestação tempestiva dos credores contra o plano apresentado, convocará o juiz assembleia geral de credores. Na assembleia os credores, serão divididos em quatro classes, conforme regra do artigo 41, quais sejam: titulares de créditos derivados da legislação do trabalho ou decorrentes de acidentes de trabalho, titulares de créditos com garantia real, titulares de créditos quirografários, com privilégio especial, com privilégio geral ou subordinados e titulares de créditos enquadrados como microempresa ou empresa de pequeno porte.[24] Para que o plano seja aprovado, há a necessidade de aprovação de todas as classes. As classes,

---

[21] LAZZARINI, Alexandre Alves. Reflexões Sobre a Recuperação Judicial de Empresas. In: DE LUCCA, Newton; DOMINGUES, *Alessandra de Azevedo. Direito Recuperacional – Aspectos Teóricos e Práticos*. São Paulo: Quartier Latin, 2009, p. 124.

[22] Constituem modalidades de recuperação sugeridas pela Lei a alteração de controle societário, o aumento de capital social, trespasse ou arrendamento do estabelecimento, cisão, incorporação, fusão ou transformação da sociedade, usufruto da empresa, administração compartilhada, entre outros.

[23] Art. 104, Código Civil Brasileiro. A validade do negócio jurídico requer: I – agente capaz; II – objeto lícito, possível, determinado ou determinável; III – forma prescrita ou não defesa em lei.

[24] Os credores microempresários ou empresários de pequeno porte tiveram recentemente incluídos na lei alguns tratamentos diferenciados, através de alteração legislativa operada pela Lei Complementar 147 de 2014.

contudo, entre elas, votam de formas distintas: (1) quanto aos credores trabalhistas, a aprovação de se dá pela maioria dos presentes (chamado coloquialmente de "voto por cabeça"); (2) quanto aos credores com garantia real, a aprovação se dá pelo critério da dupla maioria, ou seja, maioria dos credores e dos créditos presentes; (3) quanto aos credores de créditos quirografários, com privilégio especial, com privilégio geral e subordinados, se aplica a mesma regra da dupla maioria; e (4) quanto aos credores enquadrados como microempresas e empresas de pequeno porte, aplica-se somente a regra da maioria dos presentes.

Luiz Inácio Vigil Neto[25] explica que a maioria simples em todas as contagens (ao total são seis: uma na classe 1, duas na classe 2, duas na classe 3 e uma na classe 4) resulta na aprovação do plano. Se o devedor perder em apenas uma contagem, ainda que vencendo nas demais, o plano será rejeitado. A decisão da assembleia de credores é soberana e, em não sendo aprovado o plano, a regra é que a empresa devedora tenha a sua falência decretada (artigo 56, § 4º). No entanto, essa regra pode ser atenuada mediante a constatação pelo juiz de relevante função social[26] da empresa devedora cumulado com os requisitos previstos no artigo 58. Nessa situação, o juiz poderá contrariar os interesses da assembleia geral e conceder a recuperação judicial. Caso não verifique função social do devedor ou ausente quaisquer dos elementos do artigo 58, a manutenção da decisão da assembleia é medida imperativa.

Após a aprovação do plano, o mesmo será executado na medida em que estabelecido, constituindo título executivo judicial. Fabio Ulhoa Coelho[27] atenta que embora, em princípio, o plano de recuperação é imutável, não se pode ignorar a necessidade de alteração do plano no curso de execução, por fatores que passam desde a alteração da situação econômica do devedor, até uma mudança no mercado alheia a sua vontade.

---

[25] VIGIL NETO, Luiz Inácio. *Teoria Falimentar e Regimes Recuperatórios*: estudos sobre a Lei n. 11.101/05. Porto Alegre: Livraria do Advogado, 2008, p. 170-171.

[26] Segundo Vigil, "na ideia de função social adotou-se o princípio de relevância do ente econômico em seu contexto social. Dessa forma, a função social não se mede por atividades sociais ou filantrópicas, mas pela importância da empresa no contexto de sua operação econômica, nacional, estadual, regional ou local, na geração de emprego e riqueza". (VIGIL NETO, Luiz Inácio. Teoria Falimentar e Regimes Recuperatórios: estudos sobre a Lei n. 11.101/05. Porto Alegre: Livraria do Advogado Editora, 2008, p. 173). Rachel Sztajn, em sentido complementar, ensina que "a função social da empresa só será preenchida se for lucrativa, para o que deve ser eficiente. Eficiência, nesse caso, não é apenas produzir os efeitos previstos, mas é cumprir a função dependendo pouco ou nenhum esforço; significa operar eficientemente no plano econômico, produzir rendimento, exercer a atividade de forma a obter os melhores resultados. Se deixar de observar a regra de eficiência, meta-jurídica, dificilmente, atuando em mercados competitivos, alguma empresa sobreviverá. Esquemas assistencialistas não são eficientes na condução da atividade empresária, razão pela qual não podem influir diante de crise, na sua recuperação". (SZTAJN, Rachel. In: SATIRO, Francisco; PITOMBO, Antônio Sérgio A. de Moraes. *Comentários à Lei de Recuperação de Empresas e Falência – Lei 11.101/2005 – Artigo por Artigo*. 2. ed. São Paulo: Revista dos Tribunais, 2007, p. 223-224).

[27] COELHO, Fabio Ulhoa. *Curso de Direito Comercial*. v. 3, 14. ed., São Paulo: Saraiva, 2013, p. 443.

Neste caso, afirma o autor, admite-se a alteração do plano, mediante anuência da assembleia geral de credores, mantendo-se as mesmas regras de votação do plano original. Caso o devedor descumpra o plano dentro do período de dois anos contados da concessão do regime recuperatório, poderá ter a sua falência decretada.

Mesmo com essa breve descrição dos procedimentos da recuperação judicial, verifica-se com clareza que o legislador não perdeu oportunidades de inserir no texto normativo os objetivos precípuos da lei. Portanto, conclui-se, parcialmente, que o texto legislativo em relação a recuperação judicial é adequado ao que se esperava dele. Cabe agora apurar alguns pontos de tensão que permeiam os dispositivos atinentes a recuperação judicial, bem como a possível interferência deles no sucesso da recuperação das empresas.

4. Pontos de tensão em relação à Recuperação Judicial

Sem a pretensão de se listar todas as tensões apontadas pela doutrina em relação à Lei 11.101/2005, especialmente no que tange à recuperação judicial, tampouco de analisar detidamente se esses apontamentos são todos pertinentes ou não, cumpre evidenciar alguns tópicos que tem sido objeto de discussão no cenário brasileiro. Ressalte-se, de início, que são inúmeros os comentários críticos em relação à Lei 11.101/ 2005, sendo impossível de serem todos listados em um trabalho deste tipo.[28] A escolha dos pontos que abaixo serão tratados se dá pela relação que os mesmos possam ter com a (in) eficácia da recuperação judicial.

Antes, contudo, de se apontar os supostos problemas da legislação, importa referir as palavras de Newton de Lucca, professor de Direito Comercial da USP:[29]

> Quero dizer, com tais considerações introdutórias, que o primeiro grande mérito do novo diploma legal que regula a recuperação judicial, a extrajudicial e a falência do empresário e da sociedade empresária há de ser, com toda certeza – não obstante algumas de suas notáveis contradições –, a sua própria existência.

---

[28] Somente para ciência do leitor, outros pontos que suscitam debates em relação a recuperação judicial são a cessão fiduciária de créditos e a liberação de travas bancárias, possibilidade de inclusão no plano dos créditos excluídos por força do artigo 49, §§ 3º e 4º, remuneração do administrador judicial e a reserva de 40%, cessão de crédito e direito de voto, novação recuperacional, representação dos credores trabalhistas na assembleia geral de credores, prorrogação dos prazos previstos na lei, nulidade ou anulabilidade das deliberações dos credores ou da Assembleia Geral de Credores, abuso do direito de voto, juízo universal da recuperação e conflito de competência, bloqueio online, entre outros. (TADDEI, Marcelo Gazzi. Os primeiros cinco anos da recuperação judicial no pais: dificuldades e controvérsias. *Revista Jurídica Empresarial*. Porto Alegre: IOB, v. 3, n. 15, jul/ago 2010, p. 51-89)

[29] DE LUCCA, Newton. Uma Reflexão Inicial. In: OLIVEIRA, Fatima Bayma de. *Recuperação de Empresas – Uma Multipla Visão da Nova Lei*. São Paulo: Pearson Prentice Hall, 2006, p. 04.

Compactua-se com o entendimento exposto, pois em que pese haver algumas questões pontuais que poderiam ter sido melhor tratadas na lei, a mesma está muito distante de defeitos graves que inviabilizem a sua aplicação ou o cumprimento de seus objetivos.

Um primeiro ponto de tensionamento que se destaca é suspensão de todas as ações e execuções que correm contra a empresa em recuperação, pelo prazo de 180 dias, e qual a abrangência deste benefício. Dispõe o artigo 6º que *"a decretação da falência ou o deferimento do processamento da recuperação judicial suspende o curso da prescrição e de todas as ações e execuções em face do devedor, inclusive aquelas dos credores particulares do sócio solidário"*. A problemática que envolve este artigo guarda relação com a sua limitação de previsão legislativa, mas também com a interpretação restritiva que a jurisprudência tem dado ao mesmo.

Isso porque, quando é aprovado o plano de recuperação judicial pelos credores tem-se a novação das dívidas, ou seja, aquelas dívidas que forem objeto da negociação se transformam em novas obrigações, podendo ter valores, prazos e condições de pagamento alterados. Ocorre que, o sócio (ou outro garantidor qualquer) que era avalista da empresa em recuperação, por exemplo, não tem para si o benefício de suspensão das ações e execuções que eventualmente corram por conta deste aval.

Assim, verifica-se que a dívida pode ser objeto de negociação no plano, mas o sócio (ou outro) que é garantidor da mesma pode estar sofrendo demanda judicial em virtude da mesma obrigação. O legislador não quis que esse benefício da suspensão se estendesse aos garantidores da empresa em recuperação (como o fez explicitamente através do art. 49, §01º), mas a jurisprudência poderia ter alargado o entendimento do artigo 06º, para estender esta suspensão também aos sócios (ou outros garantidores) que não são solidários por conta de questões societárias, mas sim, porque são devedores solidários por terem assumido como garantidores em prol da empresa em recuperação. No entanto, não é este o entendimento do Superior Tribunal de Justiça:

> AGRAVO REGIMENTAL NO RECURSO ESPECIAL. RECUPERAÇÃO JUDICIAL. NOVAÇÃO. CONDIÇÃO RESOLUTIVA. SUSPENSÃO. NÃO CABIMENTO.
> 1. A novação operada pelo plano de recuperação fica sujeita a condição resolutiva, nos termos do art. 61 da Lei n.º 11.101/05.
> 2. Não se suspendem as execuções individuais direcionadas aos avalistas de título cujo devedor principal é sociedade em recuperação judicial.
> 3. Precedentes específicos desta Corte.
> 4. Não apresentação pela parte agravante de argumentos novos capazes de infirmar os fundamentos que alicerçaram a decisão agravada.
> 5. AGRAVO REGIMENTAL DESPROVIDO.
> AgRg no REsp 1334284 / MT, Ministro PAULO DE TARSO SANSEVERINO, Terceira Turma, publicado em 15/09/2014.

O problema decorrente deste posicionamento é que o garantidor pode pagar por dívida que mediante a novação da recuperação poderia ser redimensionada. E, ao fim, por conta do direito de regresso que costuma existir em favor dos garantidores pode a empresa em recuperação ter que arcar com obrigação superior àquela que poderia ter sido pactuada no plano.

Outro ponto a se destacar é a votação do plano de recuperação judicial. Sheila Cerezetti embora reconheça que a lei brasileira em momento algum privilegie a "recuperação a qualquer custo, pautando-se pela preferência reorganizativa quando se tratar de empresa viável", chama a atenção para problemática criada pela lei quando reuniu nas classes de votação do plano de recuperação judicial credores com interesses diversos e que, ainda, podem receber tratamento desigual (por previsão do plano de recuperação) no que tange a satisfação de seus créditos. Neste sentido alerta a doutrinadora que

> é bem verdade que muitos dos casos de concessão de tratamento diferenciado entre credores de mesma classe envolvem ausência de isonomia entre credores que, muito embora reunidos em mesmo grupo por determinação legal, representam comunidade de credores distinta. Isso pode ser verificado, por exemplo, em planos que preveem formas de pagamento para credores financeiros distintas daquelas oferecidas a credores fornecedores quando todos eles detêm créditos quirografários.[30]

Essa tensão pode gerar uma discussão dentro da própria classe e fazer com que determinada espécie de credores rejeite o plano dentro da classe – mesmo que seus colegas de classe queiram a aprovação do mesmo –, o que, dependendo do número de credores e de quanto representam em créditos, pode levar a rejeição do plano na classe como um todo e impedir a continuidade da recuperação judicial (sem considerarmos nesta hipótese as possibilidades de recuperação por função social).

Outra questão que merece ser pontuada é trazida por Eduardo Secchi Munhoz[31] que tece críticas em relação a previsão do artigo 58, que autoriza o juiz, com o preenchimento de alguns requisitos, a aprovar o plano de recuperação, em contrariedade ao decidido pela assembleia geral. Explica o doutrinador que esta prática se assemelha ao *cram down* previsto na legislação norte-americana, sem contudo, que a legislação brasileira tenha observado os mesmo critérios para esta prática, que são *unfair discrimination* e *fair and equitable*. O primeiro critério diz respeito a proibição de oferecer tratamento diferenciado a credores que compõem

---

[30] CEREZETTI, Sheila Christina Neder. As Classes de Credores como Técnica de Organização de Interesses. In: TOLEDO, Paulo Fernando Campos Salles de; SATIRO, Francisco. Direito das Empresas em Crise: Problemas e Soluções. São Paulo: Quartier Latin, 2012, p. 371-375.
[31] MUNHOZ, Eduardo Secchi. In: SATIRO, Francisco; PITOMBO, Antônio Sérgio A. de Moraes. *Comentários à Lei de Recuperação de Empresas e Falência – Lei 11.101/2005 – Artigo por Artigo*. 2. ed. São Paulo: Revista dos Tribunais, 2007, p. 290-291.

a mesma classe (relação horizontal – situação semelhante à suscitada por Sheila Cerezetti) e o segundo à necessidade de respeito da hierarquia dos créditos (relação vertical), de modo que, exemplificativamente, não pode o plano prever o pagamento de classes menos privilegiadas sem a total quitação dos créditos das classes mais privilegiadas.

Veja-se que neste caso o credor trabalhista, por exemplo, poderia se sentir desincentivado com uma novação de seus créditos – respeitados os limites legais para este tipo de obrigação – ao saber que esta novação vai a benefício dos credores quirografários, que em uma decretação de falência seriam os sétimos na ordem de pagamento dos créditos, enquanto este credor trabalhista é o primeiro a ser pago (previsão do artigo 83).

Outro fator preocupante na análise da legislação é postura diligente e responsável que devedor e credores devem ter na elaboração e aprovação do plano de recuperação judicial. O devedor ao expor a sua situação de crise e apresentar proposta para a resolução da mesma deve ser honesto no sentido de revelar efetivamente quais são seus problemas, mesmo que isso signifique, por exemplo, uma alteração substancial dos administradores da empresa. Segundo relata Alexandre Alves Lazzarini,[32] são muitos os casos de empresas que no momento da falência declaram problemas de má gestão; no entanto, ainda quando da recuperação, buscaram meios tão somente de pagar as dívidas, sem se preocupar efetivamente com a reestruturação da empresa.

O devedor não é o único responsável por esta situação. Como já visto, a tarefa de aprovar o plano de recuperação judicial é dos credores e os mesmos devem guardar a mesma diligência na apreciação do plano, verificando se os meios propostos para recuperação, pelo devedor, serão eficazes. Lazzarini salienta que há uma mentalidade individualista que assombra o processo de recuperação, onde devedor, credores, advogados e demais partícipes tentam cada um resolver os "seus problemas", esquecendo-se que a recuperação judicial instaura um juízo coletivo, onde os interesses de todos devem confluir e os problemas, por consequência, passam a ser os "nossos problemas".

As situações listadas são enfrentadas já com a recuperação em curso e tem como consequência mais nefasta a empresa em recuperação a não aprovação do plano, com a convolação da recuperação judicial em falência (artigo 73). No entanto, ao nosso sentir, o problema maior das empresas em crise, não são as eventuais impropriedades da legislação falimentar, mas sim, os acontecimentos pregressos ao pedido de recuperação.

---

[32] LAZZARINI, Alexandre Alves. A Recuperação Judicial de Empresas: Alguns Problemas na sua Execução. *Revista de Direito Bancário e do Mercado de Capitais*, São Paulo: Revista dos Tribunais, v. 10, n. 36, abr/jun 2007, p. 93-106.

5. Pode-se falar em (in)eficácia da Recuperação Judicial?

A matéria jornalística motivadora desta pesquisa, publicada pela Revista Exame, no dia 19/12/2013, anuncia em seu título que somente 1% das empresas que ingressaram com recuperação judicial no Brasil desde a entrada em vigor da lei, conseguiram sair do processo devidamente recuperadas.

Relata a matéria que pouco mais de 10% das empresas faliram durante o processo de recuperação e as demais ainda continuam em "estado de recuperação". São feitas críticas em relação aos prazos de duração da recuperação, ao aparato necessário para operá-la, especialmente no que tange a figura – e remuneração – do administrador judicial, profissional nomeado pelo juiz que deverá conduzir o processo de recuperação. A reportagem não traz dados mais concretos sobre as empresas que ainda continuam em recuperação, tampouco sobre os motivos pelos quais foi decretada a falência daquele percentual de 10% da amostra. Tentou-se acesso a pesquisa para analise mais acurada de sua metodologia, sem que se tivesse êxito. Deve-se ressaltar a dificuldade de obtenção de tais dados, tendo em vista que as empresas que ainda continuam em recuperação não informam o verdadeiro andamento das mesmas, o que dificulta análises deste tipo.

No entanto, a valia dessa reportagem está em lançar um olhar crítico para questões que ultrapassam eventuais problemas legislativos e que podem ser os verdadeiros problemas de insucesso da recuperação judicial.

O primeiro deles e, que no nosso sentir, é o mais grave é o pedido tardio de recuperação.[33] A história normalmente é a mesma: o empresário percebe a sua instabilidade financeira aproximadamente um ano antes do ponto limítrofe. O inadimplemento de obrigações torna-se uma constante: primeiro os impostos, depois fornecedores "menos necessários", após os fornecedores "mais indispensáveis" e verbas trabalhistas "menos aparentes". Paralelamente a isso, inicia-se um processo de endividamento junto à instituições financeiras e quando estas não mais concedem crédito pela inadimplência, recorre-se a faturizadoras e agiotas. Não é raro que neste estágio a empresa esteja fazendo emissão de títulos de créditos sem lastro de qualquer relação obrigacional (comumente chamados de "títulos frios"), para possibilitar as operações de crédito junto às instituições financeiras e às faturizadoras.

---

[33] Neste sentido LAZZARINI, Alexandre Alves. A Recuperação Judicial de Empresas: Alguns Problemas na sua Execução. *Revista de Direito Bancário e do Mercado de Capitais*, São Paulo: Revista dos Tribunais, v. 10, n. 36, abr/jun. 2007, p. 103.

Até que, chega o fatídico dia: normalmente é em um 4º dia útil do mês.[34] No dia seguinte, deve-se pagar os salários dos funcionários e não há caixa para isso. O empresário, então, procura seu advogado, para ingressar imediatamente com uma recuperação judicial. Infelizmente, tarde demais.

Retoma-se os objetivos da legislação para justificar a inadequação da recuperação para casos como esse: manter no mercado as empresas recuperáveis e retirar do mercado aquelas que não possuem possibilidade de recuperação.

É dever do empresário cumpridor de suas obrigações e merecedor de permanecer no mercado não ficar inerte diante das crises financeiras que acometem a sua empresa, devendo tomar medidas imediatas para a sua recuperação, se este for o interesse. Ou então, tratar de promover a liquidação de seu ativo, para pagamento do passivo e o encerramento das atividades. A prorrogação do pedido de recuperação ou da tomada de qualquer outra medida no sentido de reestruturar a empresa, inclusive, pode configurar uma infração ao dever de diligência[35] inerente a todos os administradores de empresas, bem como desídia dos sócios, se estes não foram os administradores. E a pena para esta inércia, infelizmente, vai ser paga pela empresa, figura que deve ser dissociada da pessoa de seus sócios e/ou administradores.

Vários podem ser os motivos da tomada tardia da decisão de recuperação. Pode-se pensar em questões mais subjetivas como a dificuldade de assumir o estado de crise e, por consequência, o fracasso na condução dos negócios ou ainda, por razões mais objetivas, como o fato da resistência das instituições financeiras em conceder crédito para empresas em recuperação, bem como a restrição de várias empresas em contratar com outras que estão se submetendo ao regime recuperatório.

No entanto, independente do motivo, protelar a recuperação não vai solucionar o problema. Muito pelo contrário, os benefícios alcançados pelo legislador podem ser o "respiro" que a empresa precisa para se reerguer e solidificar a sua posição mercadológica.

Atenta-se, contudo, a um segundo problema que está se verificando com o manejo do instituto, que vem sendo tratado pela doutrina como "indústria da recuperação".[36] Essa "indústria" pode ser vista por dois

---

[34] No Brasil, em regra, os salários devem ser pagos até o 5º dia útil do mês subsequente a prestação de serviços.

[35] A legislação brasileira possui previsão expressa sobre o dever de diligência dos administradores na Lei 6.404/1976, que trata das Sociedades Anônimas: "Art. 153. O administrador da companhia deve empregar, no exercício de suas funções, o cuidado e diligência que todo homem ativo e probo costuma empregar na administração dos seus próprios negócios".

[36] Neste sentido, palestra proferida pelos Professores Fabio Ulhoa Coelho, Luiz Fernando Paiva e Márcio Guimarães no IV Congresso Brasileiro de Direito Comercial, realizado nos dias 10 e 11 de abril de 2014, em São Paulo.

aspectos: (1) a empresa não tem mais condições de se recuperar, sendo a falência a sua melhor alternativa, mas mesmo assim, ingressa com pedido de recuperação e conduz aprovação de plano inexequível, com intuito de protelar a falência (em algumas situações, inclusive, para benefícios escusos de sócios e administradores); (2) a empresa não tem problemas financeiros condizentes com uma recuperação judicial, mas ingressa com o pedido para beneficiar-se da lei, seja com a suspensão das ações e execuções pelo prazo de 180 dias, seja para forçar uma renegociação com seus credores, com intuito de auferir vantagens.

Obviamente que se constata que nessas situações se está diante de utilização indevida do instituto, configurando-se um exercício abusivo em relação ao direito conferido pelo legislador. No entanto, essas posturas têm repercussões sérias no mercado, pois acabam por desacreditar o instituto e levar os credores a posições mais conservadoras, seja na contratação com empresas em recuperação (como se falou anteriormente há restrições por parte das empresas neste tipo de negociação), seja na própria aprovação do plano de recuperação.

Assim, a questão da eficiência ou não da recuperação judicial, pelos aspectos aqui abordados parece estar dissociada das previsões legislativas que, como se verificou, possui pontos controvertidos, mas nada que possa ter tão lesivo quanto o manejo, por vezes indevido, pelos empresários do instituto da recuperação.

6. Considerações finais

Buscou-se neste ensaio verificar a (in)eficácia do instituto da recuperação judicial, previsão legislativa relativamente recente no ordenamento jurídico brasileiro. Fez-se, introdutoriamente, dois questionamentos, a saber: se existe (in) eficácia do instituto e, em existindo, se esta pode ser imputada à legislação ou a outros fatores alheios a esta. Para aproximação do tema, discorreu-se brevemente sobre o histórico do direito falimentar no Brasil, relatando-se o intuito do legislador com a promulgação da Lei 11.101/2005 de se adequar as novas tendências mundiais em matéria de regulação da empresa em crises. Após se expor os objetivos da lei e explanar o procedimento da recuperação judicial, destacou-se alguns pontos de tensão existentes em relação a nova legislação. Especificamente sobre o objeto desta pesquisa, chega-se às seguintes conclusões:

a) Utilizando-se da análise da doutrina e da experiência na advocacia empresarial, entende-se que a legislação não apresenta falhas graves que possam inviabilizar a recuperação das empresas, tampouco o cumprimento dos objetivos propostos pela própria lei. Existem, sim, questões pontuais que podem ser amadurecidas pela própria atuação jurisdicional, ou pela revisão pontual de alguns dispositivos da lei, o que tende a ocorrer com o manejo da legislação;

b) Verifica-se, no entanto, que os obstáculos da recuperação estão à margem da lei e podem ser impostos pela má utilização do instituto, com a formação da chamada "indústria da recuperação judicial" ou pela inércia das empresas devedores em iniciar o processo de recuperação, ensejando assim, as chamadas recuperações tardias.

É difícil se fazer conclusões definitivas sobre a legislação, pois a mesma é nova, bem como pelo fato de não se saber os estado das empresas que ainda estão em processo de recuperação. Resta aos operadores do direito acompanhar as movimentações das recuperações finalizadas e das necessidades das empresas no cenário econômico, este sim, grande determinante de comportamentos empresariais, seja por parte dos empresários, seja por parte dos Poderes Legislativo e Judiciário.

Referências bibliográficas

CEREZETTI, Sheila Christina Neder. As Classes de Credores como Técnica de Organização de Interesses. In: TOLEDO, Paulo Fernando Campos Salles de; SATIRO, Francisco. *Direito das Empresas em Crise*: Problemas e Soluções. São Paulo: Quartier Latin, 2012.

COELHO, Fabio Ulhoa. *Curso de Direito Comercial*. v. 3, 14. ed., São Paulo: Saraiva, 2013.

DE LUCCA, Newton. Uma Reflexão Inicial. In: OLIVEIRA, Fatima Bayma de. *Recuperação de Empresas – Uma Multipla Visão da Nova Lei*. São Paulo: Pearson Prentice Hall, 2006.

HOLANDA, Francisco Uribam Xavier de. *Do Liberalismo ao Neoliberalismo*. 2. ed. Porto Alegre: EDIPUCRS, 2001.

LAZZARINI, Alexandre Alves. *A Recuperação Judicial de Empresas*: Alguns Problemas na sua Execução. Revista de Direito Bancário e do Mercado de Capitais, São Paulo: Revista dos Tribunais, v. 10, n. 36, abr/jun 2007.

LAZZARINI, Alexandre Alves. Reflexões Sobre a Recuperação Judicial de Empresas. In: DE LUCCA, Newton; DOMINGUES, Alessandra de Azevedo. *Direito Recuperacional – Aspectos Teóricos e Práticos*. São Paulo: Quartier Latin, 2009.

LEMOS, Eduardo. Viabilizando a Recuperação Sem ou Além da Lei. In: TOLEDO, Paulo Fernando Campos Salles de; SATIRO, Francisco. *Direito das Empresas em Crise*: Problemas e Soluções. São Paulo: Quartier Latin, 2012.

LOBO, Jorge. Recuperação Judicial da Empresa. In: OLIVEIRA, Fatima Bayma de. *Recuperação de Empresas – Uma Multipla Visão da Nova Lei*. São Paulo: Pearson Prentice Hall, 2006.

MUNHOZ, Eduardo Secchi. In: SATIRO, Francisco; PITOMBO, Antônio Sérgio A. de Moraes. *Comentários à Lei de Recuperação de Empresas e Falência – Lei 11.101/2005 – Artigo por Artigo*. 02 ed. São Paulo: Editora Revista dos Tribunais, 2007.

PENTEADO, Mauro Rodrigues. In: SATIRO, Francisco; PITOMBO, Antônio Sérgio A. de Moraes. *Comentários à Lei de Recuperação de Empresas e Falência – Lei 11.101/2005 – Artigo por Artigo*. 02 ed. São Paulo: Editora Revista dos Tribunais, 2007.

SÍTIOS:
- http://www.brasil.gov.br/economia-e-emprego/2012/02/o-mapa-das-micro-e-pequenas-empresas.
- http://economia.estadao.com.br/noticias/geral,so-1-das-empresas-sai-da-recuperacao-judicial-no-brasil-imp-,1085558
- http://exame.abril.com.br/revista-exame/edicoes/1056/noticias/a-intencao-era-boa
- http://redir.stf.jus.br/paginadorpub/paginador.jsp?docTP=TP&docID=580933
- http://www.planalto.gov.br

SPINELLI, Luis Felipe; TELLECHEA, Rodrigo; SCALZILLI, João Pedro. *Recuperação Extrajudicial de Empresas*. São Paulo: Quartier Latin, 2013

SZTAJN, Rachel. In: SATIRO, Francisco; PITOMBO, Antônio Sérgio A. de Moraes. *Comentários à Lei de Recuperação de Empresas e Falência – Lei 11.101/2005 – Artigo por Artigo*. 02 ed. São Paulo: Revista dos Tribunais, 2007

TADDEI, Marcelo Gazzi. *Os primeiros cinco anos da recuperação judicial no país*: dificuldades e controvérsias. Revista Jurídica Empresarial. Porto Alegre: IOB, v. 3, n. 15, jul/ago 2010

VIGIL NETO, Luiz Inácio. *Teoria Falimentar e Regimes Recuperatórios*: estudos sobre a Lei n. 11.101/05. Porto Alegre: Livraria do Advogado, 2008

Impressão:
Evangraf
Rua Waldomiro Schapke, 77 - POA/RS
Fone: (51) 3336.2466 - (51) 3336.0422
E-mail: evangraf.adm@terra.com.br